KB138838

함께 걸으며
생각하는
우리 지역사

함께 걸으며
생각하는

우리 지역사

씨마스

사람은 누구나 자신이 태어나고 자란 곳의 역사와 문화에 대해 관심을 갖고 있다. 흔히 이를 '뿌리 의식'이라고 말한다. 개인의 영역을 넘어서는 뿌리 의식의 하나가 '향토 의식'이다. 달리 말하면 '지방색'이라고도 한다.

지역과 지역을 구별하는 색깔은 여러 원인이 겹치고 쌓이는 과정에서 결정된다. 교통과 통신이 발달하지 못했을 때에는 자연환경이 지역의 색깔을 형성하는 데 큰 영향을 미쳤다. 그래서 우리 조상은 '산은 가르고, 강은 잇는다'라고 말하였다. 강원도를 영동과 영서로 구분하는 이유는 백두대간 때문이다. 하지만 금강과 섬진강을 매개로 전라도와 충청도, 전라도와 경상남도 주민 사이에 뒤섞인 만남은 많았다.

그러나 현대에 올수록 사람의 이동과 교류가 확대되고 빨라지면서 자연환경이 지방색에 미치는 영향력은 줄어들고 있다. 대신에 여러 요인이 뒤섞이면서 경제적 배경과 문화적 요인이 지역의 색깔을 입히는 데 더욱 큰 영향력을 확보해 왔다. 정치적 요인도 무시할 수 없는 경우가 많다.

지방색은 지방마다 구체적이고 특수한 측면만을 강조해서는 만들어 낼 수 없다. 그래서 특수성을 해명하는 노력이 지방에 관심을 두는 1차적인 이유이다. 하지만 그 특수성에는 통일성과 보편성이 내제되어 있다. 보편성과 특수성은 그 용어나 개념이 서로 대립하는 관계라고만 볼 수 없다. 특수성 속에 보편성이 내재되어 있어 상호 의존 관계도 있기 때문이다. 또 특수성은 꼭 보편성을 매개로 보편화하는 것이 아니라 특수성 그 자체가 보편성을 획득하는 경우도 있다.

중앙과 지방의 관계가 이런 경우에 해당된다. 흔히 중앙의 보편성과 지방의 특수성이란 대립적인 구도로 상정하고 접근하는 경우가 많기 때문이다. 이럴 때 중앙 집권적인 국가 질서의 전통이 오랜 기간 지속되어 온 한국에는 '중앙에 종속된 지방'이라는 관점이 널리 유포되어 있었다.

물론 지방은 중앙과 대칭되는 개념이다. 중앙이 있어야 지방이 있고, 지방이 있으니까 중앙이 존재한다. 그런데 지방마다 나름대로 독특한 맥락이 있다. 이때 지방의 고유한 맥락이 내포한 개별성, 맥락과 맥락 사이에 존재하는 위상은 동등하다. 흔히 이를 '지역'이라고 말한다. '함께 걸으며 생각하는 우리 지역사'가 '지방(사)' 대신 '지역(사)'이라는 말을 사용한 이유가 여기에 있다.

이 책은 3·1 운동 100주년을 맞아 한국 근현대사를 중심으로 국내 항일 독립운동 사적지와 민주화의 길을 따라 교사와 학생이 함께 걸으며, 그 역사적 의미를 생각해 보자는 의도로 기획되었다. 또한 오늘날 대한민국의 독립과 민주화를 위해 헌신하신 분들의 발자취를 따라 걸어봄으로써, 이들의 나라 사랑 정신을 본받을 수 있도록 하는 데 주안점을 두었다.

이 책은 대한민국을 네 개 권역(수도권, 강원·충청권, 호남·제주권, 영남권)으로 구분하고, 29개 항목의 지역사를 권역별로 배치하였다. 그리고 해당 지역 역사교사가 교실 밖 현장 체험 학습을 염두에 두고, 그 지역의 역사와 문화를 담아내기 위해 다양한 형식으로 구성하고 직접 집필에 참여하였다.

따스한 봄날이나 낙엽이 지는 가을날 교사와 학생이 교실을 벗어나 우리가 살고 있는 지역의 사적지를 함께 걷는 모습을 그려보며, 모쪼록 이 책이 길잡이가 되어 우리 지역에 담긴 역사와 문화의 향취를 맘껏 음미할 수 있는 계기가 되었으면 한다.

2019년 10월에
필자들을 대표하여 신주백이 씀.

차례

강원·충청권

호남·제주권

영남권

수도권

▲ 송산 3·1 운동기념탑

▲ 북촌 한옥마을

▲ 제물포 자유공원

01 열강의 침략에 온몸으로 맞서다

[답사 목적] 제국주의 열강의 침입에 맞서 싸운 역사의 현장과 주요 독립운동 사적지를 돌아보면서
나라 사랑 정신과 국권 수호 의지를 되새겨 본다.

▲ **신미양요 당시 미군에게 빼앗긴 어재연 장군의 '수' 자 기** 1871년 광성보 전투 때 미군에게 빼앗겼다가 2007년 10월에 한국에 임대 형태로 돌아왔다.
현재 강화전쟁박물관에서 소장하고 있으며, 복제품이 전시 중이다.

◆ 답사 지역 개요 ◆

▲ **강화진위대 당시 이동휘**(앞줄 가운데)

강화도는 대몽 항쟁기 때 고려가 강화도로 도읍을 옮겨 몽골의 침략에 맞서 싸운 이래 외세의 침입에 대비한 피난처이자 임시 도읍지로서 역할을 하였다. 또한 병인양요(1866)와 신미양요(1871) 등 열강의 침략을 막아 낸 격전지로서 대외 항쟁의 상징이 되었다.

대외 항쟁의 전통은 운요호 사건(1875)과 강화도 조약(1876) 체결로 일본의 침략이 본격화되면서 국권 침탈에 대항하는 국권 수호 운동으로 이어졌다. 이후 대한 제국 시기에 강화진위대 대장이었던 이동휘는 강화도에 보창 학교를 세워 민족 교육을 시작하였고, 1907년 일본이 대한 제국 군대를 강제 해산하자 강화진위대가 중심이 되어 의병 항쟁을 전개하였다.

01 강화전쟁박물관
02 갑곶돈대
03 옛 연무당 터
05 옛 합일학교 터
04 강화잠두교회 항일 운동지
08 전등사 강화 의병 전투지
06 광성보
07 초지진

영상으로 보는 한국사
승자없는 전쟁,
신미양요

1 열강에 맞서 싸운 격전지 현장과 항일 독립운동 관련 사적지를 돌아보며 가 본 곳을 체크해 봅시다.

2 답사 코스 중 가장 인상 깊었던 장소는 어디였나요?

장소	까닭

3 답사·체험 활동 중 새로 알게 된 내용과 궁금한 점은 어떤 것인가요?

새로 알게 된 점	궁금한 점

4 답사·체험 활동을 마치고 느낀 점을 간략하게 써 봅시다.

01 강화전쟁박물관
📍 인천광역시 강화군 강화읍 해안동로 1366번길 18

강화도의 전쟁 역사와 호국 정신을
널리 알리기 위해 건립된 박물관

02 갑곶돈대
📍 인천광역시 강화군 강화읍 해안동로 1366번길 18

1866년 강화도에 상륙하는 프랑스군

고려 시대 몽골의 침략을 막기 위한 요새이자
병인양요 때 프랑스군과 전투가 있었던 곳

강화도에서 일어난 전쟁을 주제로 관련 유물을 전시하고
연구·보존·수집하기 위해 강화역사박물관을 이전한 뒤
기존 건물을 리모델링하여 2015년에 개관하였다. 전시관은
지상 1·2층에 4개 공간이 마련되어 있으며, 어재연 장군의
'수' 자 기를 비롯한 관련 유물 4천여 점을 전시하고 있다.

제1전시실에서는 선사 시대부터 남북국 시대까지 사용
되었던 무기를 전시하고, 제2전시실에서는 몽골의 침략
에 맞섰던 고려 무신 정권의 강화 천도 역사를 소개하고
있다. 또 제3전시실에서는 강화도를 배경으로 했던 조선
시대 정묘호란·병자호란과 병인양요·신미양요 등 열
강의 침략 양상을, 제4전시실에서는 강화도 조약 이후 오
늘날에 이르는 강화도의 전쟁 역사를 전시하고 있다.

1232년 고려 무신 정권이 도읍을 강화도로 옮기고 몽골
과 항전할 때 강화 외성으로 건설되었다. 1270년 고려 조정
이 개경으로 환도하면서 성벽이 허물어졌다. 지금의 성채
는 병자호란 이후 강화도에 여러 진이 설치될 때 제물진에
소속된 돈대로, 조선 숙종 5년(1679) 다시 축조된 것이다.

1866년 병인양요 때 6백여 명의 군인을 태운 프랑스 함
대가 이곳에 상륙하여 강화성과 문수산성을 점령하였으
나, 그해 10월 13일 정족산성에서 양헌수 장군의 부대에 패
해 물러났다.

또한 이곳은 1950년 6월 25일 김포지구전투사령부 예하
기가연대 도보대대 병력이 북한군의 도하 지연을 위해 전
투를 벌였던 6·25 전쟁 국가 수호 사적지이기도 하다.

▲ **갑곶돈대** 강화해협을 향해 설치된 포대가 보인다.

강화 진영의 대한 제국 군인이 훈련했던 장소이자
강화도 조약이 체결된 곳

1914년 강화중앙교회
(옛 잠두교회) 교인들

1919년 3월 18일 독립 선언 유인물을
인쇄 · 배포한 항일 유적지

연무당은 1876년에 '강화도 조약(조 · 일 수호 통상 조약)'이 체결된 장소이다.

원래 연무당은 1870년에 건립되어 강화 진영의 군인들이 훈련을 하던 곳이다. 1907년 고종 황제의 강제 퇴위 저지 투쟁과 매국 대신의 처단을 고심하던 이동휘는 이곳에서 항일 군중집회를 열고 일본에 결사 항전하자고 연설하였다. 7월 26일에는 대한자강회 총회가 열렸다.

강화도에서의 항일 군중집회는 해산 군인과 기독교인 4백여 명이 벌인 합성친목회 집회 등을 비롯하여 이후에도 계속 이어졌다.

1905년 3월 3일 강화진위대 대장을 사임한 이동휘는 1907년 대한 제국 군대가 강제로 해산되자 연무당에서 군중집회를 열어 항일 독립 정신을 고취하였다. 이후 이동휘를 비롯한 기독교인들이 다니는 강화잠두교회는 항일 운동의 진원지로 주목받았다. 이에 일본군은 전 강화진위대 대원이자 강화잠두교회 교인이던 김동수 · 김남수 · 김영구 3형제를 붙잡아 압송하던 중 살해하였다. 교회 앞마당에 이들 3형제 순국 추모비가 세워졌다.

1919년 3 · 1 운동 당시에는 청년 교인들이 이곳에서 독립 선언 유인물을 인쇄하고, 3월 18일 강화읍에서 3 · 1 만세 시위를 전개하였다. 청년 교인들은 비밀조직을 결성한 후 독립운동 격문을 부착하고, 『자유민보』 등 10여 종의 유인물을 배포하다 체포되었다.

▼ **현 강화중앙교회**(옛 강화잠두교회)
교회 마당에 순국 추모비가 보인다.

05 옛 합일학교 터
📍 인천광역시 강화군 강화읍 합일길 3

강화 군민이 힘을 합쳐 지켜 낸
민족 교육 운동의 현장

06 광성보
📍 인천광역시 강화군 강화읍 청하동길 36

신미양요 당시 어재연의 부대가
미국 함대에 맞서 치열한 격전을 치른 장소

합일학교는 1901년 미국인 감리교 선교사(G.H.Jones) 와 박능일 목사가 설립한 강화도 최초의 사립학교로, 학동 3명으로 개교하였다. 1922년에는 감리교 선교회의 보조 중단으로 재정 위기를 맞기도 하였으나, 이곳 주민들의 모금으로 학교를 운영하였다. 1933년에는 일제가 압력을 가해 학교가 폐교될 위기에 처하자, 교장으로 취임한 최상현이 자신의 재산을 기부하여 재정을 확충하였다.

합일학교는 일제의 탄압 속에서도 학생들에게 태극기를 보여 주며 민족의식을 고취하는 교육을 하였다. 이 때문에 교사들이 일제 경찰에게 불려가 고초를 겪기도 하였다. 이 학교는 여학생과 유년 교육에도 앞장서 지역 사회의 폭넓은 지지 기반을 갖고, 주민 후원회와 확고한 재정 기반으로 항일 민족정신을 주민들에게 전파하였다.

광성보는 강화해협을 지키는 중요한 요새로, 강화 12진보 중의 하나이다. 광해군 때 고려 시대 외성을 고쳐 쌓은 뒤, 효종 때 광성보를 설치하였다. 숙종 때 보와 돈대를 축조하였으며, 영조 때 석성으로 개축하였다.

광성보는 1871년 신미양요 때 가장 치열했던 격전지였다. 당시 미국 함대는 1,230명의 병력을 싣고 강화해협을 거슬러 올라 초지진과 덕진진을 차례로 점령한 후 광성보를 수륙 양면으로 공격하며, 조선의 수비대와 치열한 격전을 벌였다. 당시 광성보를 지키던 어재연 장군을 비롯한 조선 수비대는 백병전을 전개하며 힘껏 싸웠으나, 미군의 우세한 화력을 극복하지 못한 채 수비대 대부분이 전사하고 광성보도 함락되었다. 이때 미군이 빼앗아 간 어재연 장군의 '수' 자 기가 현재 강화전쟁박물관에 소장되어 있다.

▲ **광성보 용두돈대** 해안을 향해 불쑥 솟아나온 돈대의 모양이 용머리 같다하여 생긴 이름이다.

07 초지진
📍 인천광역시 강화군 길상면 해안동로 58

신미양요 당시 격전지이자
1875년 운요호 사건이 일어난 역사 현장

08 전등사 강화 의병 전투지
📍 인천광역시 강화군 길상면 전등사로 37-41

체포된 강화의병장 이능권(1908. 12)

병인양요 당시 양헌수 부대의 승전지이자
1908년 강화 의병이 일본군과 전투를 벌인 장소

1870년대에 미국과 일본의 침략에 맞서 싸운 전적지이다. 진영에는 진장 1인, 군관 11인, 사병 98인, 돈군 18인, 목자 210인을 배치하였다. 또한 진선 3척을 두었고, 포대는 9개가 있었다. 1871년 신미양요 때 미군 450명이 함포 지원을 받으며 초지진에 상륙하였다. 수비대가 맞서 싸웠으나 화력의 열세로 패하여 미군에 점령당하였다. 이때 진내에 있던 군사 시설물은 미군에 의해 모조리 파괴되었으며, 포대에 남아 있던 40여 문의 대포 역시 그들에 의해 파괴되고 말았다.

1875년 일본의 운요호가 강화도 부근에 정박한 채 작은 배를 이용하여 초지진 포대에 접근하여 왔다. 이에 초지진 수비군이 일본 함정을 향해 포격을 개시하자, 운요호는 함포로 포격을 해 초지진 포대는 일시에 파괴되었다.

강화도 남쪽 정족산에 위치한 산성으로, 삼랑성 또는 정족산성으로 불린다. 고려 시대부터 수도 개경과 한양의 외곽을 방어하는 중요한 군사 시설이었으며, 성 안에는 고려 시대에 건립된 것으로 보이는 전등사가 있다.

이곳은 병인양요(1866) 때 양헌수 부대가 프랑스군을 물리친 승전지이다. 또한 1907년 7월 30일 이동휘를 중심으로 4백여 명의 강화도 군민이 모여 대규모 반일 집회를 개최한 곳이기도 하다.

1907년 8월 9일, 강화진위대가 강제로 해산되자 해산 군인이 주축이 되어 강화 의병을 결성하였다. 이들은 대동창의진을 조직한 이능권의 지휘 아래 1908년 10월 30일과 31일 이틀에 걸쳐 일본군 제13연대 소속 군인 70여 명과 전등사에서 치열한 전투를 벌여 승리하였다.

▲ **전등사 삼랑성**(강화 의병 전투지)

함께 갈 만한 곳

01 강화산성

인천광역시 강화군 강화읍 내가면 · 하점면 일대

강화산성은 1232년 고려가 강화도로 도읍을 옮긴 해에 축성되어 개경으로 환도한 1270년까지 약 39년간 몽골의 침략에 맞서 항전했던 고려의 도성이다. 1259년 몽골과 강화하는 조건으로 성벽을 허물었다.

조선 숙종 3년(1677)에 현재의 규모로 대폭 개축하였다. 고려궁지 외곽을 둘러싼 강화산성 성곽의 동서남북으로 망한루 · 청화루 · 안파루 · 진송루의 4개 대문이 있고, 동문과 서문 옆에는 수문이 있다.

02 강화 고려궁지

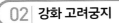

인천광역시 강화군 강화읍 북문길 42

강화 고려궁지는 고려가 개경에서 강화도로 천도한 시기(1232~1270)에 사용하던 궁궐터이다. 『고려사절요』에 의하면, 최우가 몽골의 침략을 피하기 위해 이곳에 궁궐을 짓고, 국왕과 왕족, 관료와 백성들이 옮겨왔다고 한다.

조선 시대에는 인조가 행궁을 건립하여 국난 시 이용하고자 하였고, 이곳에 강화유수부, 외규장각, 장녕전, 만녕전 등을 세웠으나 병인양요 때 프랑스군에 의하여 거의 소실되어 현재는 조선 시대 관아 건물 몇 채와 복원된 외규장각이 있을 뿐이다.

03 성공회 강화성당

인천광역시 강화군 강화읍 관청길 27번길 10

대한 제국 시기에 건립된 한옥 형태의 대한성공회성당으로, 경기도 유형문화재 제111호로 지정되었다. 대한성공회 초대 주교인 코프(Corfe, C. J.)에 의하여 1900년에 건립되었다.

이 성당은 현존하는 가장 오래된 한옥 교회 건물로, 서양의 바실리카 양식과 동양의 불교 사찰 양식을 조합하여 건립하였다. 성당 내외부에는 서양식 장식이 거의 없는 수수한 한식 목조 건축이면서도 교회 기능에 충실한 내부 공간을 연출함으로써, 초기 성공회 선교사들의 토착화 의지가 잘 나타나 있다.

04 강화 선원사지

인천광역시 강화군 선원면 지산리 산133

고려 시대 대몽 항쟁 당시 고려대장경 목판을 조각하던 곳으로 추정되는 사찰 터이다.

선원사는 고려가 도읍을 강화도로 옮긴 후 당시 최고 권력자였던 최우가 대몽 항쟁의 정신적 지주로 삼고자 창건한 곳이다. 특히 대장도감을 설치하여 팔만대장경 목판을 조각하고 봉안하였다. 이때 조각된 팔만대장경 목판은 현재 합천 해인사에 봉안되어 있다. 고려 시대에 선원사는 순천 송광사와 함께 2대 선종 사찰로 손꼽혔으나, 조선 시대 이후 흔적을 찾을 수 없다가 최근에 다시 발굴되었다.

05 양헌수 승전비

인천광역시 강화군 길상면 온수리 산42

병인양요(1866) 당시 정족산성 전투에서 승리한 양헌수의 공적을 기록한 비이다.

양헌수는 1866년에 프랑스군이 강화도를 침공하자, 경초군과 포수 총 549명을 거느리고 통진에서 강화도로 들어와 정족산에 매복하고, 11월 9일 산성을 공격하는 프랑스군 160명과 격전을 벌였다. 프랑스군은 전투에서 6명이 사살된 것을 포함하여 총 60~70여 명의 사상자가 발생하자 강화도를 철수하였다. 반면 양헌수 부대는 전사 1명, 부상 4명의 경미한 피해만 입었다.

06 『조선왕조실록』 정족산사고

인천광역시 강화군 길상면 온수리 635. 전등사 뒤편

강화도 정족산성 안 전등사 서쪽에 있는 사고로,『태조실록』에서『철종실록』까지『조선왕조실록』을 보관하고 있다.

임진왜란 중 불타지 않은 전주사고의 실록을 강화도 마니산사고에 보관 하던 중 병자호란과 효종 4년(1653) 때 일어난 실화로 피해가 발생하자, 정족산성 안에 사고 건물을 새로 짓고 현종 6년(1660)에 실록과 서책을 옮겨 와 보관하였다. 병인양요(1866) 때에 강화도를 일시적으로 점령한 프랑스군에 의해 정족산사고의 서적 일부가 약탈되기도 하였다.

02 근대 문물의 별천지, 개항장

영상으로 보는 한국사

100년 전 개화의 거리를 걷다

[답사 목적] 서울의 관문 인천을 통해 개항 이후 근대 문물이 밀려오던 격동의 한국 근대사를 체험해 본다.

▼ **자유공원의 청·일 조계지 계단에서 바라본 오늘날 인천항** 사진의 왼쪽에 일본 조계지가, 오른쪽에 청 조계지와 그 옆으로 각국 조계지가 있었다.

▼ **근대 개항기 인천 개항장 전경**

◆ **답사 지역 개요** ◆

강화도 조약 체결 후 부산과 원산에 이어 인천에 개항장이 설치되었다(1883). 개항장 설치 후 이곳에는 각국 영사관과 일본 제일은행을 비롯한 여러 은행, 미두취인소, 탄산수제조소(사이다 공장), 세창양행 등 각국 기관과 회사가 들어섰다. 욕망을 쫓는 여러 인간 군상이 모여들면서 한적한 어촌 마을이던 제물포가 점차 근대 문물이 넘쳐 나는 별천지로 변해 갔다.

또한 개항장 가까이 들어선 각국 영사관을 중심으로 일본과 청을 비롯한 각국 공동 조계지가 설치되고, 외국 상인들이 거주하는 거류지가 생겨났다.

한편, 이 무렵에 전해진 짜장면은 오늘날 국민 음식으로 자리 잡았다. 인천 차이나타운에 있는 공화춘이 대표적이다. 현재 이 건물은 짜장면박물관으로 새로 단장해 관광객을 맞고 있다. 인천 차이나타운에 들러 짜장면을 먹으며 근대 개항기 문물의 정취를 느껴 보자.

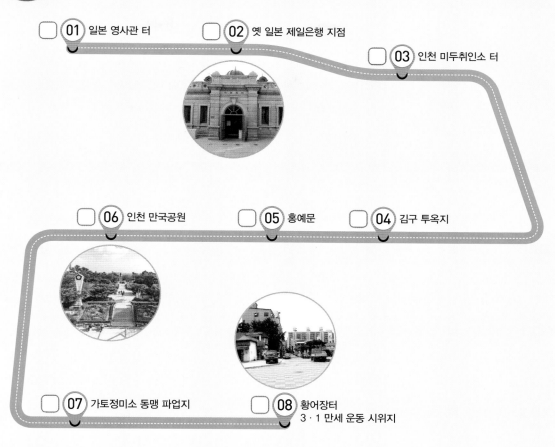

☐ ① 일본 영사관 터   ☐ ② 옛 일본 제일은행 지점

☐ ③ 인천 미두취인소 터

☐ ⑥ 인천 만국공원   ☐ ⑤ 홍예문   ☐ ④ 김구 투옥지

☐ ⑦ 가토정미소 동맹 파업지   ☐ ⑧ 황어장터
3 · 1 만세 운동 시위지

❶ 인천항을 중심으로 근대 개항기 관련 사적지를 돌아보며 가 본 곳을 체크해 봅시다.

❷ 답사 코스 중 가장 인상 깊었던 장소는 어디였나요?

장소	까닭

❸ 답사 · 체험 활동 중 새로 알게 된 내용과 궁금한 점은 어떤 것인가요?

새로 알게 된 점	궁금한 점

❹ 답사 · 체험 활동을 마치고 느낀 점을 간략하게 써 봅시다.

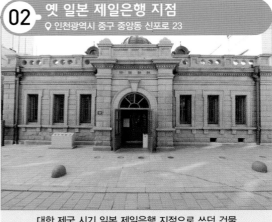

옛 일본 영사관(현재 인천 중구청)

개항기 일본 영사가 재판권을 행사하던 '치외법권' 지역

대한 제국 시기 일본 제일은행 지점으로 쓰던 건물

제물포 개항 후 일본은 조계지 내 일본인 보호와 출입국 관리를 위해 현재 중구청 자리에 영사관을 설치하였다. 영사관 안에는 재판소가 있어 가벼운 범죄는 영사가 직접 재판하였다. 이른바 '영사 재판권', 즉 치외법권이다. 1905년 을사늑약 후에는 인천이사청으로, 한·일 병합 후인 1914년에는 인천부청사로 사용되었다.

개항기에 일본 영사관은 서양식 2층 목조 건물이었는데, 1933년에 3층 콘크리트 건물로 증축하였다. 이 건물은 광복 이후 시청 건물로 사용하다가, 1985년부터 지금까지 중구청으로 사용하고 있다. 이처럼 근대사는 과거형이 아니라 현재 진행형이다.

1899년 일본 제일은행이 인천에 지점을 열었다. 니이노미 다카마사가 설계한 르네상스풍 건물로 대부분의 건축 재료를 일본에서 들여왔다. 일본 제일은행은 1902년 한국에서 제멋대로 화폐를 발행해 유통하더니, 1905년부터는 화폐 정리 사업을 추진하였다. 이 과정에서 수많은 한국인이 큰 피해를 입었으며, 이후 대한 제국의 중앙은행 노릇까지 하였다.

이런 상황은 1911년 조선총독부가 조선은행(현재 한국은행)을 설립할 때까지 이어졌다. 광복 이후 조달청 인천 지점, 법원등기소로 사용하다가 현재 인천개항박물관으로 단장해 인천의 근대 역사를 증언하고 있다.

▲ **옛 일본 영사관 터에 들어선 인천 중구청** 1914년 조선총독부는 지방 행정 구역을 개편해 서울·인천·군산·부산 등에 12부를 두었다. 이후 인천의 일본 영사관 건물은 인천부청사가 됐다. 당시 인천부에 편입된 곳은 주로 조계지 주변이었고, 옛 인천의 중심지였던 문학동은 부천군으로 편입되었다.

▲ 옛 인천 미두취인소

오늘날 증권거래소 역할을 한 조선 최초의 선물거래장

옛 인천감리서

백범 김구가 일본군 장교를 살해하고 투옥되었던 곳

1896년 일본 상인이 인천에 미두취인소(米豆取引所)를 세웠다. 이곳은 말 그대로 '쌀과 콩을 거래하는 곳'으로 당시 투기성 선물 거래가 성행하였다. 이후 부산, 군산, 목포, 진남포, 강경, 대구 등지에도 미두취인소가 생겼는데, 채만식의 소설 『탁류』의 배경이 된 곳이 군산의 미두취인소다.

미두취인소는 본래 자본주의 거래 질서를 구축하려는 게 목적이었지만, 점차 투기꾼의 소굴로 변해 갔다. 이곳에서 투자자들은 재산을 날리고 눈물을 흘리기 일쑤였다. 그 때문에 당시 "인천 바다는 미두로 논밭을 날린 자들의 한숨으로 파인 것이요, 인천 바닷물은 그들이 흘린 눈물이 고인 것"이라는 말이 유행하기도 하였다.

감리서는 개항장 사무를 관할하기 행정 관서이다. 황해도에서 동학 농민군으로 활동하였던 김구(본명 김창수)는 일본이 명성 황후를 살해한 데에 분노하여 1896년 황해도 안악 치하포에서 일본군 중위 쓰치다를 살해한 혐의로 체포되었다. 이후 인천감리서에 투옥되어 교수형을 선고받았으나 고종의 특별 사면령으로 사형 집행 직전에 감형되어 기적처럼 목숨을 구하고, 1898년에 수감자 4명과 함께 탈옥하였다.

탈옥 후 김구는 강화도로 건너가 교육 계몽 사업에 뛰어들었고, 황해도 장연에 봉양학교를 세워 교육 활동을 하였다. 또 3·1 운동 후에는 대한민국 임시 정부 요인으로 독립운동을 이끌었다.

▲ **인천 미두취인소 터**(현재 국민은행 지점으로 이용) 인천 미두취인소는 1932년 서울 명동의 경성주식현물거래소에 통합되어 조선취인소가 되었고, 이후 명동은 식민지 조선의 금융가로 번성하였다.

05 옛 홍예문
◉ 인천광역시 중구 송학동 2가 20

일본인 조계지를 늘리려고 만든 홍예문

06 인천 만국공원
◉ 인천광역시 중구 송학동 1가 자유공원남로 35

인천 만국공원(현재 자유공원)

홍예문은 1908년에 일본이 언덕 위에 굴을 파서 화강암으로 지은 무지개 모양 터널로 '무지개문'이라고도 한다. 자동차 한 대가 겨우 지나갈 수 있는 좁은 통로로, 홍예문 위에는 자유공원으로 올라가는 길이 있다.

개항 당시 인천 제물포항과 가까운 중앙동과 관동 등지에 거주하던 일본인들이 전동과 만석동으로 거류지를 확대하기 위해 뚫은 석문이다. 이는 종래 일본 조계지에서 만석동으로 이동하려면 해안선을 따라 돌아가야 했기 때문이다.

일본은 당시 철도 공사를 맡았던 공병대를 동원해 응봉산 남쪽 마루턱을 깎아 폭 4.5m, 높이 13m, 통과 길이 13m 규모의 홍예문을 만들었다.

인천 만국공원은 미국·영국·러시아·청·일본 등 열강 조계지의 완충 지대로, 1888년 11월 9일에 조성되었다. 러시아 건축가 사바틴이 측량을 맡았다.

1919년 3·1 운동 당시에는 이곳에 수백 명의 시위대가 모여 독립 만세를 외쳤고, 상인들은 상점 문을 닫았다. 또한 4월 2일에는 이규갑·홍면희·안상덕 등 13도 대표들이 이곳에 모여 임시 정부 수립을 결의하였는데, 바로 한성 임시 정부이다. 주요 인사는 이승만과 이동휘를 비롯해 24명이었다. 같은 해 9월에 한성 임시 정부는 중국 상하이 임시 정부, 러시아 연해주 대한 국민 의회와 통합해 대한민국 임시 정부를 이루었다.

024

▼ 옛 일본 조계지 거리 개항장 영사관을 중심으로 각국의 상권과 거주지가 생기고, 그 구역의 행정을 그 나라에게 맡기는 조계지가 형성되었다. 인천에서는 일본 조계지가 가장 먼저 생겼는데, 일본 조계지는 현재 자유공원 남쪽 일대 7천여 평에서 시작해 점점 늘어났다.

07 가토정미소 동맹 파업지
📍 인천광역시 중구 인중로 134

▼ 옛 가토정미소 터

일제 강점기 인천 지역 노동 운동의 효시가 된 곳

08 황어장터 3·1 만세 운동 시위지
📍 인천광역시 계양구 황어로 126번길 9

인천 지역 3·1 운동의 도화선이 된 황어장터 만세 시위 현장

1924년 11월 17일, 종업원 5백여 명이 일하는 가토정미소에서 쌀 고르는 일을 하던 여직공이 쌀에 겨가 섞여 있다는 이유로 일본인 검사원에게 구타를 당하였다.

여직공들이 정미소장에게 항의하자 소장은 오히려 여직공들에게 폭언을 퍼부었다. 이에 여직공 4백여 명이 검사원의 해고를 요구하며 동맹 파업에 들어갔고 경찰이 출동하였다. 사태가 심상치 않게 돌아가자, 정미소는 문제가 된 검사원을 해고하고 사태를 무마하였다.

당시 가토정미소 외에도 인천 지역에 있는 여러 정미소에서는 일본인 사주의 가혹한 노동 착취에 저항해 파업이 잦았다. 하루 10시간 노동에 저임금으로 노동 환경이 매우 열악했으며 휴일도 없었다. 이 무렵 조선의 노동자들은 점차 계급 문제와 민족 문제가 결합한 식민지 모순에 맞서 나아갔다.

황어장은 정기 5일장으로 장날에는 대체로 1천여 명이 운집하였다. 황어장은 본래 잉어가 주로 거래되어 붙여진 이름이었으나, 일제 강점기에는 곡물과 잡화를 비롯하여 소 수백 마리가 거래되기도 하였다.

1919년 3월 24일 오후 2시경, 이곳 황어장터에서 심혁성 주도로 3백여 명이 만세 시위를 시작하였다. 심혁성이 경찰에 잡혀가자 시위 군중이 거세게 항의하였고, 이러한 가운데 이은선이 경찰의 칼에 찔려 사망하였다.

분노한 시위대는 면사무소를 에워싸고 철야 시위를 벌였고, 이튿날 인천경찰서에서 무장 경찰이 출동한 후에야 해산하였다. 황어장터 만세 시위는 이후 인천 지역 3·1 만세 운동의 도화선이 되었다.

◄ 황어장터 3·1 만세 운동을 주도한 심혁성
► 황어장터 3·1 만세 운동 기념탑
인천광역시 계양구는 2004년에 황어장터 3·1 만세 운동을 기리기 위해 기념관을 준공하고, 기념탑과 조형물 등을 세웠다.

함께 갈 만한 곳

01 인천도호부 관아

인천광역시 미추홀구 매소홀로 553

조선 시대 경기도에는 3목, 8도호부, 10군, 12현이 있었다. 8도호부 중 하나가 인천도호부였다. 인천이 도호부로 승격한 것은 세조 5년(1459)으로, 세조의 왕비 자성 왕후 윤씨의 외가가 있었기 때문이었다.

인천도호부의 건축 시기는 정확히 알 수 없는데, 숙종 3년(1677)에 보강하였다는 기록이 남아 있다. 인천도호부는 개항 이전에는 행정의 중심이었으나, 개항으로 제물포에 인천감리서가 설치되면서 그 기능을 상실하였다. 1914년에 신설된 부천군 청사로 1940년까지 이용되었고, 이후 인천시 문학출장소 청사로도 쓰였다.

02 원인재

인천광역시 연수구 연수동 584

인천 이씨 중시조 이허겸의 재실이다. '중시조'란 기울어진 가문을 다시 일으킨 조상이며, '재실'은 묘소에 딸려 제사를 지내는 곳이다. 현재 원인재 건물은 택지 개발로 철거된 것을 1999년에 복원한 것이다. 원인재의 '원인'은 '인주 이씨로 인천 이씨의 근원'이라는 뜻이다.

인주 이씨는 고려 시대 문벌 가문으로, 이허겸의 외손녀 3명이 모두 현종의 비가 되었다. 그리고 이허겸의 손자인 이자연의 세 딸은 모두 문종의 비로 들어갔다. 특히 이자연의 장녀 인예순덕 태후 이씨는 불교 천태종의 창시자인 대각국사 의천의 어머니이다.

03 능허대지

인천광역시 연수구 옥련동 194-54

인천광역시 연수구 옥련동에 있는 능허대지는 백제 시대의 선착장 능허대에 있던 정자를 복원해 놓은 것이다. 능허대는 백제가 중국 5호 16국 시대에 동진과 교류하기 시작한 372년부터 웅진(공주)으로 도읍을 옮긴 475년까지 사신들이 중국을 오가던 나루터였다.

현재는 간척 사업으로 육지가 되었고, 아파트와 유원지가 들어서 도시 한가운데에 있다. 세월에 떠밀려 쓸쓸함마저 풍기는 작은 정자와 연못이 그 옛날에는 이곳이 나루터였음을 증언하고 있다.

04 부아산 봉수대

인천광역시 옹진군 자월면 이작리

해상 요충지인 대이작도 부아산 능선에 있는 봉수대이다. 현재 봉수대는 옹진군에서 복원해 놓은 것이다. 봉수(봉화)는 횃불과 연기를 이용해 군대의 이동 상황이나 적의 침입에 대한 정보를 중앙(서울)에 전해 주는 군사용 신호 체계였다. 부아산 봉수대는 5거를 설치하여 평상시 1거, 해상에 적선 출현시 2거, 적선 해안에 접근시 3거, 적선과 접전시 4거, 적이 상륙시 5거로 남양부를 거쳐 최종적으로 수도 한성의 목면산(남산) 봉수대에 신호가 전달됐다.

05 백제 우물터

인천광역시 연수구 미추홀대로 304번길 3-1

문학터널에서 한국전력 방향 50미터 지점에 있는 백제 유적이다. 우물은 남아 있지 않고 기념비가 그 자리를 지키고 있다. 기념비에는 "고구려 왕자 비류가 이곳 문학산 일대에 나라의 도읍을 정하였으니, 그것이 곧 미추홀국으로 인천사의 남상이다. 당시 백성들이 즐겨 마셨다는 백제 우물이 오늘까지 여기 연수구 청학동에 전하니 또한 상서로운 일이 아닐 수 없다. 이 우물이 다시금 천 년, 만 년을 흘러넘치기를 기원하며 이 비를 세운다."라고 적혀 있다.

06 문학산성

인천광역시 미추홀구 문학동 산 27-1

인천의 문학산 정상부를 돌로 쌓아 둘러싸고 있는 테뫼식 산성이다. 원래 백제가 쌓은 토성이던 것을 고구려 또는 삼국 시대 말 신라가 돌로 쌓은 것으로 보인다. 석축의 형태가 신라의 산성과 비슷하다.

문학산성 서쪽 옛 한강 나루가 있던 연경산 사이에는 사모지 고개가 있다. 고구려가 백제와 중국의 육상 교통로를 차단하였을 때 중국으로 떠나는 백제의 사신들이 배를 타기 위해 넘었던 고개라고 하여 '백제 사신길'이라고도 불린다.

03 민족 운동의 일번지가 되다

영상으로 보는 한국사

북촌, 학생 항일 운동
의 중심 중앙고등학교

[답사 목적] 개화기의 갑신정변과 일제 강점기의 3·1운동 관련 사적지를 보며, 급진
개화파와 독립운동가들이 염원한 사회 모습을 생각해 본다.

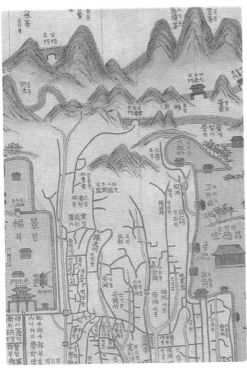

▲ 「한성부지도」(1901)의 북촌 부분

북촌6경을 관광하는 한복 입은 외국인들

▲ '북촌 산책' 안내 지도를 살펴보는 외국 관광객

028

◆ 답사 지역 개요 ◆

북촌은 조선 시대에 부유한 양반 고위 관료들이 살던 곳이다. 청계천과 종로의 북쪽 방면이라는 의미를 지닌 북촌은 경복궁과 창덕궁 가운데에 위치해 있다. 북쪽이 높고 남쪽이 낮아 계곡의 골짜기를 따라 삼청동길, 가회 동길, 계동길, 원서동길이 자연스럽게 형성되었다.

개화기에 북촌은 여흥 민씨 세력과 박영효·김옥균 같은 개화파의 거주지였고, 1920년대까지는 천도교의 손병 희와 최린, 이상재, 김성수 등 재력가들이 살던 곳이다. 북촌은 1930년대에 들어와 크게 변하였다. 주택 경영 회사 들이 이곳의 토지를 사들여 9백여 채의 한옥을 지어 팔면 서 오늘날의 북촌 한옥 마을이 되었다.

북촌 마을의 변화는 도심으로 밀려드는 인구를 수용하 기 위한 사회상의 변화와도 연관된다. 한옥의 구조도 변 하였는데, 전통 한옥에 유리와 타일 같은 건축 재료를 사 용하면서 이전 한옥과 차이를 지니게 되었다.

'북촌' 하면 먼저 한옥이 연상될 만큼 한옥이 잘 보존된 주거 지역이다. 또한 원서동 공방길, 가회동 골목길, 삼청 동 돌계단길 등 골목길 문화가 아름다워 한국을 찾는 외 국인에게도 인기있는 곳이다. 그러나 북촌은 갑신정변의 역사 현장이며, 천도교계와 기독교계, 학생 세력이 개별 적으로 준비하던 3·1운동을 일원화하여 거족적으로 분 출시킨 모태와도 같은 곳이며 또 해방 직후에는 건국준 비위원회의 활동 공간이기도 하다.

학교   학년   반   이름:

☐ 01 경우궁 · 계동궁 터

☐ 02 한용운 유심사 터

☐ 03 중앙학교 숙직실

☐ 04 김옥균 집터

☐ 06 안동별궁 터

☐ 05 천도교 중앙 총부

☐ 08 보성사 터

☐ 07 우정총국

영상으로 보는 한국사

갑신정변, 3일
천하로 막을 내리다

❶ '북촌 산책' 안내 지도를 가지고 갑신정변과 3 · 1 운동 관련 사적지를 돌아보며 가 본 곳을 체크해 봅시다.

❷ 답사 코스 중 가장 인상 깊었던 장소는 어디였나요?

장소	까닭

❸ 답사 · 체험 활동 중 새로 알게 된 내용과 궁금한 점은 어떤 것인가요?

새로 알게 된 점	궁금한 점

❹ 답사 · 체험 활동을 마치고 느낀 점을 간략하게 써 봅시다.

01 경우궁 터·계동궁 터
📍 서울특별시 종로구 율곡로 75 현대사옥

갑신정변 당시 새 정부 수립을 공포한 현장

02 여운형 집터
📍 서울특별시 종로구 창덕궁 1가길 7

해방 직후 건국준비위원회 활동을 주도한 곳

계동 현대사옥은 조선 시대에 빈민 의료 기관인 제생원이 있던 곳이자, 천문 관측 기구인 간의를 설치한 관상감 관천대가 있던 곳이다. 또한 갑신정변 당시에 이재원의 집인 계동궁(현대사옥 도로변)과 순종의 생모인 수빈 박씨의 신주를 모신 사당인 경우궁(현대사옥 건물 인근)이 있던 곳이다.

갑신정변이 일어난 당일, 급진 개화파는 창덕궁에 들어가 고종과 왕비를 경우궁으로 모시고 갔다. 경우궁은 공간이 좁아 방어에 유리하였다. 서재필 등 사관생도와 행동대원, 일본군으로 몇 겹의 방어막을 쳤다. 하지만 겨울철 방한 도구가 준비되지 않아 12월 5일 10시경 계동궁으로 고종의 처소를 옮겼고, 그곳에서 신정부 명단을 발표하였다. 이날 오후 계동궁이 비좁고 누추하다는 고종의 요구로 다시 창덕궁으로 돌아갔다.

여운형은 제1차 세계 대전 직후 신한청년당을 창립해 2·8 독립 선언과 3·1 운동을 지원했으며 임시의정원에도 참여하였다. 1932년에는 『조선중앙일보』 사장으로 손기정 선수의 일장기 말소 사건을 주도하였다. 해방 전후에 여운형은 이곳에서 항일 지하 조직인 조선건국동맹을 조직(1944)하였고, 1945년 8월에는 조선건국동맹을 조선건국준비위원회로 이름을 바꾸고 사실상 임시 정부의 일을 수행하였다.

8월 16일 오후 1시, 지금의 현대사옥 자리인 계동의 휘문중학교에서 해방 후 첫 정치 집회를 개최하였다. 당시 여운형의 집은 옛 휘문중학교 운동장 뒤편에 있었다(현대빌라 도로변). 남북이 분단으로 치닫고 있던 시기에 그는 좌우 합작 운동을 주도하다가 열두 번째 테러로 암살되었다.

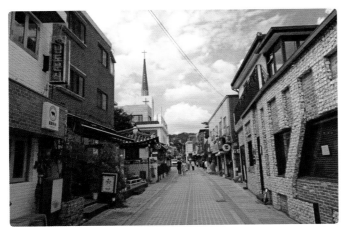

▲ 계동 토박이 골목 안국역 3번 출구로 나와 현대사옥 앞에서 중앙중·고등학교로 연결되는 길(계동길)이다. 북촌문화센터, 한옥지원센터, 북촌마을서재, 배렴 가옥 등 공공 한옥이 모여 있어 한옥을 구경하고 체험하기가 수월하다.

▲ 배렴 한옥집을 구경하는 외국 관광객들

▲ 한옥지원센터에서 한옥 체험을 하는 학생들

030

03 김성수 옛집
📍 서울특별시 종로구 계동길 84-6 인촌선생고거

3·1 운동 준비 과정에서 천도교와 기독교의 연합을
처음으로 논의한 장소

04 한용운 유심사 터
📍 서울특별시 종로구 계동길 92-3 유심당

불교 잡지 『유심』을 발행하고 3·1 운동 당시
만해 한용운이 불교계의 참여를 주도한 곳

천도교와 기독교 등 여러 종교 단체가 개별적으로 만세 운동을 준비하고 있었다. 최남선이 기독교 대표로 이승훈의 의사를 타진하기 위해 서울에 올 것을 연락하였다. 1919년 2월 12일, 최남선은 중앙학교 교장 송진우를 대신 보내 이승훈을 김성수의 집 별채에서 만나도록 하였다. 송진우는 천도교의 민족 운동 동향을 설명하며 이승훈에게 기독교도 함께해 줄 것을 요청하였다. 이승훈은 "독립운동이라면 본래부터 찬성입니다. 내가 평양에 돌아가 서울과 함께할 수 있도록 하겠습니다."라고 답하였다.

이승훈은 평양 등지의 기독교 목사와 장로들로부터 천도교와 합작해 독립운동을 벌이는 문제에 대해 논의를 하였다. 이처럼 김성수 옛집은 천도교 측과 기독교 측의 거사 준비를 일원화하는 출발점이었다.

일제 강점기의 시인이자 승려, 독립운동가인 만해 한용운은 1918년 잡지 『유심(惟心)』을 발행하면서 세계 정세의 변화를 눈여겨보며 독립운동에 대해 고심하고 있었다.

그는 3·1 운동 직전 천도교의 최린, 권동진, 오세창과 의견을 나누면서 천도교 측에서 계획하고 있는 독립 선언에 적극 동참하기로 하였다.

한용운은 한국의 독립이 제국주의에 대한 민족 운동이며 침략주의에 대한 약소 민족의 해방 투쟁임을 강조하며, 여러 인사들을 접촉하면서 불교계의 백용성을 민족 대표에 참여시켰다. 또한 유심사는 2월 28일 밤에 한용운이 중앙학림 학생 10여 명에게 3천 매의 선언서 배포와 담당할 역할을 알려 주었던 곳으로, 불교계가 3·1 운동 준비를 하던 중심지였다.

지역사 탐구 석정보름우물에는 어떠한 이야기가 전해질까?

▲ 북촌 석정보름우물 초기의 천주교 신부들이 이 우물물을 세례 또는 성수로 사용하였다고도 한다.

서울에 상수도 시설이 본격적으로 도입되기 시작한 20세기 초반 이전까지 우물은 주된 음수와 생활용수 공급원이었다. 북촌 주민의 중요한 음수원이던 석정보름우물

은 15일 동안은 맑고, 15일 동안은 흐려진다고 해서 붙은 이름이다. 물맛이 좋기로 소문난 데다, 이 우물물을 먹으면 아들을 낳는다는 속설이 있어 궁궐의 궁녀들이 몰래 떠다 마시며 아이 낳기를 기원하였다고 한다.

1794년 중국에서 압록강을 건너 온 외국인 주문모 신부가 1801년 새남터에서 순교하기 전까지 계동 최인길(마티아) 집에 숨어 지내면서 조선 땅에서 첫 미사를 봉헌할 때, 이 우물물로 세례를 베푼 것으로 전해진다. 또한 1845년 한국인 최초의 신부인 김대건(안드레아) 신부도 이 지역에서의 짧은 사목 기간 동안 이 물을 성수로 사용한 것으로 알려져 있다. 천주교 박해 당시 많은 순교자들이 발생하자 갑자기 물맛이 써져서 한동안 사용되지 않았다는 이야기가 전한다.

05 중앙학교 숙직실
📍 서울특별시 종로구 창덕궁길 164 중앙종고등학교

2·8 독립 선언 계획을 국내에 알려
3·1 운동을 촉발한 곳

06 손병희 집터
📍 서울특별시 종로구 북촌로 39 북촌박물관

1919년 2월 28일 민족 대표들이
독립 선언식 절차를 회의한 장소

1908년 인촌 김성수가 중앙학교를 건립하였다. 1918년 가을부터 중앙학교 이사장 김성수와 교장 송진우, 교사 현상윤이 자주 모여 독립운동 이야기를 하고 있었다. 1919년 1월 도쿄의 유학생들이 독립 선언 운동 준비 자금 마련을 위해 보낸 송계백이 서울에 왔다. 송계백은 보성고보와 와세다대학교 선배 현상윤과 교장 송진우를 중앙고보 숙직실에서 만났다. 이 자리에서 송계백은 「2·8 독립 선언서」초안을 보여 줬고, 현상윤은 그것을 천도교 측에 전달하여 천도교 최고간부회의의 결정을 통해 마침내 천도교의 궐기가 결정되었다. 이처럼 중앙학교 숙직실은 3·1 운동의 도화선이 된 장소이다.

이러한 일을 기념하여 1973년에 숙직실을 복원하여 3·1 기념관을 만들고 3·1운동책원비도 세웠다. 이전에 이곳은 임시 정부의 국무총리 등을 지낸 노백린이 한때 살던 곳이다.

1918년 11월 무렵부터 천도교의 최린·권동진·오세창 등이 독립운동에 대해 의견을 나누었고 교주 손병희에게도 보고했을 것이다. 손병희는 1919년 1월 28일 독립운동을 결행하기로 최종 결심한다. 기독교계의 독립운동 움직임과 송계백의 도쿄 유학생들의 독립 선언서 계획을 들었기 때문이다.

천도교는 기독교 측·학생 측과 합작을 성사시켜 모든 준비를 끝냈다. 2월 28일 밤, 민족 대표 33인 중 23인이 손병희 집에 모였다. 상견례와 독립 선언식 계획을 점검하기 위해서였다. 이때 독립 선언식 장소가 파고다공원에서 태화관으로 변경되었다. 손병희는 독립 선언서 낭독 후 일경에 체포되어 징역 3년형을 선고받았다. 손병희는 병보석으로 출옥한 후 1922년 5월 19일에 눈을 감았다.

032

지역사 탐구 **중앙고등학교 교내에 6·10만세운동기념비가 세워진 까닭은 무엇일까?**

6·10만세운동기념비는 1983년 6월 10일 동아일보사와 중앙교우회에서 중앙고등학교 교정에 건립한 것으로, 비문에 아래와 같이 적혀 있다.

"1926년 4월 26일 대한 제국 마지막 황제인 융희 황제(순종)가 붕어하자 중앙고보 학생을 중심으로 하여 격문 3만 매를 인쇄하여 각급 학교에 배부하였다. 융희 황제 인산일인 6월 10일 대여가 단성사 앞을 통과하자 중앙고보생 이선호가 격문을 뿌리고 '조선 독립 만세'를 선창하니, 연도에 중앙 학생과 시민이 호응하여 독립 만세의 함성이 울려 퍼졌다. 이날 시위로 1백여 명이 부상당하고 2백여 명의 학생과 시민이 체포되었다."

▶ 6·10만세운동기념비(중앙고등학교 내)

'개화당'의 지도자 김옥균이 살던 곳

개화사상의 산실, 박규수의 사랑방이 있던 곳

김옥균 집터는 정독도서관 내에 있다. 그 인근에는 서재필 집도 있었다고 한다. 박규수의 사랑방에서 개화사상에 눈을 뜬 김옥균은 박영효, 서광범 등과 '개화당'을 조직하고 그 지도자가 되었다.

1880년대 초에 고종이 개화 정책을 펴자, 고종의 신임을 얻은 김옥균은 고종의 특명으로 서광범 등과 함께 일본 시찰을 다녀왔다. 임오군란 직후에는 박영효를 정사로 하는 수신사 일행으로 일본을 재차 방문하면서 세계 정세와 문물에 대해 배우며, 일본 문명개화의 선구자 후쿠자와 유키치 등과 교유하였다.

김옥균은 일본 메이지 유신을 모델로 조선이 근대화되어야 한다는 신념을 토대로 '위로부터의 근대화 개혁'인 갑신정변을 단행하였다. 그러나 3일 만에 정변이 실패로 끝나자 일본으로 망명하였고, 1894년 3월 중국 상하이로 건너갔다가 명성 황후 측이 보낸 자객 홍종우에게 암살되었다.

박규수의 옛집은 헌법재판소 서북쪽에 수령 600년정도 된 재동 백송을 뒤로 하고 있었다. 박규수는 북학파 실학자인 연암 박지원의 손자로, 중인층인 오경석(역관), 유홍기(의관) 등과 함께 19세기 중반부터 외국의 통상을 주장하였다. 그는 개국 통상론의 관점에서 김옥균·박영효 등의 제자들을 가르쳤다. 박영효는 다음과 같이 회고하였다.

"그 신사상은 내 일가 박규수 집 사랑에서 나왔소. 김옥균·홍영식·서광범, 그리고 내 백형(박영교)하고 재동 박규수 집 사랑에 모였지요. ……『연암집』의 귀족을 공격하는 글에서 평등사상을 얻었지요."

박규수는 『연암집』과 서양을 소개한 중국의 신서를 제자들에게 가르치면서 조선의 미래를 고민하게 하였던 것이다.

지역사 탐구　당시 한옥들과 백인제 가옥은 어떻게 다를까?

손병희 집터 왼편으로 난 골목(북촌로 7길)으로 돌아 들어가면 '백인제 가옥'을 볼 수 있다. 일제 강점기의 개량 한옥과 그 구조를 볼 수 있는 집이다. 이 가옥은 한성은행 전무였던 한상룡이 1913년에 907평의 대지에 압록강 흑송 자재로 지었다 한다. 이 집은 전통 한옥과는 달리 안채와 사랑채가 복도로 연결되었고, 2층 공간도 있으며, 유리문을 달았고 사랑채 앞에 넓은 정원을 조성하여 전통 한옥과 근대 건축 양식을 결합하였다. 사랑채 뒤쪽으로 난 오솔길을 오르면 휴식 공간인 별당채도 볼 수 있다.

◀ **가회동 백인제 가옥**　1944년부터 거주하였던 외과 의사 백인제 박사(백병원 창립자)의 이름을 따서 문화재 명칭이 부여되었다.

09 홍영식 집터
📍 서울특별시 종로구 북촌로 15 헌법재판소

갑신정변 4인방 중 한 명인 홍영식이 살던 곳

10 최린 집터
📍 서울특별시 종로구 북촌로 15 헌법재판소

거족적 민족 운동을 준비한 3·1 운동의 산실

홍영식 집터도 헌법재판소 서북쪽 박규수의 집터 바로 옆에 있다. 표지석에는 서양식 병원인 '제중원 터'라고 되어 있는데, 이는 홍영식이 갑신정변 실패로 죽고 나서 그의 집을 몰수하고 제중원으로 삼았기 때문이다.

홍영식은 1881년에 조사 시찰단 일행으로 일본 육군을 시찰하고, 1883년에는 민영익·서광범 등과 함께 보빙사 부사로 미국을 다녀오면서 개혁의 필요성을 절감하였다.

이후 개화당 일원으로 1884년 병조참판 겸 우정국총관을 겸임하면서 우정국 개국을 위해 전력하였다. 정변 당시 나이 서른에 개화당 정부의 우의정에 올랐으나, 청군이 개입하면서 정변이 실패로 돌아가는 순간, 그는 도승지 박영교와 함께 고종을 모시고 있다가 청군에게 목숨을 잃었다.

최린 집터는 헌법재판소 구내 동북쪽에 있다. 이곳은 신간회 초대 회장을 지낸 이상재가 눈을 감은 전셋집이기도 하다. 최린이 친일파란 이유로 최린 집터라는 표지석 대신에 이상재 집터라고 표기하였다.

민족 대표 33인 중 한 명인 최린은 천도교 측 민족 운동의 중심 인물이었다. 송계백의 도쿄 소식을 듣고 나서 그의 집은 현상윤·송진우·최남선 등이 수차례 회합을 갖고 천도교·기독교·불교·학생계가 거족적 민족 운동으로 3·1 운동을 준비하는 데 중요한 기반이 된 장소이다.

최린은 3·1 운동으로 구속되었지만 후 출감한 뒤 이광수의 자치론에 동조하였고, 이후 친일의 길로 들어섰다가 1949년 반민특위 법정에서 때늦은 후회를 하였다.

지역사 탐구 **북촌 8경을 아십니까?**

▲ 5경 가회동 골목길

안국동역 2번 출구로 나와 북촌로 대로를 걸어 올라오면 헌법재판소에서 박규수·홍영식·이상재·최린의 집터를 만난다. 같은 방향으로 더 가면 가회동 북촌박물관 앞에서 손병희의 집터 표지석을 볼 수 있다. 여기서 좀 더 걸어서 돈미약국에서 북촌로 11길로 들어서면 가회동 한옥 골목길이다. 이곳은 북촌에서도 한옥이 가장 잘 보전되어 있는 곳으로 북촌 8경 중 4경(북촌 4~7경)이 집중되어 있다.

북촌 8경은 북촌한옥마을에서도 경관이 좋은 여덟 곳을 일컫는다. 1경은 창덕궁 담장 너머로 보이는 창덕궁 모습, 2경은 작은 공방들이 모여 있는 원서동 공방길, 3경은 가회동 11번지 박물관 골목, 4경은 가회동 31번지 언덕에서 보는 기와지붕 풍경, 5경은 가회동 골목에서 올려다본 풍경, 6경은 가회동 골목에서 내려다본 풍경, 7경은 가회동 31번지 옆 골목길, 8경은 삼청동 돌계단길을 말한다. 북촌 한옥마을을 걸으며 북촌 8경의 아름다운 경관을 사진에 담아 보면 어떨까?

11 서광범 집터
📍 서울특별시 종로구 율곡로 3길 50

▲ 서광범의 옛 집터 부근의 덕성여고

김옥균의 영원한 동지, 서광범이 살던 집터

12 천도교 중앙 총부
📍 서울특별시 종로구 율곡로3길 49 덕성여중

천도교와 개신교가 3 · 1 운동 독립 선언에 합의한 장소

서광범의 집은 지금의 덕성여고와 옛 풍문여고(안동별궁 자리) 사이에 있었다. 덕성여고는 숙종의 비인 인현 왕후 민씨가 궁에서 나와 살던 집인 감고당이 있던 곳이기도 하다.

서광범은 김옥균과 가까이 지내며 박규수와 유홍기의 지도를 받았다. 1880년 과거에 급제하여 관직 생활을 시작하였고, 1882년 김옥균과 함께 두 차례에 걸쳐 일본을 다녀왔다. 또한 1883년 보빙사의 종사관으로 40일 동안 미국의 공공 기관을 둘러본 후 민영익을 수행하고 유럽까지 순방하였다.

1884년 갑신정변에 참여한 그는 신정부의 좌우영사겸 우포장에 임명되었다. 거사 실패 후 일본에 이어 미국으로 망명하였다가 1895년 갑오개혁 때 박영효와 함께 귀국하여 학부대신 등을 역임하였다. 그 후 주미공사로 미국에 갔다가 병으로 39년의 짧은 생을 마감하였다.

3 · 1 운동 당시 천도교 중앙 총부는 현재의 덕성여자중학교 자리에 있었다. 1921년 천도교 중앙 총부가 현재의 삼일대로로 옮겨 가면서 이곳은 보성전문학교가 되었다.

송진우와 이승훈의 천도교 · 개신교의 단일화 제안 이후 개신교 측에서는 천도교 측의 독립 선언 주장과 달리 단독 독립 청원으로 의견이 모아지고 있었다. 하지만 2월 21일 밤에 장로교와 감리교 측 인사들이 모여 이 문제를 논의하였고, 다음 날 이갑성 · 함태영 · 안세환 등이 종파를 초월해 거족적인 독립운동을 해야 한다고 주장하여 힘을 얻었다.

마침내 2월 23일 밤에 개신교 측 인사들은 천도교 측의 독립 선언 방식을 받아들이기로 결정하였다. 2월 24일 기독교 측 대표 이승훈 · 함태영이 최린과 함께 천도교 중앙 총부를 방문하여 손병희와 더불어 일원화를 최종 합의하였다.

지역사 탐구 안국동 학교 골목길에는 어떠한 역사적 흔적이 남아 있을까?

▲ **안국동 학교 골목길** 옛 풍문여고, 덕성여고, 덕성여중 등이 있었다.

북촌 여섯 골목 중 '안국동 학교 골목길'이다. 안국동 사거리에서 안국빌딩 왼쪽으로 들어서는 골목이 율곡로 3길(감고당길)이며, 골목 끝지점에서 북촌로 5길로 우회전하면 정독도서관이 나온다.

덕성여중 · 고 돌담길도 인기 있는 거리다. 이 길은 갑신정변의 현장 답사 길이기도 하다. 안동별궁터(안국빌딩)~서광범 집터(덕성여고)~김옥균 집터(정독도서관)를 만날 수 있다. 정독도서관 끝 지점인 송원아트센터 골목길로 내려오면 삼거리에서 조선어학회 터를 볼 수 있고, 안국동 윤보선 생가도 만날 수 있다.

13 안동별궁 터
📍 서울특별시 종로구 율곡로 33 안국빌딩

급진 개화파가 정변의 신호탄으로 방화하기로 한 곳

14 우정총국
📍 서울특별시 종로구 우정국로 59 (견지동, 우정총국)

근대 우편 제도의 발상지이자 갑신정변이 발생한 곳

안동별궁은 조선 시대 초부터 왕실의 거처였고, 마지막 황제 순종의 가례(혼례식)가 열렸던 곳이다. 현재 서울공예박물관 조성 공사가 한창이다.

급진 개화파는 안동별궁에 방화하는 것으로 행동을 개시하기로 하였다. 별궁 방화의 책임자는 이인종으로 포대 수십 개를 만들어서 화약을 담아 별궁 후문에 있는 서광범의 집에 보관하기로 하였다. 또한 석유를 담은 작은 병 30여 개도 쌓아 두었다. 별궁 방화를 시작으로 궁녀 고대수 등은 창덕궁의 통명전과 인정전에 화약을 터뜨리기로 계획되었다. 그러나 거사 당일 별궁에 불이 잘 붙지 않아 김옥균은 우정국 인근 초가집에 불을 지르도록 해 정변을 단행하였다.

복원된 우정총국은 조계사 바로 앞에 있으며, 현재 체신기념관으로 운영되고 있다.

급진 개화파는 갑신정변의 시작을 우정총국 낙성식 연회로 잡았다. 당시 1884년 12월 4일(음력 10월 17일) 오후 4시경, 초청 받은 외국 공사와 고관들이 도착하여 연회를 즐기고 있었다. 김옥균은 안동별궁의 방화 소식을 기다렸다. 하지만 화약 불발 소식을 듣고는 아무 집이라도 불을 지르게 하였다. "불이야!" 소리와 함께 정변이 시작되었다. 민씨 척족 민영익은 이미 중상을 입은 상태였다. 서재필이 거느린 생도 출신 군인들에게 난도질을 당한 것이다. 묄렌도르프의 보호하에 민영익은 미국인 의사 알렌의 치료를 받아 생명을 건졌다.

지역사 탐구 급진 개화파는 어떤 사회를 꿈꾸었을까?

1. 청에 잡혀간 흥선 대원군을 곧 돌아오도록 하게 하며, 종래 청에 대하여 행하던 조공의 허례를 폐지한다.
2. 문벌을 폐지하여 인민 평등의 권리를 세워, 능력에 따라 관리를 임명한다.
3. 지조법을 개혁하여 관리의 부정을 막고 백성을 보호하며, 국가 재정을 넉넉하게 한다.
13. 대신과 참찬은 의정부에 모여 정령을 의결하고 반포한다.
　　　　　　　　　　　　　　　　　　　　 – 갑신정변 14개조 개혁안(1884)

김옥균 등은 청에 대한 사대 폐지, 신분제 폐지와 차별 없는 관리의 등용, 지조법의 개혁과 재정 확보, 내각 중심의 정치 체제를 주장하였다. 이는 정치적으로는 임금이 아니라 내각이 중심이 되는 입헌 군주제와 사회적으로는 신분제 타파를 통한 평등 사회를 전망한 것이다. 이처럼 갑신정변은 우리나라에서 처음으로 근대 사회를 만들기 위한 정치적·사회적 개혁 운동이었다.

▲ 갑신정변의 주역들

15 보성사 터
📍 서울특별시 종로구 수송동 80-7 수송공원

수송공원 보성사 터의 이종일 동상

3·1 운동의 독립 선언서 2만여 장을 인쇄한 장소

16 박영효 집터
📍 서울특별시 종로구 인사동10길 11-4 경인미술관

문명개화 운동의 선두주자 박영효가 살던 곳

옛 보성사 터는 조계사 후문 뒤편의 수송공원에 있다. 이곳에는 『대한매일신보』 창간 사옥 터, 신흥학교 터 등 여러 표지석이 있다. 보성사는 보성고보 설립 당시 교재와 천도교 관련 서적을 출판하기 위해 만든 인쇄소였다.

당시 보성고보 교장이 최린이고, 보성사 사장은 손병희와 친분이 두터운 이종일이었다. 민족 대표 33인 중 한 명인 이종일은 1919년 2월 27일 이곳에서 독립 선언서를 인쇄하였다. 또 3월 1일 『조선독립신문』 제1호를 찍어 냈다.

보성사 터에는 '3인의 군상과 민족 정기'라는 조형물이 설치되어 있는데, 이 조형물에는 3인의 군상이 기미 독립 선언서를 치켜든 모습을 하고 있다.

인사동의 경인미술관은 박영효가 살던 집 중 하나다. 이곳에 있던 건물은 현재 남산골 한옥마을에 이전·복원되어 있다. 박영효는 박규수의 권고로 열두 살 때 철종의 영혜 옹주와 혼인하여 부마가 되고 정1품 금릉위에 봉해졌다. 열네 살 무렵부터 큰형 박영교를 따라 박규수에게서 새로운 학문을 익혔고, 김옥균·서광범 등과 '개화당'을 조직하였다.

1882년 제3차 수신사로 김옥균 등과 함께 일본을 방문하였고, 그때 태극기를 만들어 국기로 사용하였다. 또 한성판윤으로 재직시 박문국을 설치하여 『한성순보』를 발간하였다. 1884년 갑신정변 실패 후 일본으로 망명하였다가 제2차 갑오개혁 때 귀국하여 개혁을 주도하였다. 하지만 국권 피탈 후 후작 작위와 은사금을 받으며 친일 행적을 남겼다.

037

지역사 탐구   1919년 2월 27일 밤 보성사에서는 무슨 일이 일어났을까?

▲ 3인의 군상과 민족정기 조형물

1919년 2월 27일 밤, 보성사에서는 독립 선언서를 인쇄하기 위해 인쇄기가 바쁘게 돌아가고 있었다. 그때 종로경찰서 고등계 형사 신철(일명 신승희)이 수상히 여겨 보성사에 들어왔다. 결국 독립 선언서 인쇄 작업이 발각되었다. 보성사 사장 이종일은 신철의 소매를 붙잡고 "같은 조선 사람끼리 한 번만 눈감아 달라."고 통사정하였다. 그는 잠시 신철을 기다리게 한 후 가회동의 손병희 집까지 뛰어갔다. 자초지종을 들은 손병희는 종이 뭉치를 이종일에게 건넸고, 그것을 이종일은 신철에게 안겼다.

신철은 아무 말 없이 그 자리를 떠났다. 증언에 의하면 그 종이 뭉치 안에 5천원이라는 거금이 들어 있었다고 한다. 이종일과 김홍규는 그가 배신하지 않기를 초조한 마음으로 염원하며 독립 선언서 인쇄 작업을 무사히 모두 마쳤다. 만약 신철이 독립 만세 계획을 조선 총독부에 알렸다면 3·1 운동은 어떻게 되었을까? 일본 고등계 형사 신철이 거액 때문에 눈감아 줬을까, 아니면 그에게도 민족적 양심이 남아 있었던 것일까?

신철은 만주 출장을 갔다가 돌아오는 기차 안에서 일본 헌병에게 체포되었다. 다음 날 유치장에서 자살하였다고 전해지지만, 『윤치호 영문 일기』에서는 독립 선언서 인쇄 작업과 관련된 취조 과정에서 고문으로 죽었다고 전한다.

함께 갈 만한 곳

영상으로 보는 한국사
신과 함께 걷다, 종묘

01 경복궁

서울특별시 종로구 사직로 161

경복궁은 조선 왕조의 정궁이다. 북으로는 북악산을 기대어 자리 잡았고, 정문인 광화문 앞으로는 넓은 육조거리(현재 세종로)가 펼쳐져 있다. 1395년 태조 이성계가 창건하였고, 1592년 임진왜란으로 불타 없어졌다가 고종 때인 1867년에 중건되었다. 궁궐 안에는 왕과 관리의 정무 시설, 왕족의 생활 공간, 휴식을 위한 후원 공간이 조성되었다.

그러나 일제 강점기에 건물들을 대부분 철거하여 근정전 등 극히 일부 중심 건물만 남았고, 조선총독부 청사를 지어 궁궐 자체를 가렸다. 하지만 1990년부터 복원 사업이 본격적으로 추진되어 점차 옛 모습을 찾아 가고 있다.

02 종묘

서울특별시 종로구 종로2가 종로 99

조선 왕조의 역대 왕과 왕비 및 추존된 왕과 왕비의 신주를 모신 사당으로, 가장 정제되고 장엄한 건축물 중의 하나이다. 종묘는 1394년 조선 왕조가 한양으로 도읍을 옮긴 해에 착공하여 이듬해에 완공하였다.

현재 경내에 있는 정전에는 19실에 49위, 영녕전에는 16실에 34위의 신위가 모셔져 있고, 뜰 앞에 있는 공신당에는 조선 시대 공신 83위가 모셔져 있다. 조선 시대에는 이곳에서 매년 춘하추동과 섣달에 대제를 지냈고, 현재는 매년 5월 첫째 일요일을 정하여 종묘제례라는 제향 의식을 거행하고 있다.

03 사직단

서울특별시 중구 세종대로 99

조선 시대에 국가에서 토지 신(사: 社)과 곡식 신(직: 稷)에게 제사를 지내던 곳이다. 태조가 한양에 도읍을 정하면서 경복궁 동쪽엔 종묘를, 서쪽엔 사직단을 배치하였다. 이곳은 두 겹 담장 안에 둘러싸여 있고, 사방에 홍살문을 세웠다. 토지 신에게 제사지내는 사단은 동쪽에, 곡식 신에게 제사지내는 직단은 서쪽에 배치하고, 단의 형태는 네모 모양으로 둘레에 3층 돌계단을 사방으로 둘렀다. 일제가 조선의 사직을 끊기 위해 사직단의 격을 낮추어 공원으로 삼으면서 크게 훼손되었다. 이후 1980년대 말에 정비 사업이 추진되어 일부 복원되었다.

04 보신각

서울특별시 중구 덕수궁길 61

태조가 한양에 도읍을 정하고 보신각종을 걸어 놓기 위해 1396년에 지은 전통 한옥 누각이다. 유교에서 강조하는 인·의·예·지·신에 따라 한양 도성의 중심에 위치하였고, 도성 4대문의 여닫는 시각을 알리던 종을 설치하여 '종각'이라고도 한다. 조선 후기까지 여러 차례 화재로 불탔다가 중건되었고, 1895년 고종 때 '보신각'이란 편액이 걸린 후 종로 보신각종이라 부르게 되었다.

매년 양력 12월 31일 밤 12시를 기해 보신각종을 서른세 번 치는 제야의 종 타종 행사는 대한민국의 가장 대표적인 새해맞이 행사이다.

05 우당기념관

서울 종로구 필운대로 10길 17

우당기념관은 민족의 자주와 독립을 위해 헌신한 우당 이회영의 삶과 업적을 기리기 위한 곳이다. 이회영은 1910년 조선이 일본에 합병되자 전 재산을 처분해 6형제 가족 40명과 함께 중국으로 망명, 경학사와 신흥무관학교를 설립하고, 이곳에서 3,500여 명의 독립군을 양성해 청산리 전투와 봉오동 전투 승리에 일조하였다.

기념관에는 이회영의 일대기와 그의 가족, 망명지에서 함께 활동한 여러 독립운동가와 애국지사들, 신흥무관학교 교가와 신흥학우단, 아내 이은숙에게 보낸 친필 편지와 김구의 『백범일지』 등이 전시되어 있다.

039

06 윤동주문학관

서울특별시 종로구 창의문로 119

일제 강점기 항일 운동가이자 시인인 윤동주를 기리는 문학관이다. 윤동주는 중국 연변 용정에서 출생하여 명동학교에서 공부하였고, 숭실중학교와 연세대학교를 졸업하였다. 이후 일본 도시샤대학에 입학하여 1943년 항일 운동을 하였다는 혐의로 경찰에 체포되어 27세 나이에 옥중에서 요절하였다. 해방 후 벗이자 후배인 정병욱이 그의 자필 시집 『하늘과 바람과 별과 시』를 출간하였다. 이곳에는 그의 친필 원고를 전시하고, 그의 생애와 시를 소개하는 영상관이 마련되었으며, 주변에 청운공원과 시인의 언덕에 그의 시비가 조성되었다.

04 한말 구국 운동의 중심이 되다

[답사 목적] 한말 일본의 제국주의 침략 야욕에 맞서 대한 제국이 어떠한 정책을 폈는지 살펴보고, 을사늑약의 불법성에 대해 판단해 본다.

▲ **정동 덕수궁 돌담길** 이곳은 연인이나 외국 관광객들에게 인기가 높아 사진 촬영지로도 유명하다. 그러나 우리 역사 속에서 정동은 근대사의 여러 사건들이 일어난 역사의 현장이기도 하다.

◆ 답사 지역 개요 ◆

덕수궁 돌담길로 잘 알려진 정동길은 연인들이 함께 걷고 싶어 하는 길이다. 가수 이문세가 부른 「광화문 연가」의 장소도 이곳이다. 이 노래에는 어딘가 쓸쓸함이 짙게 묻어난다. 노래 중 "덕수궁 돌담길엔 아직 남아 있어요. 다정히 걸어가던 연인들"이라는 가사도 아련하게 느껴진다. 또 이 길을 따라 걷다 보면 나오는 '눈 덮인 조그만 교회당'은 정동제일교회를 말한다.

근대 개화기에 정동길은 전통과 근대, 서양과 동양, 그리고 희망과 절망이 공존했던 곳이다. 서양식 근대 학교인 배재 학당과 이화 학당이 정동제일교회를 사이에 두고 미래를 열어 가고 있었다. 하지만 청·일 전쟁 후 일본과 러시아의 대립 속에 일본이 명성 황후를 시해하는 을

미사변이 일어나고, 이에 위협을 느낀 고종은 러시아와 미국에 기대며 아관 파천을 단행하였다. 그 현장이 정동에 있는 구 러시아 공사관이다. 이후 경운궁(덕수궁)으로 환궁한 고종은 대한 제국 수립을 선포하고, 국권 수호를 위해 외교 관계를 적절하게 이용하려고 경복궁이 아닌 경운궁(덕수궁)을 황궁으로 삼았다. 하지만 러·일 전쟁 후 정동에 있는 중명전에서 을사늑약이 체결되어 대한 제국은 일본의 보호국으로 전락하게 되었다.

대한 제국 시기 경운궁 주변에는 미국·영국·프랑스·러시아 등 각국 공사관이 있었다. 그리고 외교관들의 사교 모임 장소로 주로 이용된 손탁 호텔도 이곳에 있었다. 지금도 정동길에는 미국과 러시아 등 여러 나라의 대사관이나 공사관이 위치한다.

학교   학년   반   이름:

01 덕수궁 중화전
02 덕수궁 석조전
03 배재 학당 역사박물관
05 중명전
04 정동제일교회 이필주 사택 터
08 구 러시아 공사관
06 손탁 호텔 터
07 이화 학당 심슨기념관

영상으로 보는 한국사

한국의 근현대 건축,
심슨기념관

❶ 덕수궁과 정동길을 걸으며 대한 제국 시기 역사의 현장을 돌아보며 가 본 곳을 체크해 봅시다.

❷ 답사 코스 중 가장 인상 깊었던 장소는 어디였나요?

장소	까닭

❸ 답사 · 체험 활동 중 새로 알게 된 내용과 궁금한 점은 어떤 것인가요?

새로 알게 된 점	궁금한 점

❹ 답사 · 체험 활동을 마치고 느낀 점을 간략하게 써 봅시다.

01 덕수궁 중화전
📍 서울특별시 중구 세종대로 99

대한 제국 수립을 선포한 경운궁의 정전

02 덕수궁 석조전
📍 서울특별시 중구 세종대로 99

서양 근대 양식의 석조 건물

덕수궁의 본래 이름은 경운궁이다. 임진왜란 직후 선조와 광해군 때 궁궐의 지위를 획득하며 경운궁이라 하였다. 경운궁이 역사의 중심 무대가 된 계기는 1897년 2월 고종이 러시아 공사관에서 이곳으로 환궁하면서부터이다.

경복궁과 달리 경운궁은 주위에 미국·영국·러시아 등 서양 열강의 공사관과 인접해 있어 외교적으로 열강의 세력 균형을 통해 국권을 유지하는 데 유리하였다.

1897년 10월, 고종은 '대한 제국' 수립을 선포하고 이곳 중화전을 정전으로 삼았다. 1907년 고종이 강제로 퇴위된 뒤 덕수궁으로 이름을 바꿨으며, 고종이 승하하면서 3·1 운동의 기폭제가 된 곳이다.

석조전은 대한 제국의 재정 고문을 맡았던 영국인 브라운이 주도하여 건축이 시작되었으나, 1905년 일본인 메가타가 재정 고문으로 오면서 주도권이 일본에 넘어가 1910년에 완공되었다.

석조전은 정면 17칸, 측면 10칸의 3층 석조 건물로 대한 제국 황궁의 정전으로 설계되었고, 엄격한 비례와 좌우 대칭이 돋보이는 유럽 신고전주의 양식의 건물이다.

해방 후 국립현대미술관 등 여러 용도로 사용되다가 2014년에 '석조전 대한 제국 역사관'으로 다시 탄생하였다. 1946년 미·소공동위원회가 열린 장소로도 유명하다.

▼ **덕수궁 대한문** 1919년 3월 1일 탑골공원에서 독립 선언식을 마친 학생과 시민들이 시가행진을 벌인 후 이곳에 모여 '대한 독립 만세'를 부르고 연설회를 개최하였다. 사진은 덕수궁 대한문 앞에서 열리는 수문장 교대식 장면이다.

03 배재 학당 역사박물관
📍 서울특별시 중구 서소문로 11길 19 배재 학당 역사박물관

근대 교육과 신문화의 요람 옛 '배재 학당'

04 정동제일교회 이필주 사택 터
📍 서울특별시 중구 정동길 46 정동제일교회

독립 협회 활동과 3·1 운동 거사 준비 모임 장소

개항 후 개화파 인사들은 과거 제도를 폐지하고 근대 교육을 위한 학교를 세우자고 주장하였다. 먼저 움직인 쪽이 선교사들이었다. 선교사들은 어린 학생들을 전도하고 종교 지도자로 키우는 방법으로 학교 설립에 나섰다.

배재 학당은 1885년 미국 북감리교 선교사 아펜젤러가 세운 한국 최초의 서양식 근대 학교이다. 의사 출신 선교사 스크랜턴과 함께 이곳에서 두 명의 학생으로 개교하였다. 고종이 '유용한 인재를 기르는 집'이라는 뜻을 담아 '배재(培材)'라는 이름을 내려 주었다. 이후 학생 수가 늘면서 영어, 지리, 역사, 체육 등 여러 과목을 가르쳤다. 서재필과 윤치호 등이 특별 교사로 강의하였고, 주시경과 이승만 등이 이곳에서 교육을 받았다. 이곳은 독립 협회의 집회 장소로도 활용되었다. 현재 배재 학당의 동관 건물은 역사박물관으로 꾸며져 있다.

정동제일교회도 아펜젤러가 1885년에 세운 한국 최초의 개신교 교회이다. 배재 학당을 세운 아펜젤러는 인근에 예배만 볼 수 있는 건물을 빌려 '벧엘 예배당'이라 이름하고, 예배를 보다가 신도 수가 늘자 붉은 벽돌로 서양식 예배당을 지었다. 이후 증축되기도 하였으나 원형이 잘 보존되고 있다.

당시 교인의 상당수가 배재 학당과 이화 학당 학생들이었기 때문에 개화기의 민족 및 사회 운동에 큰 역할을 하였다. 미국에서 돌아온 서재필 주도로 정동제일교회 청년인 노병선·이승만·신흥우 등이 독립 협회 활동에 일정한 역할을 하였다.

특히 1919년 3·1 운동 직전 정동제일교회의 이필주 목사 사택은 기독교계의 3·1 운동 거점이었다. 이필주 목사는 손정도 목사의 후임으로 정동제일교회를 담임하면서 민족 대표 33인 중 1명으로 참여하였다.

043

▼ 배재 학당과 정동제일교회를 세운 아펜젤러 동상

Henry Gerhart Appenzeller

05 중명전
📍 서울특별시 중구 정동길 41-11

고종의 편전이자 을사늑약 체결 장소

06 손탁 호텔 터
📍 서울특별시 중구 정동길 26

각국 외교관들의 사교 장소이자 외교 무대

경복궁에 거처하던 고종은 아관 파천 이후 경운궁(덕수궁)으로 환궁하였다. 1897년 대한 제국 선포와 함께 경운궁은 황궁으로 정비되고 영역도 확대되었다. 중명전은 1904년 경운궁 화재 이후로 고종이 업무를 보던 곳이다.

중명전은 을사늑약이 체결된 장소이기도 하다(1905). 러·일 전쟁에서 승리한 일본은 이토 히로부미를 파견하였다. 일본은 군대를 동원하여 경운궁을 포위하고 중명전에서 열린 어전 회의에서 조약 체결을 강요하였다. 이때 이토는 회의장에 들어가 밤늦게까지 대신들에게 찬성을 강요하였다. 참정대신 한규설, 탁지부대신 민영기, 법부대신 이하영이 반대 의사를 표하였고, 고종은 인준을 거부하였다. 결국 이튿날 새벽 이완용·이근택·이지용·박제순·권중현 등 이른바 '을사5적'의 찬성으로 '보호 조약'을 통과시켰다. 이후 고종은 헐버트를 미국에 보내 도움을 요청하고 헤이그에 특사를 파견하는 등 세계 각국에 을사늑약의 부당함을 알렸다.

갑오개혁을 전후한 시기에 정동 일대는 미국과 러시아 등 각국 공사관이 밀집된 외교의 중심 무대였다. 1892년 6월, 외국 공사관들은 사교 모임인 서울 클럽(정동구락부)을 결성하고 친목을 도모하였다. 그 중심이 되었던 공간이 프랑스 공사관 근처에 있던 손탁 호텔이다. 프랑스계 독일인 손탁은 러시아 대리공사 베베르의 처형으로 궁정의 외국인 접대 업무를 돕고 있었다. 손탁은 명성 황후와 베베르 간 외교의 중심 고리였고, 고종은 그녀에게 정동 일대에 있는 왕실 소유 집을 한 채 하사하였다. 이곳은 서양 외교관들과 선교사, 민영환·윤치호·서재필·이완용 등의 고급 사교장으로 이용되었다. 1902년에 2층 서양식 건물을 짓고 손탁 호텔이라 이름 붙였다.

이 호텔에는 국내 고관이나 외국 귀빈이 묵었고, 호텔 1층 객실에서 양식을 먹거나 커피를 마시기도 하였다. 영국 처칠도 이곳에서 지냈고, 1905년 일본 전권대사 이토 히로부미도 이곳에 머물며 을사늑약 작업을 배후 조정하였다.

▲ **중명전 제2전시실의 을사늑약 체결 강요하는 회의 장면**(복원 모형) 왼쪽부터 이근택, 권중현, 이지용, 이완용, 하야시 콘스케, 이토 히로부미, 박제순, 한규설, 민영기, 이하영이다.

▼ 이화여고의 심슨기념관

근대 여성 교육의 발상지이자 3 · 1 운동의 산실

친러파를 끌어들여 친일 내각을 무너뜨린 역사 현장

이화 학당은 1886년에 미국 북감리회 선교사인 스크랜턴이 여성 교육을 위하여 정동 자택에 세운 학교이다. 당시 여성을 학교에 보낸다는 부정적인 인식 때문에 개교 당시 1명으로 출발했으나, 이듬해 7명으로 늘자 명성 황후가 '배꽃 같이 순결하고 배 같은 결실을 맺으라'(梨花)는 뜻으로 이화 학당이라는 이름을 내렸다. 교과로는 영어, 국어, 성경 등을 가르쳤다. 처음에는 한옥 건물을 사용하다가 1899년 서양식 건물인 메인홀, 심슨기념관, 프라이홀 등을 차례로 지어 학교 모습을 갖추었으나 6 · 25 전쟁과 화재 등으로 현재 심슨기념관만 남아 있다(2011년 복원).

이화 학당은 유관순이 다니던 학교로 널리 알려져 있으며, 학교 동북쪽에 유관순이 당시 기숙사에 기거하면서 사용하던 우물이 보존되어 있다. 또 미국에서 의학 공부를 하고 무료 진료 봉사 활동을 한 의사 박에스터도 이화 학당 졸업생이다.

옛 러시아 공사관은 러시아와의 통상 조약이 체결된 이듬해인 1885년에 착공돼 1890년에 준공되었다. 러시아인 사비틴이 설계하였으며, 르네상스풍의 2층 벽돌 건물이다. 해방 직후 소련 영사관으로 사용되었으나 6 · 25 전쟁 때 크게 파손되어 현재 탑 부분과 지하 2층만 남아 있다.

러시아 공사관은 '아관 파천'의 현장이다. 고종은 을미사변 직후 친일 내각과 일제에 포위된 채 불안한 나날을 보내고 있었다. 1896년 2월 11일 새벽, 고종의 윤허하에 이완용 등 친러파 인물들과 러시아 공사 베베르, 그리고 미국 공사 등이 을미의병의 혼란한 상황을 이용하여 고종과 세자(순종)를 러시아 공사관으로 도피시키는 사건이 발생하였다(아관 파천).

이 사건으로 김홍집의 친일 내각이 무너지고 친미 · 친러 내각이 수립되면서 경운궁으로 환궁하기까지 1년간 고종이 이곳에서 국사를 처리하였다.

▲ 2016년 5월에 졸업생들이 기증해 조성한 이화여고 안의 유관순 정원

함께 갈 만한 곳

01 옛 원구단 터 황궁우

서울특별시 중구 소공로 106

1897년 10월 12일, 고종은 문무백관을 거느리고 원구단에 나아가 천지에 제사를 올린 후 황제로 즉위하고 나라 이름을 '대한 제국'으로 삼아 자주독립국임을 내외에 선포하였다. 1899년 고종은 화강암 기단 위에 3층 8각 지붕의 황궁우를 세워 신위를 모셔 놓고 태조 이성계를 태조 고황제로 추존하였다. 1902년에는 고종 즉위 40년을 기념하기 위하여 석고단을 세웠다.

그 후 일제 강점기에 일본은 원구단을 헐고 그 자리에 철도호텔(현 조선호텔 전신)을 세워 그 상징성을 걷어 내려 하였다(1913). 현재 이곳에는 황궁우와 석고단만 남아 있다.

02 서울 탑골공원

서울특별시 종로구 종로2가 종로 99

조선 시대의 원각사 터에 세운 서울 최초의 근대식 공원으로, 고종 때 영국인 브라운의 건의로 조성되었다. 공원 안에 서울 원각사지 십층 석탑(국보 제2호)이 있어 탑골공원 또는 파고다공원이라고도 불린다.

1919년 3월 1일, 이곳은 독립 선언문을 낭독하고 독립 만세를 외친 3·1 운동의 출발지가 되었다. 탑골공원 팔각정(서울시 유형문화재 제73호)은 3·1 운동 당시 학생과 시민이 모여 학생 대표의 독립 선언문을 낭독하고 "대한독립 만세"를 외치면서 시위행진을 벌였던 곳으로 유명하다.

03 덕수궁 정관헌

서울특별시 중구 세종대로 99

정관헌(靜觀軒: 조용히 바라보는 집)은 그 이름처럼 궁궐 후원 언덕 위에서 궁궐을 내려다보며 휴식을 취하는 공간이다. 1900년경 러시아 건축가 사바틴이 한식과 양식을 절충해 설계한 건축물이다. 위치도 덕수궁 내의 함녕전 뒷편에 자리 잡고 있어, 전통 궁궐의 후원 정자 기능을 대신하는 건물이라 할 수 있다.

기단 위에 로마네스크 양식의 인조석 기둥을 둘러서 내부 공간을 만들었고, 바깥에는 동·남·서의 세 방향에 기둥을 세운 베란다가 둘러쳐 있다. 고종 황제는 이곳에서 커피를 마시며 외교 사절과 연회를 즐겼다고 한다.

04 서울시립미술관

서울특별시 중구 덕수궁길 61

서울시립미술관은 1988년 경희궁공원 부지에 개관하였다가 서소문동에 있는 옛 대법원 자리인 지금의 자리로 이전·개관하였다. 르네상스식 건물인 본관은 우리나라 최초의 재판소인 한성재판소가 있던 자리에 일제가 경성재판소를 지은 것이다.

광복 이후에는 이곳이 대법원으로 사용되다가 1995년에 대법원이 서초동으로 이전한 후 서울시립미술관이 자리 잡게 되었다. 옛 건물의 아치형 현관만 그대로 보존하고 미술관 지하 2층~지상 3층은 신축하였다. 2004년에는 분관인 남서울분관이 구 벨기에 영사관 건물에 자리 잡게 되었다.

05 서울역사박물관

서울특별시 종로구 새문안로 55

조선 시대 이후 서울의 역사와 변화 과정, 서울 사람들의 생활 모습 등을 보여 주기 위해 2002년에 개관하였다. 기존의 고고학이나 미술사 중심의 박물관과는 다르게 도시의 성장과 변화 등을 주제로 한 도시역사박물관이라는 점에서 의의가 있다.

이곳 박물관은 한성 백제와 조선 왕조의 수도로서 정치·경제·사회·문화의 중심으로 발전해 온 서울의 역사를 전시하고 있다. 서울역사박물관에는 「대동여지도」, 「동여도」, 「용비어천가」 등 보물 21점을 비롯하여 고문서와 사진 자료, 대한민국 임시 정부 관련 유물 등약 12만 점을 소장하고 있다.

06 경교장

서울특별시 종로구 새문안로 29

대한민국 임시 정부 주석인 김구가 1945년 11월 중국에서 귀국한 이후 1949년에 생을 마칠 때까지 생활했던 집무실 겸 숙소이다.

경교장은 이승만의 이화장, 김규식의 삼청장과 함께 대한민국 정부 수립 이전에 건국 활동의 중심지가 된 3대 요람인 곳이다. 김구가 반탁과 건국, 통일 운동을 주도할 때에는 흔히 '서대문 경교장'이라고 하였으며, 민족 진영 인사들의 집결처로 이용되기도 하였다. 또한 1949년 6월 26일 김구가 집무실에서 안두희에게 암살되어 서거한 곳이기도 하다.

05 근대를 잉태한 저항의 도시

[답사 목적] 조선 후기 정조가 축조한 수원 화성을 중심으로 일제 강점기 3·1 운동과 관련된 역사의 현장을 돌아보면서 항일 민족 운동의 정신을 되새겨 본다.

▲ **수원 영동시장** 1919년 3월 1일 서울에서 시작한 3·1 운동은 이후 전국 각 지방으로 퍼져 갔다. 이때 만세 시위는 주로 사람들이 많이 모이는 시장에서 전개되었다.

◆ 답사 지역 개요 ◆

▲ 수원 시장 옛 모습

조선 후기 정조는 수원에 화성을 축조하며 신도시를 건설하려 하였다. 이에 수원은 수도 한성이나 평양에 버금가는 도시로 성장하였다. 이처럼 전근대에 수원은 이미 근대를 잉태하고 있었다.

일제 강점기에 수원은 일제의 탄압에 저항하였다. 1919년 3·1 운동의 물결에 맞춰 수원, 화성, 오산 등지에서 만세 시위가 일어났다. 수원에서는 3월 25일 장날을 이용하여 학생과 시민이 만세 시위를 일으켰고, 다음 날엔 시장 상인들이 학생 구속에 항의하며 상점 문을 닫았다. 심지어 일제의 가혹한 탄압에 맞서 면사무소와 주재소(경찰서)를 부수고 악질 일본 경찰을 직접 처단하기도 하였다.

☐ **01** 나혜석 거리   ☐ **02** 수원자혜병원 만세 시위지

☐ **03** 수원종로교회

☐ **05** 옛 수원농림전문학교   ☐ **04** 권업모범장 터

☐ **08** 오산시장
3·1 만세 시위지

☐ **06** 송산 3·1 만세 시위지   ☐ **07** 제암리 교회 터

영상으로 보는 한국사

제암리 1919

① 일제 강점기 3·1 운동과 근대 문화 관련 사적지를 돌아보며 가 본 곳을 체크해 봅시다.

② 답사 코스 중 가장 인상 깊었던 장소는 어디였나요?

장소	까닭

③ 답사·체험 활동 중 새로 알게 된 내용과 궁금한 점은 어떤 것인가요?

새로 알게 된 점	궁금한 점

④ 답사·체험 활동을 마치고 느낀 점을 간략하게 써 봅시다.

01 나혜석 거리
◉ 경기도 수원시 팔달구 인계로 166번길 48-2(인계동 1119)

거리 공연과 다양한 먹거리 있어 많은 사람이 찾는
문화와 만남이 공존하는 거리

02 수원자혜병원 만세 시위지
◉ 경기도 수원시 팔달구 정조로 865(신풍동 6-2)

김향화

1919년 수원의 기생들이 일제에 맞서
3·1 만세 시위를 전개한 곳

한국 근대 신여성으로 불리는 나혜석은 수원 출신의 한국 최초 여성 서양화가로, 근대 미술사에 큰 발자취를 남긴 인물이다.

일제 강점기에 나혜석은 1919년 3·1 운동에 참여하였다가 5개월 동안 옥고를 치렀으며, 이후 여성 운동가로도 활약하였다. 수원시는 '나혜석 거리'를 조성해 불꽃같던 그의 삶을 기리고 있다.

나혜석 거리는 약 300m가량의 보행자 전용 문화 거리로, 문화예술공원, 효원공원, 야외 음악당 등과 연결되어 있다. 문화와 만남이 공존하는 나혜석 거리를 걸으며 수원 지역 역사의 향기를 느껴보는 것은 어떨까?

3·1 운동이 전국으로 퍼져 가던 1919년 3월 29일, 수원 기생들이 자혜병원으로 정기 진료를 받으러 갔다. 이 날 김향화를 비롯한 기생 30여 명이 자혜병원 앞에서 태극기를 휘두르며 "대한 독립 만세"를 외쳤다. 이어 그들은 자혜병원 앞 수원경찰서에서 만세 시위를 벌였다. 일본 경찰은 이들을 총칼로 진압하였다. 김향화는 서대문형무소에서 유관순을 비롯한 여성 독립운동가들과 함께 고문을 견디며 수감 생활을 이어 갔다.

2009년 대한민국 정부는 김향화를 독립 유공자로 인정하고 훈장을 수여했다. 그러나 그 후손이 나타나지 않아 현재 수원박물관이 훈장을 보관하고 있다.

▼ 화성행궁 내 봉수당 2002년 화성 복원 사업으로 옛 모습을 되찾았다.

▶ 옛 수원자혜병원 1923년 일제가 화성행궁 내 봉수당을 허물고 지은 의료 기관이다. 자혜병원은 오늘날 각 지방 도립 병원으로 맥을 이어가고 있다.

일제 강점기 교육 사업과 민족 운동에
기여한 수원종로교회

일제가 조선 쌀 반출을 위해 설치한 기구에서
해방 후 한국 근대 농업의 산실로 변화한 곳

한성에 새문안교회와 정동교회가 들어서고 몇 년 뒤인 1899년에 수원종로교회가 탄생하였다. 북수동에서 신앙 공동체로 시작해 화성행궁 건너 편 수원 종로 네거리로 옮겨온 것이 1907년의 일이다.

민족 수난기 수원종로교회는 신앙 활동에 머물지 않았다. 동학 의병 출신 임면수는 수원종로교회 안에 삼일학교(현재 삼일중학교, 삼일공업고등학교), 삼일여학교(현재 매향여자정보고등학교)를 세웠다. 이후 임면수는 그의 아내 전현석과 함께 서간도로 망명해 항일 독립운동을 이어가다가 1930년 순국해 현재 수원 세류동 공동 묘역에 잠들어 있다.

조선 후기 정조가 농업 생산력 향상을 위해 대규모 저수지를 축조한 이래 일제 강점기를 거치며 수원은 한국 근대농업의 요람이 되었다. 이후 일본은 조선에 대한 정치적·경제적 침략을 본격화하면서 조선 쌀을 반출하여 자국 내 식량 문제를 해결하려 하였다.

1906년 통감부는 경기도 수원에 권업모범장을 설치하였다. 권업모범장 설치는 일본을 위한 것으로 그 비용은 모두 일본에서 들여온 빚이었다. 초대 통감 이토 히로부미는 농업 개량에 대해 강한 의지를 보이며 품종 개량, 비료 보급, 수리 시설 개량 등을 통해 농업 생산력을 높이려 하였다. 이에 따라 대한 제국 정부가 근대 농업을 도입하려고 추진하던 '농사시험장' 설치 계획은 묵살되었다. 이는 대한 제국 정부가 주도하여 설치하면 일본이 조선 농업에 대한 지배력을 행사하기 어렵게 되고, 조선을 식량 공급 기지로 구축하려는 계획에 차질이 생기기 때문이었다.

이후 원예모범장과 양잠강습소도 인수하여 과수·채소·화훼·잠업 기술 등을 보급하였고, 전남 목포에 출장소를 두어 면화 재배 사업을 감독하게 하였다. 하지만 그 연구는 조선 쌀을 일본으로 반출하려는 정책에 따라 벼농사에 집중되었고, 조선 농업은 점차 벼농사 중심으로 구조화되어 갔다.

051

▶ **옛 권업모범장 터에 위치한 농촌진흥청 농업기술역사관** 일제가 설치한 권업모범장은 해방 이후 농사개량원(1947), 중앙농업기술원(1949), 농사원(1957), 농촌진흥청(1962)으로 바뀌었고, 농촌진흥청은 2014년에 전라북도 전주로 옮겨 갔다.
▼ **일제가 설치한 옛 권업모범장**

05 옛 수원농림전문학교
경기도 수원시 권선구 서둔로 135

3·1 운동과 6·10 만세 운동에 참여한
수원 지역 학생 운동지

06 송산 3·1 운동 만세 시위지
경기도 화성시 송산면 송산포도로 111(사강리 631-4)

송산 3·1 운동 기념탑(송산 3·1 기념공원 내)

화성 지역 3·1 운동의 효시가 된
일본 순사 처단지

1919년 3·1 운동이 일어나자 수원농림전문학교 조선인 학생 36명은 밤에 몰래 기숙사를 빠져나와 만세 시위에 참여하였다. 또 1926년 6·10 만세 운동 당시에는 김찬도, 우종휘, 고재천, 권영선, 김봉일, 김익수, 백세기, 육동백 등의 학생들이 동맹 휴학을 단행하고, 서울에 올라가 6·10 만세 운동에 참여하였다. 며칠 뒤, 학생들은 학교 당국의 행정에 저항하며 동맹 휴학을 더욱 강화하였다.

수원농림전문학교 학생들은 농촌 계몽 운동에도 나섰다. 학교에서 가까운 서둔리와 고색리에 야학을 설치하고 글을 모르는 농촌 청년과 아동에게 한글과 한국 역사를 가르쳐 민족의식을 불어넣었다. 아울러 일제가 양민을 학살한 제암리에서 애국가를 합창하고 대한 독립 만세를 외쳤다.

1919년 3월 26일에 송산면사무소에서 시작된 3·1 만세 시위는 28일 장날을 맞아 시위대가 1천여 명으로 불어났다. 그러자 시위를 진압하기 위해 수원경찰서에서 파견된 순사부장 노구치가 홍면옥을 비롯한 주동자를 체포하면서 권총을 난사하였다. 이때 홍면옥 등이 총을 맞고 쓰러지자 시위대가 격분하였다. 당황한 노구치가 자전거를 타고 달아났다. 시위대는 노구치에게 돌을 던지며 쫓아가 지금의 사강시장 옆 수협 건물 앞 도로에서 그를 처단하였다.

이후 만세 시위는 향남·발안·우정·장안 등 인근 지역으로 확산되었다. 4월 3일에는 우정면 화수리에서도 시위대가 순사 가와바타를 처단하였다. 이러한 사건들은 며칠 뒤 일제가 제암리에서 마을 주민을 집단 학살하는 빌미가 되었다.

노구치 순사 처단지 사강시장 옆 수협 건물 앞 도로는 분노한 시위대가 노구치 순사를 처단한 곳이다.
옛 송산면사무소 자리(현재 사강4리 마을회관 앞 공용 주차장) 1919년 3월 26일, 이곳에서 주민들이 3·1 만세 시위를 시작하였다.

07 제암리 교회 터
 경기도 화성시 향남읍 제암길 42(제암리 322-1)

일본 군경의 학살 만행으로 폐허가 된 제암리 교회당 터

일본 군경이 학살 만행을 저지른 3·1 운동 탄압 장소

08 오산시장 3·1 운동 만세 시위지
 경기도 오산시 오산동 843-856

3·1 운동 만세 시위를 재현하는 오산 시민들

1919년 4월 15일 오후 향남면 제암리, 일본군과 경찰은 "강연이 있다."라며 예배당 안으로 20세 이상 마을 주민을 유인하였다. 마을 주민이 교회당에 모이자 군경은 밖에서 문을 걸어 잠근 후 예배당에 석유를 뿌리고 불을 질렀다. 그러고는 문을 부수고 뛰쳐나오는 사람이 있으면 사살하였다. 모두 21명이 죽었고, 남편의 죽음에 오열하던 여성 2명이 더 피살되었다. 이른바 '제암리 학살'이다. 이때 선교사 스코필드는 홀로 제암리를 방문해 사태 수습을 돕고, 제암리의 참상을 세계에 알렸다.

한편, 국권 피탈 후 일본은 서해안에 간척 사업을 벌였다. 이때 이주해 살던 일본인 기술자들이 화성 지역 주민에 대한 인력 수탈과 여성에 대한 횡포를 부려 반일 감정을 자극하였다. 이것이 3·1 운동 당시 일제 순사를 처단한 서건이 일어난 배경이 되었다.

1919년 오산 출신 유진홍은 서울에서 3·1 운동이 시작되자, 자신의 고향 오산에서도 만세 시위를 일으키기로 결심하였다. 그는 먼저 이성구, 김경도, 이규선, 정규환, 김용준, 안낙순, 공칠보 등 '8의사'를 규합하고 비밀리에 독립 선언서와 태극기를 제작하였다.

1919년 3월 29일 오후 4시경, 오산 우시장에서 8백여 명이 만세 시위를 시작하였다. 만세 시위의 보고를 받고 달려온 순사 오오키가 해산을 요구하였지만, 시위대의 "만세" 소리는 더욱 커져 갔다. 시위대는 면사무소와 주재소 앞까지 이동하였다. 시위 지도자 유진홍을 비롯한 8의사는 시위대와 함께 면사무소를 에워싸고 돌을 던졌다. 이후 장날을 맞아 모여든 사람들과 보부상까지 시위대에 가세해 그 규모가 더욱 커져 갔다.

▼ **현재 제암교회와 제암리 3·1운동순국기념관** 1919년 제암리에서 학살된 주민을 기억하기 위해 교회당 터에 세워진 순국 기념관과 교회이다. 당시 제암리 학살과 같은 비극은 이곳에서 가까운 수촌리에서도 벌어졌다.

함께 갈 만한 곳

영상으로 보는 한국사

조선 최후의 신도시, 최첨단 전투 요새, 수원 화성

01 수원화성

경기도 수원시 장안구 영화동 320-2

조선 후기 정조 때인 1794년에 착공하여 1796년에 완공하였다. 왕조 시대에서는 보기 드물게 임금을 인부들에게 지급한 데 힘입어 공사 기간이 절반으로 줄었다.

정조가 수원에 이상적인 신도시를 건설하려고 화성을 지었다는 게 통설이다. 하지만 정조가 말년을 보내려고 지었다는 설과 수도를 수원으로 옮기려고 지었다는 설도 있다.

총 길이 5.52km의 화성은 당대 최고 기술을 투입하고 군사 기능과 상업 기능을 함께 갖춰 동양 성곽의 백미로 평가받는다. 1997년 유네스코 세계 문화유산으로 등록되었다.

02 수원향교

경기도 수원시 팔달구 향교로 107-9(교동 43)

고려 원종 22년에 봉담면 와우리에다가 지은 것을 조선 후기 화성 축조와 함께 현재 위치로 옮겨 왔다. 공자, 맹자 등 선인들의 위패(죽은 사람의 시호를 적은 밤나무 명패)를 모시고 있다.

향교는 지방에 설립한 국립 교육 기관으로 성현에게 제사를 지내고 지방 백성을 유교 이념으로 교화하였다. 조선 시대에는 국가로부터 토지와 노비를 지원받았다. 참고로 서원은 사림 세력이 세운 사립 교육 기관이라는 점에서 향교와 다르다.

03 융건릉

경기도 화성시 효행로481번길 21-1(안녕동 산1-1)

사도 세자와 아내 혜경궁 홍씨를 합장한 융릉과 그들의 아들 정조와 효의 왕후를 합장한 건릉으로 이루어졌다. 원래 사도 세자의 묘는 경기도 양주 배봉산에 있었는데, 정조가 보일 스님의 건의에 따라 이곳으로 아버지 묘를 옮기고 자신도 그 곁에 묻혔다.

융건릉 가까운 곳에 있는 용주사도 사도 세자 묘를 지키려고 정조가 지은 사찰이다. 현재 용주사 안에 효행박물관이 들어서 있다. 정조는 개혁 군주였을 뿐 아니라 보기 드문 효자였다.

04 할미산성

경기도 용인시 처인구 포곡읍 마성리 산41

할미산성은 신라가 한강 유역으로 진출하던 6세기에 돌로 쌓은 성이다. 성벽 전체 둘레는 651미터, 할미산 정상과 그 남쪽 능선을 둘러쌓았다.

1999년 충북대학교 발굴 조사단이 삼국 시대에서 남북국 시대의 토기, 가락바퀴, 도끼, 화살촉, 철제 가위, 아궁이, 배수 시설 등 유물·유적을 발굴해 학계의 관심을 모았다. 성벽 윗면이 훼손되었지만 신라 초기 성곽 양식의 원형이 비교적 잘 남아 있다.

05 처인성

경기도 용인시 남사면 아곡리 산43

둘레 425m의 토성으로, 고려 시대에 군사 창고가 있었다고 전한다. 1232년 고려를 침공한 몽골군은 광주성 함락에 실패하고 고려 왕실이 피난 가 있던 강화도로 향하였다. 이때 처인성을 지나갔는데, 그곳에 군량미가 있다는 것을 알고 공략에 나섰다.

몽골군 장수 살리타가 병사들을 데리고 처인성을 정찰하다가 고려군이 쏜 화살에 맞아 사망하였다. 전투 결과는 승려 김윤후가 이끄는 고려 백성의 승리였다. 살리타 사망은 몽골군의 전략에 큰 차질을 주었다.

06 심곡서원

경기도 용인시 수지구 심곡로 16-9(상현동 203-21)

조선 중종 때 사림과 영수 조광조를 기리려고 효종 원년(1650)에 세운 서원이다. 조광조는 조선 초기 골육상쟁, 연산군 폭정과 중종반정 등 일련의 정치 과정에 문제의식을 갖고 조선을 유교 이상 국가로 만들려고 개혁을 단행하였다. 그러나 과격한 개혁은 반발을 샀고 결국 조광조는 모함을 받아 억울하게 처형되었다.

19세기 흥선 대원군이 서원을 철폐할 때에도 심곡서원이 살아남은 것에서 그 위상을 알 수 있다. 경내에는 조광조가 직접 심었다고 전하는 500년 된 느티나무가 서 있다. 현재 조광조는 심곡서원 뒷산에 잠들어 있다.

강원
충청권

▲ 신채호 선생 부부 동상

▲ 윤봉길 의사

▲ 최초의 여성 의병장 윤희순 동상

06 구국 운동에 여성과 학생까지 나서다

[답사 목적] 일제의 침략이 본격화되던 구한말 춘천 지역의 의병 활동과 항일 구국 운동 관련 사적지를 돌아보면서 나라 사랑 정신과 국권 수호 의지를 되새겨 본다.

아무리 왜놈들이 강성한들
우리들도 뭉쳐지면 왜놈잡기 쉬울세라
아무리 여자인들 나라 사랑 모를소냐
아무리 남녀가 유별한들
나라 없이 소용 있나 우리도 나가
의병 하러 나가 보세
나라 없이 소용 있나 우리도 나가
의병대를 도와주세

– 윤희순, 「안사람 의병가」

▲ **최초의 여성 의병장 윤희순 동상**(춘천시립도서관 내) 유홍석이 춘천 지역에서 의병을 일으켰을 때 그의 며느리 윤희순은 '안사람 의병가' 등을 지어 의병 운동과 부녀자들의 항일 독립 정신을 고취하였다. 당시 여성의 몸으로 의병 운동과 독립운동에 나선 윤희순의 활동을 통해 근대 민족주의 운동의 단면을 엿볼 수 있다.

◆ **답사 지역 개요** ◆

▲ **일제에 잡혀가는 의병**

박은식은 『한국독립운동지혈사』에서 "의병이란 민군이다. 국가가 위급할 때 의로써 일어나 징발령을 기다리지 않고 종군하여 분연히 대적하는 자"라고 썼다.

춘천 지역 의병 운동은 1895년 을미사변을 계기로 시작되었다. 이때의 의병은 유인석·유중악·유홍석·이소응 등 위정척사파가 주도하였다. 이듬해 춘천 유생을 중심으로 군인·상인·포수 등 4백여 명이 춘천관찰부를 습격하면서 의병 투쟁은 본격적으로 시작되었다. 이후 이소응을 대장으로 추대하고 서울을 향해 진격하였으나 가평 벌업산에서 관군에게 패하였다.

1905년 일제가 을사늑약을 강제로 맺고 조선의 외교권을 강탈하자, 경기도 여주 일대에서 활동하던 의병장 민용호가 강원도로 진출하였다. 그는 영동 일대의 의병 부대와 연합하고, 포수들을 모집해 영동 9군 창의소를 설치하였다. 춘천을 비롯한 강원도는 망국의 시기에 항일 운동의 한복판에 있었다.

01 의병장 의암 유인석 묘역　　　02 여성 의병장 윤희순 의적비

03 소설가 김유정의 금병의숙 터

05 약사원　　　　　　　　04 춘천 의병 본영

06 옛 춘천고등보통학교

08 교동 춘천농업학교 학생 운동지

07 춘천사범학교 '백의동맹' 활동지

영상으로 보는 한국사

윤희순, 붓과 총을 든 여성 의병장

1 의병의 고장 강원도 춘천 지역의 항일 운동 관련 사적지를 돌아보며 가 본 곳을 체크해 봅시다.

2 답사 코스 중 가장 인상 깊었던 장소는 어디였나요?

장소	까닭

3 답사 · 체험 활동 중 새로 알게 된 내용과 궁금한 점은 어떤 것인가요?

새로 알게 된 점	궁금한 점

4 답사 · 체험 활동을 마치고 느낀 점을 간략하게 써 봅시다.

01 의병장 의암 유인석 유적지
♥ 강원도 춘천시 충효로 1503(가정리 474)

13도 의군 도총재 의암 유인석 묘

02 여성 의병장 윤희순 의적비
♥ 강원도 춘천시 남면 충효로 1166-47(발산리 710-1)

최초의 여성 의병장 윤희순이 살았던 집터

춘천에서 태어난 유인석은 1896년 충청도 제천에서 의병을 일으켜 제천·충주·단양·원주 등을 점령하고, 친일 관찰사 김규식을 처단하였으나 관군에 밀려 후퇴하였다. 이후 유인석은 압록강을 넘어 서간도로 갔다.

1905년 일제가 조선의 외교권을 강탈하자 유인석은 각 지역에 의병 봉기를 독려하였지만, 뜻을 이루지 못하고 1908년에 러시아 블라디보스토크로 망명하였다. 그는 이상설, 이범윤 등과 연해주 의병 통합체 '13도 의군'을 조직하고, 도총재에 추대되었다. 1910년 러시아의 탄압으로 '13도 의군'이 해산되자, 중국 봉천으로 근거지를 옮겨 항일 투쟁을 이어가다가 1915년에 순국하였다. 현재 그는 춘천에 잠들어 있다.

윤희순은 의병장인 시아버지 유홍석의 영향으로 의병 운동에 투신하였다. 1907년 일제가 고종 황제를 폐위시키자, 그녀는 향리 주민과 함께 일어나 군자금을 모으고 춘천 가정리 여의내골에 탄약 제조장을 만들어 화약과 탄환을 제조하고 의병의 훈련을 지원하였다. 한·일 병합 후에는 시아버지와 남편을 따라 서간도로 망명하여 군자금을 모으고 학당을 세워 항일 투사를 길러 내는 일을 하였다. 또한 중국인과 함께 조선 독립단을 만들고 직접 군사 훈련에도 참여하였다.

수많은 여성이 항일 운동을 펼쳤지만 한국 독립 운동사에 여성의 이름은 잘 보이지 않는다. 그래서 여성 의병장 윤희순의 이름이 대중에게 알려진 것이 반갑다.

> 수춘(춘천)의 경치는 동외에서 제일이라.
> 더더욱 소양강변 소양정이 서 있구나.
> …… (중략) ……
> 오랑캐 노랫소리 기어이 긑게 하면
> 우아한 소악곡에 봉황이 돌아오리.
>
> — 유인석, 「소양정에 올라」

▲ 의암 유인석 유적지

03 소설가 김유정의 금병의숙 터
♀ 강원도 춘천시 신동면 금병의숙길 27(증리 425-7)

▼ 금병의숙 터에 지은 마을회관

김유정이 학교를 세워 문맹 퇴치 교육을 벌인 곳

04 춘천 의병 본영(춘천관찰부 터)
♀ 강원도 춘천시 중앙로 1(봉의동 15)

춘천관찰부 터에 있는 조양루

친일 관찰사를 처단한 춘천 의병의 본영이 있던 곳

춘천을 대표하는 소설가 김유정은 연희전문학교(현재 연세대학교)와 보성전문학교(현재 고려대학교)에서 제적되었다. 정확한 이유는 알 수 없으나 자유분방한 그의 성격 때문이었을 것이다.

이후 1931년 고향인 춘천에 내려와 이곳 실레마을에서 초가집을 지어 야학당을 열고 농촌 사람들을 가르치기 시작하였다. 이듬해 이를 '금병의숙'이라 고치고, 간이학교를 세워 문맹 퇴치 운동을 벌였다. 교과 내용으로는 한글과 산수, 지리 등을 가르쳤다. 그리고 협동조합·농우회·노인회·부인회 등을 조직하여 농촌 계몽 운동을 전개하기도 하였다.

김유정이 춘천에 머문 것은 2년이 채 못되는 기간이었지만, 이곳에서 마음의 안정을 되찾고 작품 활동을 하였다. 그의 대표작 「봄봄」도 이때 경험을 소재로 쓴 것이다.

1895년 을미사변과 단발령에 반발해 각지에서 의병이 일어났다. 춘천에서는 의병이 봉의산 기슭에 자리한 춘천관찰부를 점령하고 의병 활동의 근거지로 삼았다. 총대장은 이소응이었다.

춘천 의병은 화천과 양구까지 소모사를 보내 병사와 군수품을 거두고, 장기 항전에 대비해 소금 3백 가마를 봉의산에 묻었다. 이들은 봉의산 정상에 제단을 쌓고 제사를 지낸 뒤 출정에 나섰다고 전한다.

춘천 의병은 초관 박진희와 관찰사 조인승을 처단하였다. 이 초유의 사건은 지방관뿐 아니라 친일 내각 대신들에게 큰 충격이었다. 춘천관찰부를 의병 부대의 본영으로 삼은 춘천 의병은 이어서 일제를 축출하려고 서울로 진격하였으나, 남한산성에서 관군에게 패하여 실패하고 말았다.

◁ 춘천 의병장 이소응
▼ 옛 춘천관찰부 터에 자리한 강원도청 청사 뒷산이 봉의산이다.

▼ 약사원(약사고개) 자리에 세워진 춘천 교구 죽림동성당

춘천 의병이 관군과 경군에게 패배한 격전지

▼ 춘천고등보통학교 상록회 회원

식민지 차별 교육을 비판한 '상록회'의 학생 활동지

약사원은 벌업산과 함께 춘천 의병의 대표적인 격전지이다. 당시 결전이 펼쳐진 약사고개에는 현재 죽림동성당이 자리하고 있으며, 오늘날에는 당시의 흔적을 찾기 어렵다.

약사원 격전을 이끈 이는 의병장 이소응의 사촌 형인 이진응으로 아우 이경응과 함께 의병에 가담하였다. 1896년 춘천관찰부사를 처형한 춘천 의병은 서울로 진격하다 관군의 공격을 받고 다시 춘천으로 퇴각하였다.

이때 춘천 의병은 춘천의 앞산인 약사원에 진을 치고 있었다. 의병장 이소응이 병기와 병력을 보충하기 위해 지평군수에게 원병을 요청하러 떠난 사이에 관군이 춘천 의병 본진을 공격하였다. 춘천 의병은 서울에서 파견한 경군이 관군과 합세하여 본진을 공격하자 더 이상 버티지 못하고 관군에 밀려 패배하였다. 이 전투에서 의병장 이진응이 전사하였다.

일제 강점기 춘천고등보통학교 학생들은 모두 세 차례나 동맹 휴학을 단행하였다. 민족 지도자 여운형이 춘천을 오가며 학생들에게 민족의식을 불어넣은 것이 영향을 끼쳤다.

1937년 조직한 비밀 결사 상록회의 활동이 유명하다. 창립 당시 상록회 주요 회원은 회장 조규석, 부회장 남궁태, 선전부장 백흥기, 회계 용환각 등이었다. 이들은 춘천 일대 학교와 교류하며 토론회와 독후감 발표회 등을 열고, 식민지 차별 교육을 비판하는 한편, 농민에게 한글을 가르치며 민족의식을 고취하였다.

그러나 일제가 대륙 침략으로 광분하던 1938년 가을에 상록회가 경찰에 발각되어 모든 회원이 체포되었다. 조직 해체 후 상록회 회원들은 일제의 감시를 피해 만주와 상하이로 망명해 항일 독립운동을 이어갔다.

▲ **춘천고등학교**(옛 춘천고등보통학교) '2018년 국가보훈처 독립 유공자 공훈록 − 강원 시 · 도별 학생 운동 현황'에 실린 19명 가운데 17명이 춘천 지역 학생들이었다.

춘천교육대학(옛 춘천사범학교)

비밀 결사 '백의동맹'을 결성한 항일 학생 운동지

옛 춘천여자고등학교(옛 춘천농업학교 터)

춘천농업학교 학생이 동맹 휴학을 벌인 학생 운동지

춘천사범학교의 항일 운동은 1940년에 2학년 학생 서은수의 전투모 착용 거부 운동으로 시작되었다. 1943년에는 춘천사범학교 제1회 졸업생들이 졸업 앨범에 무궁화를 그려 넣었다가 처벌 받았다.

1944년에는 양일민의 주도로 '백의동맹'이 조직되었다. 춘천사범학교 백의동맹은 박형원, 정인호, 염희태, 김영진 등이 주도하였다. 이들은 독서를 통해 민족의식을 높이고, 최종적으로 유격대를 조직하여 무력 항쟁을 도모하려 하였다.

그러나 1945년 봄, 계획이 발각되어 관련자 모두 체포되었다. 이들은 철원경찰서 유치장에서도 투쟁을 이어 갔다. 박형원은 1945년 6월 변기로 만든 몽둥이로 간수를 때려눕히고 탈출하였다가 다시 체포되어 갖은 고초를 겪던 중 8·15 광복을 맞아 석방되었다.

춘천농업학교는 일제 강점기에 학생 운동을 줄기차게 전개하였다. 1919년 3·1 운동 때에는 전교생이 교내에서 만세 시위를 벌였고, 이후에도 일본의 식민지 교육에 반대하는 투쟁을 줄기차게 전개하였다. 1926년 6·10 만세 운동 때는 손희재 등이, 1929년 광주 학생 항일 운동 때는 윤형중 등이 동맹 휴학을 전개하였다. 1932년 동맹 휴학 때는 전교생이 농성 투쟁을 벌였다. 또 1938년 동맹 휴학 때는 이문구 등이 앞장서 전교생이 농성하여 일본인 교원을 축출하기도 하였다.

그에 앞선 1937년에는 독서회 운동을 일으켜 사상 보급에 심혈을 기울였다. 1940년 말에 독서회 조직이 발각되자 전국 각처에서 졸업생까지 잡혀 와 폐교 위기를 맞기도 하였다. 이후 독서회 회원들은 불구의 몸이 되어 출옥하였으나 광복을 맞이하는 그날까지 일제의 사상 감시를 받았다.

▲ 춘천 소양고등학교 교정에 건립된 '춘천농업학교 학생 항일 운동 기념탑' 1910년 공립 춘천실업학교로 개교한 춘천농업학교는 이후 세 차례 이전하였고, 2014년 소양고등학교로 교명을 바꾸었다.

함께 갈 만한

01 춘천향교

강원도 춘천시 삭주로 21(교동 27-1)

옛 춘천도호부에서 운영하던 공립 중등 교육 기관으로, 성현에 대한 제사와 유학 교육을 담당하였다. 창건 연대는 알 수 없으나 조선 중종 15년(1520)에 다시 지었다는 기록이 있다. 임진왜란 때 불탄 것을 선조 27년(1594)에 또다시 지었고, 6·25 전쟁 당시 불탄 것을 1960년에 복원하였다.

여느 향교와 마찬가지로 사당에는 공자를 비롯해 중국과 조선 유학자들의 위패를 모시고 있고, 유생들이 명륜당에 모여 공부하였다. 갑오개혁 이후 교육 기능이 사라지고 지금은 제사 기능만 남아 있다. 근처에 옛 춘천농업학교 자리가 있다.

02 청평사

강원도 춘천시 북산면 오봉산길 810(청평리 673)

고려 광종 때 오봉산에 창건된 사찰이다. 한때 소양댐 선착장에서 배를 타고 들어갔지만 지금은 도로가 뚫려 자동차를 타고 갈 수 있다. 근처에 있는 구성폭포는 산사의 운치를 더해 준다. 고려 전기 문벌 가문 출신인 이자현(이자겸 사촌)이 관직을 버리고 오봉산에 들어와 유유자적 삶을 즐겼다고 전한다.

청평사에 들어서면 회전문이 보인다. 6·25 전쟁 때 사찰이 불탔는데도 회전문은 화를 피하였다. 오늘날 대형 빌딩 입구에서 정신없이 돌아가는 회전문과 달리 청평사 회전문은 중생에게 윤회의 깨우침을 준다.

03 중도 선사 유적지

강원도 춘천시 중도동 357-9

춘천 북한강에 있는 섬 중도는 선사 시대의 유적지로 주목받아 왔다. 문화재청은 중도에서 환호(도랑 겸 마을 경계)와 주거 시설 1,500여 기, 고인돌 130여 기를 발굴하였다. 그 가운데 둘레가 404m에 이르는 환호는 그 모양이 사각형이어서 학계가 주목하고 있다.

중도 선사 유적지는 그 규모뿐 아니라 유적의 밀도가 높아 충남 공주 송국리 유적에 버금가는 청동기 시대 유적으로 평가되고 있다. 최근 강원도가 중도에 대규모 테마파크 건설 사업을 추진하면서 유적지 훼손 논쟁이 일고 있다.

04 | 천전리 고인돌군

강원도 춘천시 신북읍 천전리(샘밭) 685-7

춘천시 신북읍에 있는 청동기 시대 고인돌군이다. 일제 강점기인 1915년 일본인 도리이 류조가 고인돌을 발굴해 세상에 알려졌다. 당시 한국인들은 아직 고인돌을 역사 문화 유적으로 인식하지 못했다.

해방 이후 국립중앙박물관 조사반이 다시 조사에 나서 북방식 고인돌 2기와 남방식 고인돌 2기를 확인했다. 북방식 고인돌 중 제2호 고인돌은 주위에 돌무지가 형성되어 주목을 받았다. 고인돌과 돌무지무덤의 관계를 밝히는 데 단서가 되고 있다.

05 | 교동 혈거 유적지

강원도 춘천시 후평동

1962년 성심여대(현재 한림대) 신축 공사 도중 봉의산 동쪽 경사면에서 동굴이 발견되었다. 화강암반을 사람이 판 것으로 지름 4m, 높이 2.1m 크기의 원형 동굴이었다.

신석기 시대 주거지로 보이는 이 동굴 안에서 세 명의 것으로 보이는 사람 뼈와 석기, 토기 등이 나왔다. 그 밖에 돌도끼 6점, 돌끌 2점, 돌방망이 2점, 돌화살촉 7점, 돌망치, 돌송곳, 대롱옥, 수정조각, 빗살무늬 토기 5점 등이 나왔다.

06 | 신매리 유적지

강원도 춘천시 서면 신매리 302

북한강 옆 충적 지형에 신석기, 청동기, 삼국 시대에 형성된 취락 유적이다. 1981년 국립중앙박물관이 청동기 시대 주거지를 처음 발굴 조사 한 이후 한림대박물관, 강원문화재연구소가 발굴 조사하였다.

1996년 신매대교 접속도로 공사를 위한 조사에서 청동기 시대 초기부터 시기를 달리하는 주거지와 유물이 출토되어 한반도 동북 지역과 한강 유역을 연결하는 유적으로 평가되고 있다. 중도 유적지, 천전리 고인돌군, 교동 혈거 유적 등과 함께 한반도 선사와 고대사에서 춘천이 중요한 지역임을 보여 준다.

07 의병, 일제의 침략에 맞서 일어서다

[답사 목적] 강원도 원주와 횡성 일대의 의병 활동지와 독립운동 관련 사적지를
돌아보면서 나라 사랑 정신과 국권 수호 의지를 되새겨 본다.

▲ **을미의병 봉기 기념탑**(강원도 원주시 지정면 안창리) 1894년 일본군의 경복궁 점령, 1895년 을미사변과 단발령에 반발하여 1896년에 의병들이 봉기
하였다. 구한말 원주 의병의 횃불은 이렇게 시작되었고, 이후 전개된 의병 항쟁에서도 중요한 역할을 하였다.

◆ **답사 지역 개요** ◆

구한말 일본군의 경복궁 점령과 을미사변, 단발령 등 일제의 침략은 한국인의 민족의식을 높이는 계기가 되었다. 단발령 후 원주 지역을 무대로 활약한 의병 부대에는 두 갈래가 있었다.

하나는 이춘영·안승우·김사정 등 위정척사파 유림이 일으킨 의병 부대이다. 이들은 김백선이 거느린 포군 100여 명과 인근에서 모집한 포군을 중심으로 원주 안창에서 봉기하였다. 이들은 원주관아를 점령하고 제천으로 이동하여 유인석을 의병장에 추대하였다. 또 충주 진격전에 돌입하여 단양 전투에서 승리를 거두는 등 초기 의병 활동에서 커다란 성과를 거두었다.

다른 하나는 경기도 여주에서 봉기한 이인영 부대이다.

이들은 여주에서 원주로 이동하여 활동하였다. 이인영의 의병 부대는 제천의 이범직 부대, 이천의 김하락과 그의 막하인 광주의 김태원 부대와 협력하여 의병 투쟁을 전개하였다. 이처럼 을미의병 당시 원주는 여러 의병 부대가 잠시 머물거나 2~3개월 진을 치고 주둔하는 곳이었다. 당시 의병들의 주둔지가 '의병 뜰'로 불리는 원주시 호저면 무장리 일대이다.

또 원주는 강원감영이 있던 곳으로, 강원감영은 지방군이 주둔하는 본부로 사용되었다. 그러나 1907년 군대 해산 이후 민긍호가 이끄는 원주진위대의 해산 군인들이 의병 부대에 합류하여 정미의병 투쟁을 전개하였다.

답사·체험 활동

학교   학년   반   이름:

영상으로 보는 한국사

치열했던 횡성의
만세 운동

01 원주진위대 터
02 원주 원동성당
03 원주보통학교 학생 운동지
05 의병장 윤기영 집터
04 소초면사무소 3·1 운동 만세 시위지
08 의병 주둔지 봉복사
06 의병장 한상렬 집터
07 횡성장터 3·1 운동 만세 시위지

067

❶ 강원도 원주·횡성 일대의 의병과 독립운동 관련 사적지를 돌아보며 가 본 곳을 체크해 봅시다.

❷ 답사 코스 중 가장 인상 깊었던 장소는 어디였나요?

장소	까닭

❸ 답사·체험 활동 중 새로 알게 된 내용과 궁금한 점은 어떤 것인가요?

새로 알게 된 점	궁금한 점

❹ 답사·체험 활동을 마치고 느낀 점을 간략하게 써 봅시다.

01 원주진위대 터
📍 강원도 원주시 원일로 85(일산동 54-1)

원주진위대의 본부로 사용된 강원감영의 선화당

02 원주 원동성당
📍 강원도 원주시 원일로 27(원동 85-4)

6월 항쟁에 불을 붙인 천주교정의구현전국사제단이 탄생한 곳

진위대는 지방의 치안과 변경 수비를 위해 설치한 근대식 군대이다. 1900년 지방군의 명칭이 진위대로 통합되면서 원주진위대가 되었다.

1905년 원주진위대는 원주 지역 의병 부대를 진압하는 역할을 하였으나, 1907년 일제가 대한 제국 군대를 강제 해산하면서, 해산 군인 상당수가 의병 부대에 가담하였다. 해산 군인의 가담으로 의병 부대의 전투력이 향상되었다.

1907년 8월 1일 서울의 시위대가 해산되고, 8월 10일은 원주 진위대가 해산될 예정이었다. 8월 5일 민긍호가 이끄는 원주진위대 군인들은 무기고를 습격하여 무기를 확보하고 일제히 봉기하였다. 민긍호는 진위대 병력 3백여 명을 이끌고 원주우편취급소를 공격하였다. 마침 장날이어서 주민들이 가세해 원주 지역에서 정미의병이 일어났다.

1974년 7월 23일, 원주 원동성당 지학순 주교는 '유신 헌법은 민주 헌정을 파괴하는 것'이라는 선언을 발표하였다. 그는 체포되어 징역 15년을 선고받았다. 이 사건은 한국 천주교가 사회 현실에 참여하는 계기가 되었다.

9월 24일, 신부 3백여 명이 원동성당에 모여 '천주교정의구현전국사제단'을 출범시켰다. 이날 저녁 사제와 교우 등 1,500여 명이 모여 기도회를 열고 시위에 나서 경찰과 충돌하였다.

10월 9일, 서울 혜화동 가톨릭대학에서 2만여 명이 유신정권을 비판했다. 지학순 주교는 226일 만에 풀려났다.

1987년 천주교정의구현전국사제단은 서울대생 박종철이 경찰 고문으로 사망하였다고 폭로해 '6월 항쟁'에 불을 붙였다. 지금도 천주교정의구현전국사제단은 사회 정의를 위해 목소리를 내고 있다.

지역사 탐구 민긍호가 이끄는 정미의병의 활약

▲ 의병장 민긍호 묘역(원주시 봉산동) 민긍호 의병장은 1907년 군대 해산 후 원주진위대 병력을 이끌고 7개월간 1백여 차례 치열한 전투를 벌이며 일본군에게 커다란 타격을 주었다. 이듬해 2월 일본군에게 사로잡혀 44세의 나이로 순국하였다. 2014년 강원도는 그의 묘역에 원주 정미의병 100주년 기념비와 민긍호 의병장 기념상을 세웠다.

민긍호는 대한 제국 군대 해산 후 강원도 · 충청도 · 경기도 일대에서 활약하던 이강년, 윤기영 등 여러 의병장과 긴밀한 관계를 맺으며 활동하였다. 그가 이끄는 약 1천여 명의 의병 부대는 이후 횡성, 충주, 원주, 여주, 고성 등지에서 일본군과 100여 차례 전투를 벌였다. 그는 관동창의대장이 되어 2천여 명의 의병을 이끌고 서울 탈환 작전에도 참가하였고, 삼산리 · 처현동 · 죽전리 전투 등에서 큰 공을 세웠다.

하지만 그해 겨울에 들어 일본군의 의병 탄압이 강화되자, 민긍호는 의병 부대의 희생을 줄이기 위하여 50~60명씩 분산시켜 일본군의 공격에 대항하였다. 1908년 2월 27일, 마침내 일본 군경은 강원도 횡성군 강림면 월현리에서 숙영하고 있던 그의 부대를 찾아내 포위 공격을 하였다. 민긍호와 그의 부대원은 사력을 다해 싸웠으나 일본 군경에게 체포되었고, 29일 원주에 있는 일본군 수비대로 호송되는 도중 탈출을 시도하다가 일본군에게 사살되었다.

03 원주보통학교 학생 운동지
강원도 원주시 봉산로 15(봉산동 1120)

▼ 옛 원주보통학교(1931)

원주 지역 여러 사회단체와 학생 운동 활동지

04 소초면사무소 3·1 운동 만세 시위지
강원도 원주시 소초면 치악로 2790(평장리 789-1)

소초면 독립 만세 기념비

1919년 4월 5일 소초면 주민이 만세 시위를 벌인 곳

원주보통학교는 1922년 원주청년회를 결성하고 발기회를 개최한 곳이다. 원주청년회는 지역 사회를 계몽하고 청년회관 건립, 문맹 퇴치 운동 등을 전개하였다. 이외에도 이곳은 원주노동회, 우리구락부 등 원주 지역의 다양한 사회단체들이 활동한 곳이기도 하다. 또한 신간회 원주 지회가 1927년 이곳에서 설립 대회를 열고 임원진을 결성하였다.

1926년 순종의 인산일을 맞아 서울에서 6·10 만세 운동이 일어나자, 이 소식을 들은 6학년을 중심으로 학생들이 동맹 휴학에 들어갔다. 일본인 교장은 사태를 수습하려고 궁여지책으로 학교에서 망곡제를 거행하였고, 학생들은 전원 등교하여 행사에 참여하였다. 이후 원주보통학교에서는 광주 학생 항일 운동이 전국으로 확산되던 1930년 1월, 상급생들이 동맹 휴교를 계획하다 검거되었다.

소초면은 행정 구역상 원주시였지만 일상에서 횡성과 교류가 많았다. 소초면 주민은 1919년 4월 1일 횡성 장날에 일어난 만세 시위에 적극 참여하였다가 둔둔리의 하영현, 강사문이 일제 군경에게 피살되었다. 이날 둔둔리 주민들은 강만형·강사문·하영현 등 천도교인의 지도에 따라 횡성에 가서 만세 시위에 가담하였다.

소초면의 만세 시위는 4월 3일 하영현과 강사문의 장례식 때 계획되었다. 만세 시위는 의병 출신 서당 훈도 박영하가 주도하였다. 4월 5일, 소초면 주민 300여 명이 부채고개에 모여 만세를 부르며 소초면사무소로 가 면장을 끌어내 독립 만세를 부르게 하고 시위를 전개하였다. 이에 수암리 헌병주재소가 원주 분견소의 지원을 얻어 각 마을을 수색하며 만세 참가자들을 체포하였다.

069

▲ **현재의 원주초등학교**(옛 원주보통학교)

05 의병장 윤기영 집터
📍 강원도 원주시 호저면 무장리 763

을미의병과 정미의병으로 활약한 의병장 윤기영 집터

06 의병장 한상렬 집터
📍 강원도 횡성군 우천면 수남로 26

의병장과 독립군으로 활동한 한상렬의 집터

을미의병 때 활약했던 윤기영은 1907년 대한 제국 군대 해산 이후 원주진위대 민긍호, 김덕제 등과 협력해 무기고를 털어 신식 무기를 확보하고 평창우편국을 습격해 일본인을 처단하였다. 이어 민긍호, 조동교, 오경묵, 이강년 의병 부대 등과 연합해 천남 전투에서 승리하고 충북 제천을 점령하였다. 의병 부대를 재정비해 이강년을 대장으로 추대하고 윤기영 자신은 전군장이 되어 강원·경기·충북·경북 등에서 국권 수호를 위해 항일 무장 투쟁을 전개하였다.

1907년 9월 16일, 유치에서 일본군을 기습한 후 강릉으로 이동해 양양, 강릉에서 활약했다. 11월 20일, 강릉 연곡면 가평에서 의병 220명을 이끌고 일본군 수비대와 교전 중 기관포 사격으로 부상을 입고 일본군에 생포될 위기에 처하자 자결 순국하였다.

한상렬은 대한 제국 군대 해산 후 각지에서 의병이 일어나자 인근의 동지를 규합하여 횡성군에서 의병을 일으켰다. 그는 민긍호의 연합 의병에 합류하지 않고 독자적으로 의병 200여 명을 이끌고 지평·홍천·원주·평창·영월에서 일본군과 5~6차례의 치열한 전투를 치렀다.

이후 이인영·민긍호 등의 연합 의병이 서울 진공 작전을 전개할 때에 횡성을 무대로 일본군과 대치함으로써 연합 의병의 후미를 보호하였다. 그러나 한·일 병합을 앞두고 일제의 탄압이 거세지자 의병 부대를 해산하고 1920년에 만주로 망명하였다.

그는 대한의용부·대한독립단 등 애국 단체의 참모로서 조국 광복을 위하여 활동하다가 1926년 9월 19일 공산당원의 흉탄에 맞아 순국하였다.

지역사 탐구 민긍호 의병 부대의 마지막 전투지는 어디일까?

▲ 의병 대장 민긍호 전적비(강원도 횡성군 강림면 월현2리 월현소공원 내)

강원도 횡성군 강림면 월현리는 1908년 2월 의병 대장 민긍호가 부대원과 숙영하다 일본 군경의 포위 공격을 받고 마지막 전투를 벌이다 체포되어 순국한 곳이다. 그는 생전에 강원도 관찰사가 귀순을 권유하자, 다음과 같이 말하며 일본 군경에 끝까지 맞섰다고 한다.

"나의 뜻은 나라를 찾는데 있으므로, 강한 도적 왜와 싸워서 설혹 이기지 못하여 흙속에 묻히지 못하고 영혼이 망망대해를 떠돌지라도 조금도 후회하지 않는다."

07 횡성장터 3·1 운동 만세 시위지
♀ 강원도 횡성군 횡성읍 읍하리 279

강원도 3·1 운동의 기폭제가 된 횡성 군민의 만세 시위지

08 의병 주둔지 봉복사
♀ 강원도 횡성군 청일면 청일로 909-88(신대리 137)

의병에게 식량과 휴식처를 제공한 의병 운동의 근거지

1919년 3·1운동이 물결처럼 퍼져 나갈 때 강원도 횡성의 만세 시위는 3월 27일과 4월 1일에 일어났다. 3월 27일, 횡성 장날에 천도교인의 주도로 만세 시위가 일어나 주동자 12명이 체포되었다.

이어 다음 장날인 4월 1일에 대규모 만세 시위가 다시 일어났다. 이날엔 천도교 외에 횡성청년회와 횡성감리교회가 가세하였다. 횡성장터에 모인 1,300여 명의 군중은 태극기를 흔들며 "대한 독립 만세"를 외치는 한편, 군청 건물을 습격하며 무력시위도 벌였다. 일제는 시위대를 향해 발포해 강승문, 하영현 등 5명이 사망하고 부상자가 속출하였다. 수많은 만세꾼이 경찰에 끌려가 고문을 당하였다.

4월 1일 횡성장터에서 일어난 횡성 군민 만세 운동은 도내에서 가장 격렬했던 범민족 항일 운동으로, 이후 원주·영월·평창 등지로 번져 도내 만세 운동의 기폭제가 되었다.

사찰은 항일 의병 운동의 주요 근거지 역할을 수행하였다. 특히 산악 지대에서 게릴라 전술을 전개할 때 사찰은 의병들에게 식량을 공급하고, 추운 겨울에는 쉴 수 있는 안식처가 되었다. 강원도 지역 의병들은 주로 횡성군의 봉복사를 근거지로 삼아 활동하였다. 포수계장 오정묵은 포수 20여 명을 이끌고 봉복사 근처로 사냥하러 갔다가 의병장 민긍호의 권유에 의병 운동에 투신하였다. 그만큼 봉복사는 강원도 지역 의병 운동의 주요 거점이었다.

1908년 9월, 일본군은 횡성·원주 일대에서 활동하던 의병들이 인근 부락에서 물자를 조달하고 월동 준비를 하고 있다는 첩보를 얻고 보병 2개 소대를 보내 진압에 나섰다. 이 부대는 9월 22일 횡성에 도착, 23일 오후 1시경 갑천리와 봉복사의 의병 350명을 습격하였다. 이 전투에서 의병 50명이 전사하였고, 일본군은 봉복사를 불태워 버렸다.

◀▼ 횡성장터에서 일어난 4·1 운동 만세 시위를 재연하는 주민들
횡성시장 횡성 만세 공원에서 3·1 운동 100주년을 맞이한 기념행사로 횡성 군민이 4·1 횡성 군민 만세 운동의 당시의 상황을 시가행진과 퍼포먼스로 재현하고 있다. 역사는 평범한 일상에 새로운 의미를 불어넣는다.

함께 갈 만한 곳

01 법천사지 지광국사탑비

강원도 원주시 부론면 법천리 산70

고려 문종 때 국사이며 법상종의 고승 지광국사의 탑비이다. 돌을 한 땀 한 땀 따 내려간 석공의 땀이 곳곳에 배어 있다. 비석은 거북 받침돌 위로 몸돌을 세우고 왕관 모양의 머릿돌을 올렸다.

거북은 목을 곧게 세우고 입을 벌린 채 앞을 바라보고 있어 용맹무쌍한데, 얼굴은 거북이라기보다 용에 가까운 형상으로, 턱 밑에는 긴 수염이 달려 있고 부릅뜬 눈은 험상궂다. 국보 제59호이다.

02 거돈사지 3층 석탑

강원도 원주시 부론면 정산리 188

9세기 통일 신라 시대의 3층 석탑으로, 2중 기단 위에 탑을 세운 전형적인 3층 석탑이다. 다만, 사각형 돌로 된 축대 안에 흙을 쌓고 그 위에 탑을 세운 점이 특이하다. 탑의 몸돌에는 별다른 장식이 없이 모서리 기둥만 새겨 놓았다.

층마다 처마의 받침은 5단으로 꺾여 있으며, 탑의 추녀 끝은 약간 치켜 올라가 날렵하다. 추녀에는 풍경을 달았던 구멍이 보인다. 총 높이는 5.44m이다. 원래 탑은 고대 인도에서 비롯된 것으로 고승의 사리를 모셔 놓은 일종의 무덤이다.

03 영원산성

강원도 원주시 판부면 금대리 산50-2

신라 말, 원주 치악산에 돌로 쌓은 산성이다. 고려 충렬왕 17년(1291) 원충갑이 몽골군을 무찔렀고, 임진왜란 때 목사 김제갑의 지휘 아래 원주 주민이 항전하다가 함락되어 수많은 장졸이 전사한 곳이다.

이후 영원산성은 한강 상류 일대의 군사 요충지로 운영되다가 점차 방치되었다. 현재 이 산성은 고려 시대 산성의 형태를 보여 주고 있으며, 국난 극복과 역사 교육의 현장으로 매우 귀중한 유적이다.

영상으로 보는 한국사

우리는 알 수 없는 세월,
반계리 은행나무

04 반계리 은행나무

강원도 원주시 문막읍 반계리 1495-1

나무 나이가 대략 800년 정도로 추정되는 이 나무는 오랜 옛날 이곳에 모여 살던 성주 이씨 집안에서 심었다고도 하고, 어떤 고승이 마을을 지나가다 목이 말라 물을 마신 후 꽂아 놓고 간 지팡이가 자란 것이라고도 전한다. 마을 사람들은 이 나무속에 커다란 흰 뱀이 살고 있어 함부로 손대지 않으며 신성한 나무로 여겼다. 가을에 이 나무에 단풍이 일시에 들면 다음 해에 풍년이 든다는 전설도 있다. 지금까지 무성하게 잘 자랐을 뿐 아니라 모양도 아름다워 '노익장'을 과시하고 있다.

05 봉산동 당간지주

강원도 원주시 봉산동 1146-1

사찰에 행사가 있을 때 당이라는 깃발을 내거는데, 이 깃발을 다는 장대가 당간이며, 당간을 양쪽에서 지탱해주는 두 돌기둥이 당간지주이다. 당간지주의 크기를 통해 그 사찰의 규모를 짐작할 수 있다.

봉산동 당간지주는 통일 신라 시대에 창건한 사찰터에 서 있는데, 당간지주는 고려 시대에 세운 것으로 보인다. 1910년 한·일 병합 때 기둥 한쪽이 깨져 1980년에 복원하였다. 두 기둥은 직사각형이며 위로 갈수록 점점 좁아져 맨 끝은 뾰족하다.

073

06 문익공 조엄 묘역

강원도 원주시 지정면 산69-12

문익공 조엄은 영조 27년(1751) 정시 문과에 급제해 벼슬길에 올라 경상도 관찰사와 이조 판서를 지낼 때까지 청렴한 목민관이었다. 백성의 조세 부담을 줄여 주었으나 토호들의 공격을 받아 유배되는가 하면, 당대 권세가 홍국영의 모함으로 파직되기도 하였다.

1763년, 통신사로 일본에 갔을 때 쓰시마섬에서 고구마 종자를 가져와 그 재배법을 익혔다. 이후 고구마 재배를 확산시켜 흉년 때 백성의 배고픔을 덜어 주었다. 문장력이 뛰어나 일본 견문기 『해사일기』를 남겼다.

08 충효의 정신, 독립운동가를 기르다

[답사 목적] 일제 강점기 독립을 위해 목숨을 바친 독립운동가의 행적을 찾아보고, 그들이 우리에게 주는 나라 사랑의 정신을 되새겨 보자.

▲ **충의사** 1932년 4월 29일 상하이 훙커우 공원에서 의거를 단행한 윤봉길 의사의 위패를 모신 사당이다.

◆ **답사 지역 개요** ◆

내포의 사전적 의미는 '바다나 호수가 육지로 후미진 부분'을 뜻한다. 조선 후기 실학자 이중환의 『택리지』에서는 "충청도에서는 내포가 가장 좋다. 공주에서 서북쪽으로 2백여 리쯤에 가야산이 있다. 서쪽은 큰 바다이고, 북쪽은 경기도 바닷가 고을과 큰 못 하나를 사이에 두고 있으며, 동쪽은 큰 들판이고, 남쪽은 오서산에 가려져 있는데 가야산에서부터 이어져 온 산줄기이다. 내포는 가야산의 앞뒤에 있는 10여 고을을 말한다."라고 하였다.

이 지역은 대체로 홍주, 결성, 해미, 서산, 태안, 덕산, 예산, 신창, 면천, 당진 등으로 조선 시대에는 홍주목(현 홍성군)이 관할하였다. 내포에서는 예로부터 윤봉길 의사를 비롯한 많은 독립운동가를 배출하였는데, 특히 홍성은 2019년 현재 227명의 독립운동가를 배출한 항일 독립운동의 중심지로 널리 알려져 있다.

▲ **윤봉길 선서문**
◀ **윤봉길 의사의 한인 애국단 입단 선언식 기념촬영 사진**(1932. 4. 26.)

☐ **01**

☐ **02** 해미장터
3·1 운동 만세 시위지

☐ **03** 김좌진 장군 생가와
백야기념관

이종일 선생 생가와
이종일기념관

☐ **05** 홍주성·홍주 의병 전투지

☐ **04** 한용운 선생 생가와 만해문화체험관

☐ **08** 윤봉길 의사 사적지

☐ **06** 홍주의사총

☐ **07** 김한종 의사 생가터

영상으로 보는 한국사

충남 위인
생가를 찾아서,
옥파 이종일 선생

❶ 일제 강점기 독립을 위해 목숨을 바친 독립운동가의 행적을 찾아보고 가 본 곳을 체크해 봅시다.

❷ 답사 코스 중 가장 인상 깊었던 장소는 어디였나요?

장소	까닭

❸ 답사·체험 활동 중 새로 알게 된 내용과 궁금한 점은 어떤 것인가요?

새로 알게 된 점	궁금한 점

❹ 답사·체험 활동을 마치고 느낀 점을 간략하게 써 봅시다.

01 이종일 선생 생가와 이종일기념관
📍 충청남도 태안군 원북면 옥파로 199-7

▼ 1986년 복원된 이종일 선생 생가

민족 대표 33인의 한 사람으로 독립 선언문을 인쇄·배포한
옥파 이종일 선생이 태어난 곳

02 해미장터 3·1 운동 만세 시위지
📍 충청남도 서산시 해미면 읍내리 327 일대

해미면사무소 방향으로 본 오늘날의 해미장터

1919년 3월 19일과 24일 해미 면민이 두 차례에 걸쳐
만세 시위를 전개한 곳

1858년 충청남도 태안에서 태어난 이종일은 1894년 보성학교 교장이 되었고, 1896년에는 독립 협회에 참여하였다. 1898년에는 『제국신문』을 창간하였고, 이후 천도교에 입교하여 보성사 사장으로 활동하였다.

그는 1919년 손병희의 집에서 종교계 여러 지도자와 회합을 갖고 3·1 운동에 참가할 동지를 규합하면서 독립 선언을 위한 준비를 하였다. 그는 3·1 운동 당시 독립 선언서를 인쇄해 한용운, 인종익, 안상덕, 강기덕, 김원벽, 함태영, 이경섭 등에게 배포하였다. 또한 박인호와 함께 독립 선언의 취지를 전국에 보도하고, 독립사상을 고취하기 위해 『독립신문』을 발간하였다. 그는 태화관에서 열린 독립 선언식에 참여한 후 보안법과 출판법 위반 혐의로 체포되어 징역 3년 형을 선고 받고 서대문형무소에서 옥고를 치렀다. 1962년 건국훈장 대통령장을 수여받았다.

1919년 당시 서산의 해미면에서 두 차례에 걸친 3·1 운동 만세 시위가 일어났다. 3월 19일 남상철이 면민들과 함께 읍내 일대를 돌며 만세 시위를 벌였고, 3월 24일에는 이계성의 주도로 만세 시위가 전개되었다.

면사무소 서기인 이계성은 해미공립보통학교 졸업생과 재학생인 이봉이, 유한종, 최종량, 장기남, 양태준, 이기신 등과 시위 계획을 세우고, 밤 11시경 기독교인과 면민들과 함께 해미면 뒷산에 올라가 독립 선언서를 낭독한 후 읍내 일대를 돌며 횃불 시위를 벌였다. 이어 주재소로 이동하던 중 일제 경찰과 충돌하여 2백여 명이 체포되었다. 이 만세 시위로 이계성, 김관용, 김연택, 유세근 등이 태형과 징역형 같은 악형과 옥고를 겪었다. 이후 만세 시위는 서산읍, 팔봉면, 지곡면, 음암면으로 이어졌고, 4월에는 운산면의 여러 마을에서 만세 시위가 전개되었다.

▲ 옥파 이종일 선생 동상

일제 강점기 청산리 대첩 등에서 활약한
백야 김좌진 장군이 살던 곳

독립 운동가이자 시인이며, 현대 불교에 큰 발자취를 남긴
만해 한용운이 태어나서 살았던 곳

백야 김좌진은 을사늑약 체결 후 1907년 고향인 홍성에 호명학교를 세워 자신의 집을 학교 교사로 제공하였고, 대한협회와 기호흥학회 지부를 조직해 애국 계몽 운동에도 앞장섰다. 국권 피탈 후 만주에 독립군사관학교를 설립하기 위해 자금을 모으다 체포되어 2년 6개월간 서대문형무소에 투옥되었고, 출옥 후에는 광복단에 가담해 항일 투쟁을 전개하였다.

1918년 만주로 건너가서 대종교에 입교하고, 무오독립선언서에 민족 지도자의 한 사람으로 서명하였다. 3 · 1 운동 후에는 북로군정서군 총사령관 김좌진이 이끄는 북로군정서군과 홍범도의 부대가 청산리에서 합동 작전을 벌인 끝에 일본군 3천여 명을 살상하는 대전과를 올렸다.

자유시 참변 후 북만주에서 흩어진 독립군 세력을 재정비하여 신민부를 결성하고, 독립군 양성에 전념하며 대일 항전을 준비하던 중 1930년 공산단원의 흉탄에 순절하였다.

1962년 건국훈장 대한민국장을 수여 받았으며, 1992년 그의 생가터를 복원하고, 기념관을 세워 공적을 기리고 있다.

만해 한용운은 1910년 『조선불교유신론』을 저술하였고, 1918년 월간 『유심』이라는 불교 잡지를 간행하였다. 1919년 3 · 1 운동 때에는 백용성 등과 함께 불교계를 대표하여 참여하였고, 민족 대표 33인 중의 한 분으로 독립선언서를 낭독한 후 체포되어 3년 형을 받았다.

1926년 시집 『님의 침묵』을 발간하였는데, 여기에는 그의 독립에 대한 신념과 희망을 담은 시 88편이 수록되어 있다. 1927년에는 민족 협동 전선의 일환으로 창립된 신간회의 결성에 주도적인 역할을 하였다. 그의 사후 1962년 건국훈장 대한민국장을 수여받았다.

최근 복원한 그의 생가는 터만 남아 있던 것을 방 2칸에 부엌으로 구성된 초가집으로 야산을 등진 양지쪽에 자리 잡고 있다. 생가 입구에 그의 생애를 알 수 있는 만해문학체험관이 있고, 생가 뒤편에 그를 기리는 사당인 만해사가 있으며, 오솔길을 따라 민족시인 20인의 시를 새긴 민족시비공원이 조성되어 있다.

▲ **백야 김좌진 장군상**(김좌진 장군 생가터 내)

▲ **민족시비공원**(한용운 선생 생가터 내)

05 홍주성·홍주 의병 전투지
📍 충남 홍성군 홍성읍 오관리 200-2번지

홍주 의병이 일본군과 치열한 전투를 벌여
3백여 명이 전사한 격전지

06 홍주의사총
📍 충청남도 홍성군 홍성읍 의사로 79

한말 을미의병에서 을사의병으로 계승되어 온
홍주 의병의 호국 정신을 기리는 유적

을사늑약 체결 후 이에 반발하는 의병이 전국 각지에서 일어났다. 1906년 5월 9일 부여의 지티에서 의병이 봉기하여 민종식을 대장으로 추대하였다. 민종식 의병 부대는 홍산 관아와 서천 관아를 연이어 점령하고, 5월 19일에는 홍주읍에 들어와 홍주성을 점령하였다. 이후 민종식은 의병의 편제를 보강하고, 아울러 인근의 각 군수에게 훈령을 내려 양식과 군기의 징발과 모병을 지시하였다.

일본군은 5월 20일부터 여러 차례 홍주성을 공격하였다. 그럼에도 전세가 불리해지자, 조선 통감 이토 히로부미는 하세가와 요시미치에게 명령을 내려 조선 주차군 제60연대의 보병 2개 중대와 기병 반 개 소대, 그리고 전주 수비대 1개 소대를 파견하여 홍주성을 공격하게 하였다.

5월 30일 밤부터 시작된 일본군의 공격으로 홍주 의병은 이튿날 새벽까지 치열한 격전을 벌였다. 그러나 우세한 화력을 앞세운 일본군의 공격을 막아내지 못하고 참모장 채광묵 부자 등 300여 명의 희생자를 낸 채 패퇴하였다.

홍주 의병이란 홍주군(현 충청남도 홍성군) 일대에서 일어난 의병 항쟁을 말한다. 이 지역에서는 1895년과 1906년 두 차례에 걸쳐 의병 투쟁이 전개되었다.

1차 홍주 의병은 1895년 명성 황후 시해 사건이 일어나고 단발령이 시행되자, 이에 의병장 김복한을 비롯한 유생들이 의병을 일으켜 반침략 반개화 투쟁을 전개하였다.

2차 홍주 의병은 1905년 을사늑약 체결에 반발하여 의병들이 다시 봉기하였고, 민종식이 이끄는 의병 부대가 홍주성을 점령하였다. 하지만 일본군의 우세한 화력에 밀려 2차 홍주 의병은 3백여 명의 희생자를 내고 결국 패퇴하였다.

홍주성 전투 직후 홍주 군수로 부임한 윤시영의 일기에 의하면, 일본 기마병이 패퇴한 의병을 추격해 사살하고, 체포된 의병을 학살하는 잔인한 짓을 저질렀다고 한다.

1949년 홍주경찰서과 소방서원들의 식목 행사 중 홍성천 주변에서 유해가 발굴되어 묘역을 조성하였다. 2001년 묘역 일대를 성역화하여 사적 제431호로 지정하였다.

▲ **홍주성역사관**(홍주성 내) 홍주 의병과 홍성이 배출한 독립운동가의 행적을 통해 나라 사랑의 정신을 체험할 수 있는 곳이다.

07 김한종 의사 생가터
📍 충청남도 예산군 광시면 장신신흥길 283-12

대한 광복회에서 의열 투쟁을 전개한
김한종 의사가 태어난 곳

08 윤봉길 의사 사적지
📍 충남 예산군 덕산면 시량리 산40-1번지

상하이 훙커우 공원 의거를 일으킨
매헌 윤봉길 의사의 사적지

김한종은 일제 강점기 대한 광복회에서 활동한 독립운동가이다. 그는 1915년 박상진 등과 함께 대구에서 무장 비밀결사 단체인 대한 광복회를 조직하고, 충청·전라 지부장으로 임명되었다. 이후 광복단 총사령 박상진 등과 함께 일제 관헌과 친일 부호를 처단하고 각지에서 독립운동 자금을 모으는 등의 국권 수호 운동에 헌신하였다.

1916년 대한 광복회는 노백린과 김좌진 등의 동지들을 규합하여 전국 규모의 독립운동 단체로 거듭났으며, 김좌진을 만주 지역의 부사령으로 파견하였다. 또한 충청도 지역을 중심으로 자금을 모집하고 예산·연기·인천에 곡물상으로 위장한 광복회 거점을 설치하였으며, 식민 지배에 안주하려는 친일 세력을 처단해 민족적 각성을 일깨우기 위해 친일 도고면장 박용하를 처단하기도 하였다.

하지만 1918년 광복단 조직이 발각되어 일본 경찰에 체포되었고, 1921년 8월 11일 총사령 박상진과 함께 대구형무소에서 순국하였다. 1963년 건국훈장 독립장을 수여받았고, 그의 생가는 2000년에 해체·복원되었다.

윤봉길 의사 사적지는 윤봉길 의사의 영정을 모신 사당인 충의사와 윤봉길의사기념관, 그가 태어난 생가인 광현당, 중국으로 망명하기 전까지 살았던 저한당, 그리고 농촌 계몽 운동을 벌이기 위해 세운 부흥원 등이 있다. 윤봉길은 이곳에서 태어나 성장하며 농촌 계몽 운동을 전개하였으나, 이러한 운동의 한계를 절감하고 1930년 중국으로 망명하였다.

그는 1932년 대한민국 임시 정부의 김구를 찾아가 한인 애국단에 가입하였다. 이후 일왕의 생일인 천장절 행사와 상하이 사변 승전 기념식이 열린 훙커우공원에서 폭탄을 던져 상하이 주둔 일본군 총사령관 시라카와 대장을 처단하고, 제3함대 사령관 노무라, 제9사단장 우에다, 주중대사 시게미스 등에게 중상을 입혔다. 윤봉길 의사는 현장에서 체포되어 사형을 언도받고, 12월 19일 25세의 나이로 생을 마감하였다. 이후 1962년 건국훈장 대한민국장을 수여받았고, 윤봉길 의사 사적지는 의열 투쟁을 단행한 윤봉길 의사의 애국 충절을 기리기 위해 건립되었다.

079

윤봉길의사기념관(윤봉길 사적지 내)

함께 갈 만한 곳

01 태안 애국지사 이종헌추모탑(비)

충남 태안군 안면읍 장터로 42(승언리 산 32-336)

대한독립단은 1919년 남만주 유하현에서 조맹선·백삼규·조병준 등이 조직한 독립운동 단체로 평안도, 황해도, 만주 등지에서 항일 무장 활동을 벌였다. 1919년부터 결사대를 조직해 평안남북도의 일제 경찰을 습격하고, 신의주 등지에서 친일 세력을 처단하기도 하였다. 대한독립단 안면결사대는 1919년 9월 조직되었고, 이종헌이 지단장에 선임되었다. 이들은 군자금 모집, 친일 부호 응징 등 독립 활동을 하다가 1920년 일본 경찰에게 단원들이 체포되고 조직이 해체되었다. 태안 반도 안면청년회는 1983년 대한독립단 안면결사대의 공적을 기리기 위해 애국지사 추모탑을 건립하였다.

02 서산 해미읍성

충청남도 서산시 남문2로 143(해미면, 해미읍성)

왜구의 침입을 막기 위하여 조선 태종~세종 대에 당시 덕산에 있던 충청도병마도절제사영을 이곳에 옮기고자 축성되었다. 이후 병마도절제사영이 청주로 이설되고, 해미현 관아가 이 성으로 옮겨지면서 1914년까지 겸영장이 배치되는 호서좌영으로서 내포 지방의 군사권을 행사하던 곳이었다.

이 읍성에는 동헌을 비롯하여 아사 및 작청 등의 건물이 빼곡히 있었으며, 회화나무와 옥사(죄인을 가두어 두는 건물) 등 천주교 박해와 관련된 유적도 일부 남아 있다. 성의 둘레에는 적이 쉽게 접근하지 못하도록 탱자나무를 돌려 심어서 탱자성이라는 별칭이 있었다.

03 서산 해미순교성지

충청남도 서산시 해미면 성지1로 13

'여숫골'이라고도 불리는 이곳은 조선 시대에 충청도와 경기도 평택에 이르는 해미현 관할 구역 천주교 신자들이 끌려와서 처형된 장소이다. 이곳에서 처형된 천주교 신자는 1872년까지 1천명 이상에 이른다. 처형된 신자의 유해는 1935년에 일부 발굴되었는데, 1995년부터 유해 발굴 터인 이곳으로 옮겨 안장하였고, 성지는 2003년 6월 17일 완공하였다.

2014년 교황청이 해미 순교자 3명을 천주교의 공적 공경 대상인 복자로 추대하였다. 같은 해에 교황 프란체스코가 이들에 대한 시복식을 위해 한국을 방문하면서 해미순교성지도 직접 방문하였다.

04 홍성 성삼문 유허지

충청남도 홍성군 홍북읍 노은리 114-1

성삼문의 외가가 있던 곳으로 그가 태어난 집터이다. 성삼문은 수양대군이 조카 단종을 폐하고 왕위에 오르는 것에 반대한 사육신의 한 사람으로 호는 매죽헌이다. 성삼문은 세종 때 집현전의 학자로 훈민정음 창제에 크게 공헌하였으며, 단종 폐위에 대해서도 굳은 절개를 지켜 죽임을 당하였다.

숙종 2년 성삼문의 옛 집 근처에 사당을 세우고 사육신을 같이 모실 것을 청하자, 나라에서 녹운서원이라 하였다. 후에 유생들이 사육신의 위패를 모시고 '노은단'이라 하고 제사를 지냈다. 제단은 동북쪽으로 약 50m 지점에 있고, 유허비는 약 30m 거리의 마을 앞에 있다.

05 홍성 홍주향교

충청남도 홍성군 홍성읍 대교리 239

홍주향교를 처음 지은 연대는 정확히 알 수 없으나, 고려 말에 세웠다고도 전한다. 조선 태종 8년과 태종 18년에 수리하였다는 기록이 남아 있다. 그 뒤 몇 차례 소실로 1924년에 크게 보수하여 현재의 모습을 갖추었다.

건물 배치는 앞쪽에 교육 공간인 명륜당이 있고, 뒤쪽에 제사를 지내는 공간인 대성전이 있다. 대성전에는 공자를 비롯하여 중국과 국내 성현의 위패를 모시고 있다. 조선 시대에는 나라에서 토지와 노비·책 등을 지원받아 학생을 가르쳤으나, 지금은 교육 기능은 없어지고 제사 기능만 남아 있다.

06 홍성 홍주의병기념탑

충청남도 홍성군 홍성읍 대교리 123-1

내포의 중심지이자 충절의 고장인 홍성(홍주)에서 거병하여 조국과 민족을 위해 산화한 홍주 의병의 숭고한 넋을 기르고 이들의 우국충정과 살신성인의 정신을 되살려 교육의 장으로 활용하고자 2013년 이 탑이 건립하였다. 기념탑은 '삼재(하늘, 땅, 사람)'를 의미하는 기본 구도 위에 홍주읍성, 홍성천, 월계천을 형상화한 기단, 거병 연도인 1895년과 1906년을 담은 두 개의 탑신, 홍주 의병을 상징하는 인물상과 부조, 홍성의 과거와 현재, 미래를 소통해 주는 구와 문주, 홍주 의병사를 기록한 기념비 등을 조형화해 홍주 의병의 호국 정신을 보여주고 있다.

09 백제의 혼을 담아 일제에 맞서다

영상으로 보는 한국사

동학 농민군의 2차 봉기와 우금티 전투

[답사 목적] 일제에 저항한 다양한 계층의 활동을 찾아보고, 공주와 부여 지역의 독립운동의 특징을 비교, 분석해 보자.

▲ **공주 우금티(우금치) 전적지** 1894년 '척양척왜'의 기치를 내걸고 다시 일어선 동학 농민군의 꿈이 좌절된 곳이다. 동학 농민군은 이곳에서 관군과 일본 군 연합 부대를 상대로 치열한 돌격전을 벌였으나 크게 패하였다. 당시 희생된 동학 농민군의 넋을 위로하기 위해 격전이 벌어졌던 이곳에 '동학혁명군 위령탑'이 세워져 있다.

◆ 답사 지역 개요 ◆

▲ 우금티 전투

충청남도 공주시와 부여군은 옛 백제의 수도가 있던 곳이다. 오늘날 공주시는 교육 중심지로 충청남도와 대전광역시의 교육을 선도해 왔으며, 백제의 마지막 수도였던 부여에는 최근 백제문화단지가 조성되었다. 또한 공주의 공산성과 송산리 고분군, 부여의 관북리 유적, 부소산성과 능산리 고분군, 정림사지와 부여 나성 등 4곳의 백제 역사 유적 지구가 유네스코 세계 문화유산으로 등재되었다.

한편, 이 지역에서는 근대 이후 일제 강점기까지 일제의 침략에 맞섰던 동학 농민 운동과 3·1 운동, 그리고 청년 학생 운동, 노동·농민 운동, 비밀 결사 운동 등 민족 독립을 위한 활발한 항일 운동이 전개되었던 곳이기도 하다.

01 공주 우금티(우금치) 전적지
02 숭의사
03 공주 영명학교 기숙사 터
05 공주향교 강학루 터
04 정안면 석송리 3 · 1 운동 만세 시위지
08 박영희 장군 생가와 공적비
06 기미 3 · 1 독립선언 애국선열의거 추모 기념비
07 애국지사 임병직 박사 생가

영상으로 보는 한국사

유관순 열사 영혼의 고향 공주 영명학교를 가다

❶ 일제에 저항한 다양한 계층의 활동을 찾아보고 가 본 곳을 체크해 봅시다.

❷ 답사 코스 중 가장 인상 깊었던 장소는 어디였나요?

장소	까닭

❸ 답사 · 체험 활동 중 새로 알게 된 내용과 궁금한 점은 어떤 것인가요?

새로 알게 된 점	궁금한 점

❹ 답사 · 체험 활동을 마치고 느낀 점을 간략하게 써 봅시다.

01 공주 우금티(우금치) 전적지
📍 충청남도 공주시 금학동 327-2

1894년 동학 농민군이 관군과 일본군의 연합 부대를
상대로 돌격전을 벌인 장소

02 숭의사
📍 충청남도 공주시 중등골길 78-5

성암 이철영 선생의 학덕과 독립 정신을
기리기 위해 세운 사당

우금티는 동학 농민군이 관군과 일본군 연합 부대를 상대로 치열한 격전을 벌인 장소이다. 1894년 9월, 동학 농민군은 일본군이 경복궁을 침범하자 반봉건 · 반외세의 기치를 내걸고 다시 봉기를 하였다. 논산에 집결한 남접과 북접의 농민군은 중부 지역 거점인 공주를 점령하여 향후 전쟁의 향방을 주도하려 하였다. 이때 공주로 넘어가는 고개인 우금티(우금치)는 전쟁의 향방을 가를 수 있는 중요한 곳이었다.

농민군은 우금티 마루에 진을 친 관군과 일본군 연합 부대를 향해 수십 차례 돌격전을 감행하였으나 그들의 우세한 화력 앞에 거의 전멸하였다. 이 전투의 패배 후, 재기를 노리던 전봉준을 비롯한 농민군 지도부가 체포되어 이듬해 3월 처형됨으로써 1년여 동안 전개된 동학 농민 운동은 막을 내리게 되었다. 우금티 전투는 동학 농민군이 반봉건 · 반외세 기치를 내걸고 항전을 벌인 싸움이다.

당시 희생된 동학 농민군의 넋을 달래기 위해 1973년에 이곳에 동학혁명군위령탑이 세웠으며, 동학 농민 운동 100주년인 1994년 우금티는 사적으로 지정되었다.

공주군 계룡면 상왕리에서 태어난 성암 이철영은 일제 강점기 유학자이자 항일 운동가이다.

1904년 일제가 철도 부설을 위해 공주에 있는 선영을 침범하자, 이철영은 유림의 진정서를 갖고 관계자를 찾아가 항의하였다. 이듬해 을사늑약이 강제로 체결되자 창의문을 지어 의병 봉기를 계획하였으나 실패하였다. 또 1909년 일제가 고종의 칙명을 내세워 호적을 만들려 하자, 이에 반대하는 장서를 보내 그들의 의도를 낱낱이 지적하였고, 이후 일제의 호적 개편에 반대하는 항일 투쟁을 벌였다.

1914년 부여 순사주재소에 잡혀가 70여 일간 구금되었고, 1918년에도 호적을 하지 않는다는 이유로 다시 부여 순사주재소에 잡혀갔다가 석방되었다. 또한 조선 총독부의 정령을 모두 거부하여 온갖 고초를 겪다가 1919년 향년 53세의 나이로 세상을 떠났다.

공주향교와 유림은 1968년 그의 독립 정신을 기리기 위해 숭의사를 세웠다. 항일 운동에 기여한 공훈을 인정받아 1977년 대통령 표창에 이어 1990년 건국훈장 애국장을 수여받았다.

▲ **우금티 전경** 논산 쪽에서 공주로 넘어가는 견준산 기슭의 고개를 넘으면 충청감영이 있는 공주이다. 동학 농민군은 이 고개를 넘어 공주를 점령하고 서울로 진격하려 하였다. 우금티 전투의 패배로 동학 농민군의 꿈은 비록 좌절되었으나, 한국 근대사의 한고비를 넘는 무대로서 뜻깊은 장소가 되었다.

독립 선언서 1천여 매와 대형 태극기를 준비하여
공주 3·1 만세 시위를 주도한 곳

공주 지역 3·1 만세 운동의 숭고한 뜻을 기리고
희생자를 추모하기 위해 건립한 기념비

영명학교(현재 영명고등학교)는 1906년 미국 선교사 윌리엄스가 설립한 사립학교이다. 이 학교는 공주 지역 항일 운동의 중심 역할을 하였다. 영명학교 교정에는 이 학교 출신 황인식 교사, 조병옥 박사, 유관순 열사의 동상이 있다.

1919년 4월 1일에 일어난 공주 읍내 3·1 운동 만세 시위는 이 학교 교사와 학생들이 중심이 되어 일어났다. 만세 시위 전날 영명학교 교사 김관희 등과 학생 양재순 등이 이 학교 기숙사에서 독립 선언서 1천여 매를 등사하고 대형 태극기를 제작하여 공주 읍내에서 3·1 운동 만세 시위를 주도하였다. 또 영명학교는 1929년에 일어난 광주 학생 항일 운동에도 적극 참여하였다. 영명학교 학생들은 동맹 휴학을 전개하여 7명의 학생들이 구속되고, 황인식 등 교사 두 명은 선동자로 몰려 옥고를 치렀다. 이후 일제는 영명학교에 대한 감시와 탄압을 강화하였다. 윌리엄스 교장은 학교 운영이 어려워지자 1932년 영명여학교와 영명학교를 통합하여 영명실수학교(남녀공학)로 개편하였다.

공주시 정안면 석송리의 3·1 운동은 정안면 일대에서 유림으로 존경을 받던 이기한(건국훈장)의 주도로 전개되었다. 그는 1919년 4월 1일 석송리 주민 수백 명을 모아 놓고 3·1 운동의 취지를 설명하고 이들의 선두에 서서 독립 만세를 외쳤다. 정오 무렵에는 시위 군중을 이끌고 석송리에서 광정리까지 계속 시위하였으며, 시위 군중이 농기구로 무장하여 주재소 건물을 파괴하는 등 만세 시위가 치열해지자 주재소에서는 공주경찰서에 연락하여 이날 오후 4시경에 헌병의 구원을 요청하였다.

그러나 30여 명의 만세 시위 군중이 석송리 길목에서 일본 경찰과 헌병이 타고 오던 자동차를 가로막고 진입을 저지하는 등 강력히 저항하면서 그날 밤까지 시위를 계속하였다. 그 과정에서 이병림 등이 현장에서 순국하고 이기한을 비롯한 주동 인물 25명이 체포되었다. 1982년 공주시 정안면 석송리에 그날의 만세 시위를 기념하는 기념비와 희생자를 기리는 추모비가 건립되었다.

지역사 탐구   1919년 공주 지역의 3·1 만세 운동은 어떻게 전개되었을까?

공주종합운동장 옆에 자리 잡은 이 탑은 1919년 공주 지역에서 전개된 3·1 독립 만세 운동의 정신을 기리기 위해 건립되었다.

3·1 운동 당시 공주 지역에서는 여러 차례 만세 시위가 전개되었다. 운동 초기인 3월 7일과 12일은 공주 면내에서 만세 시위가 추진되었으나 사전에 발각되어 실행에 옮겨지지는 못하였다.

3월 14일 공주 유구우시장에서 황병주의 주도로 만세 시위가 전개되었고, 3월 17일에는 김희봉의 주도로 공주시장에서 1000여 명이 만세 시위를 벌였다. 이어서 4월 1일에는 정안면 석송리에서 이기한의 주도로 만세 시위가 일어났고, 같은 날 공주시장에서 영명학교 교사와 학생들이 중심이 되어 만세 시위가 전개되었다.

▲ 공주 기미년 3·1 독립 만세 운동 기념탑(공주시 웅진동)

05 공주향교 강학루 터(오강표 열사 순국지)

📍 충청남도 공주시 향교1길 26

오강표 열사가 망국의 울분을 참지 못하고
순국한 공주향교 강학루 터

06 기미 3·1독립선언 애국선열의거 추모 기념비

📍 충청남도 부여군 충화면 팔충리 414-4

충청남도에서 최초로 독립 선언서를 교부 받은 인사들을
중심으로 전개된 독립 만세 시위지

공주향교의 강학루는 1905년 을사늑약이 체결되고, 1910년 한·일 병합 조약으로 일제에 국권을 빼앗기자 오강표 열사가 망국의 울분을 참지 못하고 자결한 곳이다.

오강표는 충청남도 공주시 사곡면 월가리에서 태어났다. 관직에 나가지 않고 학문에 몰두한 유생으로서, 1905년 11월 일제가 무력으로 고종과 대신들을 위협하여 을사늑약을 강제 체결하고 국권을 박탈하자 통분을 이기지 못하여 일제의 침략을 즉각 규탄하고 을사늑약의 파기와 을사5적의 처형을 요청하는 상소를 올렸다.

또한 1910년 8월 일제가 한국을 병탄하여 나라가 망하자, 절명사를 지어 공주향교 명륜당의 벽에 붙이고 일장통곡한 후에 강학루에서 자결 순국하였다. 강학루는 일제 강점기에 철거되어 현재 남아있지 않다. 정부에서는 고인의 충절을 기리어 1962년에 건국훈장 독립장을 추서하였다.

임천 3·1 독립 만세 시위는 1919년 3월 6일 천도교도였던 박용화 등의 주도로 전개되었다. 3월 1일 서울에서 일어난 만세 시위로 교주 손병희가 체포되었다는 소식을 접하자 만세 시위를 계획하였다.

박용화는 3월 6일 아침 자신의 집에서 여러 동지와 협의한 후 오전 7시경 임천 장터로 나갔다. 이곳에서 주민들과 함께 일제의 통치 기관인 면사무소와 주재소 앞으로 가 만세 시위를 벌였고, 나아가 임천공립보통학교(현재 임천초등학교) 이동하며 독립 만세를 전개하였다.

이날의 3·1 독립 만세 운동을 주동한 7인(박용화, 박성요, 최용철, 문재동, 황금채, 황우경, 정관동)의 애국정신을 기리기 위해 1972년 3월 6일 이 기념비를 처음 세운 후 두 차례 재정비를 거쳐서 2016년 4월 27일에 국가보훈처 현충 시설로 지정하였다.

086

▲ 옛 **임천공립보통학교**(현 임천초등학교)

구미위원부에서 활동한 임병직의 애국애족 정신을
전하고자 복원한 생가

북로군정서와 신민부에서 항일 무장 투쟁을 전개한
박영희 장군이 살던 곳

임병직은 1895년 충남 부여군 초촌면 응평리에서 태어났다. 그는 1913년 이승만의 도움으로 미국으로 건너가 구미위원부에서 활약하였다.

그는 1919년 국내에서 3·1 독립 만세 운동이 일어나자 일제의 양민 학살과 고문 같은 만행을 국제 여론에 환기시키고 독립운동 자금을 조달하는 등의 활동을 하였다.

또한, 이승만의 비서로 활약하면서 일황에게 한국의 독립을 승인하라는 이승만의 친서를 일본공사관에 전달하였고, 1921년 임시 정부 외교부 참사 황진남과 유럽 제국에 일본의 침략 만행을 규탄하는 외교 공세를 펼쳤으며, 1943년 이승만을 도와 한·미 외교 교섭에 기여하였다.

부여군에서는 임병직의 애국애족 정신을 후세에 전하고자 2003년 11월 그의 생가를 복원하였다. 1976년 건국훈장 대한민국장을 수여받았다.

박영희는 1915년 만주로 망명해 신흥무관학교를 졸업하였다. 1919년 8월 대한군정부를 조직할 때 서일·현천묵·김좌진·이장녕·김규식·이범석등과 함께 참여하였고, 북로군정서에서 설치한 사관연성소의 학도단장을 맡아 사관생도 모집과 단기 교육을 실시하였다. 1920년 10월에는 김좌진과 함께 청산리 전투를 승리로 이끌었다.

1924년 1월에는 이범윤을 총재로 한 대한독립군단에 가입해 항일 투쟁을 전개하였으며, 1925년 3월에는 김좌진·김혁 등과 함께 신민부 조직에 참여하였다. 그는 신민부에서 설치한 성동사관학교 교관으로 생도들을 교육하였다.

1930년 소련으로부터 항일 운동 협조를 받기 위해 신민부에서 블라디보스토크로 파견되었다가 1927년 게페우(GPU, 소련의 비밀 경찰인 국가정치보안부)에 체포되어 1930년 고루지게에서 공산당원에게 피살되었다. 1977년 건국훈장 독립장을 수여받았다.

▲ 박영희 장군

▲ 박영희가 학도단장을 맡았던 대한군정서 사관영성소 졸업식(1919. 9. 9.)

함께 갈 만한 곳

01 부소산성 낙화암

충청남도 부여군 부소로 31(부여읍, 부소산성)

부소산은 평시에는 백제 왕실에 딸린 후원 구실을 하였으며, 전시에는 사비 도성의 최후를 지키는 장소가 되었던 곳이다. 충남 부여 백마강변의 부소산 서쪽 낭떠러지 바위를 가리켜 낙화암이라 부른다.

낙화암은 백제 의자왕 때 나·당 연합군이 일시에 수륙 양면으로 쳐들어와 왕성에 육박하자, 궁녀들이 굴욕을 면하지 못할 것을 알고는 이곳에 와서 치마를 뒤집어쓰고 깊은 물에 몸을 던진 곳이라 한다. 이곳의 원래 이름은 타사암이었으나, 뒷날 낙화암이라고 고쳐 불렀다. 낙화암 꼭대기에는 백화정이란 정자가 있는데, 궁녀들의 원혼을 추모하기 위해서 1929년에 세운 것이다.

02 부여 나성

충남 부여군 부여읍 능산리 산15-1

부여 나성은 백제의 수도 사비를 보호하기 위해 쌓은 8km의 성이다. 부여의 북단에 위치한 부소산성에서 시작하여 도시의 북쪽과 동쪽을 감싸고 있다. 또한 부여의 서쪽과 남쪽은 금강이 자연적인 방어벽 기능을 하고, 강의 범람을 통하여 형성된 자연 제방은 성벽 역할을 대신하였다.

나성은 도성 외곽을 방어하는 기능을 할 뿐만 아니라 수도의 안과 밖을 구분하는 상징성을 아울러 가지고 있는데, '경외 매장'의 원리에 따라 사비 시대의 왕릉원인 능산리 고분군이 나성의 바로 바깥에 위치한 상황을 볼 때 나성의 상징성은 두드러진다.

03 부여 능산리 고분군

충남 부여군 부여읍 왕릉로 61

능산리 고분군은 사비 도성 밖의 동서로 이어지는 해발 121m의 능산 남사면 산록에 모두 7기의 무덤으로 이루어져 있다. 고분은 백제의 사비 시대 왕과 왕족들의 무덤으로 알려져 있다. 이곳의 무덤은 일찍이 도굴되어 약간의 유물만 수습되었으며, 무덤 서쪽 편에서는 절터가 발굴되어 백제금동대향로(국보 제287호) 같은 유물이 출토되기도 하였다. 이곳은 능산을 주산으로 좌우에 청룡과 백호에 해당하는 능선이 감싸고 있다. 앞쪽은 능산천 주작 방향에 안산이 있어 장풍득수의 형국이다. 또한 그 너머로 백마강이 흘러 풍수지리상 더할 나위 없는 명당이라고 한다.

영상으로 보는 한국사

백제 최후의 날, 공주 공산성

04 부여 궁남지

충청남도 부여군 부여읍 궁남로 52

궁남지는 『삼국사기』에 "백제 무왕 35년(634) 궁의 남쪽에 못을 파 20여 리 밖에서 물을 끌어다가 채우고, 주위에 버드나무를 심었으며, 못 가운데는 섬을 만들었는데 방장선산을 상징한 것"이라는 기록이 있다. 이로 보아 이 연못은 백제 무왕 때 만든 궁의 정원이었음을 알 수 있다.

연못 동쪽 언덕에서 백제 때의 기단석과 초석, 기와 조각, 그릇조각 등이 출토되어 근처에 이궁이 있었을 것으로 짐작된다. 연못 가운데 섬을 만들어 신선 사상을 표현하였다. 당시 백제의 뛰어난 정원 조경 기술은 일본까지 전해졌다.

05 공주 공산성

충청남도 공주시 금성동 66-4

공주 공산성은 백제 문주왕 1년(475)에 한성에서 웅진으로 천도하였다가 성왕 16년(538)에 부여로 천도할 때까지 5대 64년간의 도읍지인 공주를 수호하기 위하여 축조한 성이다. 공산성은 총 연장 2,660m의 고대 성곽으로 해발 110m의 능선에 위치하고 있는 자연의 요지이다.

동서로 약 800m, 남북으로 약 400m 정도의 장방형을 이루고 있다. 원래는 백제 시대의 토성이던 것을 조선 시대 때 석성으로 다시 쌓은 것이다. 성 안에는 웅진 도읍기로 추정되는 왕궁지를 비롯해 백제 시대 연못 2개소, 남문인 진남루, 북문인 공북루 등이 남아 있다.

06 공주 송산리 고분군

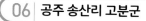

충청남도 공주시 금성동 산5-1번지

백제의 웅진 시대 왕들의 무덤이 모여있는 곳이다. 무령왕릉을 포함한 이 일대의 고분은 모두 7기가 전해지는데, 송산을 주산으로 뻗은 구릉 중턱의 남쪽 경사면에 위치한다. 계곡을 사이에 두고 서쪽에는 무령왕릉과 5·6호분이 있고, 동북쪽에는 1-4호분이 있다. 6호분과 무령왕릉은 현재 남아 있는 백제의 벽돌무덤으로, 모두 널방 앞에 짧은 터널형 널길을 가지고 있으며 긴 배수로도 갖추고 있다. 이러한 형식의 벽돌무덤은 중국의 영향을 받은 것이며, 벽화는 고구려의 영향을 받은 것으로 보인다.

10 교통의 요지에서 충청의 중심으로

영상으로 보는 한국사

대전 중앙동을 통해 본 광복 70주년 의미

[답사 목적] 일제 강점기 이후 대전은 철도 교통 요지이자 충청 제1의 도시로 성장하였다. 대전역과 옛 충남도청을 중심으로 독립 운동과 민주화의 길을 함께 걸어 보자.

▲ **대전역 신청사** 일제 강점기 이후 대전역은 경부선과 호남선의 분기점으로 철도 교통의 중심이 되었다. 또한 최근에 KTX가 개통되고 대전역 신청사 뒤로 철도청과 철도시설공단 본사 쌍둥이 빌딩이 들어서 이곳이 철도 교통의 중심임을 알 수 있다.

◆ **답사 지역 개요** ◆

▲ **일제 강점기 대전역**(1930년대)

대전광역시는 일제 강점기인 1914년에 회덕군, 진잠군, 공주군의 일부를 합쳐 대전군이 되었고, 해방 후 1949년에 대전시, 1989년에 대전직할시, 1995년에 대전광역시로 승격되었다.

1905년 경부선의 개통과 함께 문을 연 대전역은 근대 도시 대전을 탄생시켰다. 또 1932년 충청남도 도청을 공주에서 대전으로 옮기면서 대전은 충청도 제1의 도시로 성장하였다. 대전역의 발달은 대전천 너머로 도시의 확장을 가져왔고, 대전고, 대전여중, 신사, 옛 충남도청 등의 건물이 세워졌다. 해방 후 대전역은 전국적인 명소가 되면서 3대 명물을 만들어 냈다. 대전부르스, 가락국수, 대전역 광장이 그것이다. 또한 대전역 광장은 4·19 혁명과 6월 민주 항쟁의 중심으로, 시위는 대전역에서 옛 충남도청을 잇는 중앙로에서 일어났다.

학교   학년   반   이름:

01 대전역 광장   **02** 대전 한밭교육박물관   **03** 옛 대전형무소 터

06 옛 충남도청   **05** 옛 대전공립중학교   **04** 대전 신흥동성당

07 단재 신채호 생가   **08** 대전 3 · 8 민주 의거 기념탑

영상으로 보는 한국사

단재 신채호 선생
생가터

① 일제 강점기 이후 대전 지역의 독립운동과 민주화 관련 사적지를 돌아보고 가 본 곳을 체크해 봅시다.

② 답사 코스 중 가장 인상 깊었던 장소는 어디였나요?

장소	까닭

③ 답사 · 체험 활동 중 새로 알게 된 내용과 궁금한 점은 어떤 것인가요?

새로 알게 된 점	궁금한 점

④ 답사 · 체험 활동을 마치고 느낀 점을 간략하게 써 봅시다.

01 대전의 심장, 대전역 광장
📍 대전광역시 동구 정동 1 일대

북한규탄궐기대회로 대전역 광장을 가득 메운 사람들(1974)

6·25 전쟁 때 피란민의 눈물 어린 이별의 현장이자
1960년대 이후 사람들이 모이는 추억의 공간

02 대전 한밭교육박물관
📍 대전광역시 동구 우암로 96(삼성동)

옛 대전공립보통학교(현 삼성초등학교)

일제 강점기 대전공립보통학교 학생들이
동맹 휴학을 벌였던 학생 운동지

092

1960년대 전후에 대전역 광장은 정치 집회와 각종 시위로 들끓었다. 반공 이데올로기가 한창이던 1970년대에는 대전의 고등학교 학생들이 학교별로 교련복을 입고 이곳에 모여 금산 칠백의총까지 걸어서 행진하는 교련 사열 장소이기도 하였다. 1980년대 3김(김대중·김종필·김영삼)의 선거 유세 때는 대전역 광장부터 옛 충남도청까지 10만이 모였느니, 20만이 모였느니 방송과 신문지상에서 떠들어대기도 하였다. 1987년 6월 항쟁 때는 군사 정권에 맞서 대학생과 시민이 하나로 모이는 집결지가 대전역 광장이었다.

하지만 사람 많고 추억 많던 대전역 광장은 이제 전설이 되었다. 2005년 12월, 대전역 지하 동서 통로 개통과 택시·자가용 진입로, 지하철 환승 시설 등이 들어서면서 대전역 광장은 예전의 기능을 상실하였다. 언제 어디든 빠르게 갈 수 있는 KTX는 물론 좀 더 빨리 집으로 갈 수 있는 지하철과 택시가 광장 언저리에서 귀가를 재촉할 뿐이다.

일제 강점기인 1922년 5월 5일 공사 중이던 대전공립보통학교(현 삼성초등학교)에서 일본인 목수와 학생들 사이에 싸움이 일어났고, 이를 말리던 한국인 교사가 목수에게 구타당하는 사건이 일어났다. 이 사건을 처리하는 과정에서 일본인 교장과 교사가 민족 차별을 하자 학생들이 일본인 교사에 대한 수업 거부와 퇴출을 요구하였다. 그러나 일본인 교장이 이를 받아들이지 않자, 5월 8일 3·4학년 학생 전체 140여 명이 동맹 휴학을 단행하였다.

1938년에 건축된 이 학교 건물은 현재 '한밭교육박물관'으로 이용되고 있으며, 이곳에는 '황국 신민의 서'가 새겨진 비가 전시되어 있다. 일제 식민지 교육 정책과 이 시기 동맹 휴학과 관련된 항일 학생 운동을 잘 알릴 수 있는 역사교육의 현장으로 활용되고 있다. 이 뿐만 아니라 근대 이후 현재까지 교육과 관련된 각종 자료 등을 전시하고 있다.

지역사 탐구   대전 '한밭교육박물관'의 전시물인 '황국신민서사지주'는 왜 비스듬히 누워있을까?

▲ 한밭교육박물관에 전시된 '황국신민서사지주'

대전 한밭교육박물관 전시물 가운데 누워 있는 비석 하나가 있다. 이 비석은 일제 강점기 천황에게 충성 맹세를 강요하는 비문이 새겨진 '황국신민서사지주'이다. 1995년 산내초등학교 교정에서 발견된 이 비에는 수십 개의 총탄 자국이 있다. 또 '황국신민서사지주'라는 글자 위에는 시멘트를 발랐던 흔적도 있다. 이는 내선일체와 황국 신민화를 강요한 일제 식민지 교육에 대한 한국인들의 분노를 엿볼 수 있다.

한편, 옥천 옛 창명보통학교에서 발견된 서사비는 1994년부터 정지용 생가 앞 돌다리로 사용 중이다. 정지용 생가로 들어가기 위해서는 생가 앞으로 흐르는 개울을 건너야 하는데, 서사비가 사람들이 밟고 건널 수 있게 하는 다리 역할을 하고 있다. 이는 우리의 얼과 민족정신을 말살하기 위한 목적으로 세워진 일제 식민지 교육의 상징을 바르게 세우지 않은 대전 한밭교육박물관의 서사비 홀대 전시와도 일맥상통한다.

03 옛 대전형무소 터
📍 대전광역시 중구 목동 48-2

▲ 옛 대전형무소 터 추모탑

일제 강점기 안창호, 여운형, 김창숙 등 수많은
독립운동가들이 투옥되었던 역사적 장소

04 대전 대흥동성당
📍 대전광역시 중구 대종로 471(대흥동 189)

대흥동성당 주변 모습(1970년대)

1987년 6월 민주 항쟁 당시 대전 지역 민주화 운동의
집결지가 되었던 민주화의 성지

  어두운 역사도 뒤돌아보면 우리의 삶이고 힘이 될 때가 있다. 옛 대전형무소가 바로 그곳이다. 일제는 1919년 3·1 운동이 확산되면서 수감 시설이 부족해지자 대전감옥을 신설하였다. 대전감옥은 1923년 대전형무소로 이름이 바뀌었고, 해방이 될 때까지 안창호, 여운형, 김창숙 등을 비롯한 수많은 독립운동가들이 이곳에서 수감 생활을 하였다. 또한 이곳은 6·25 전쟁 당시 국민 보도 연맹원을 비롯한 수많은 정치·사상범을 학살한 장소로도 더 알려져 있다.

  한편, 민주주의가 유린된 시기에 이곳은 독재 정권에 방해되는 사람을 가두는 시련의 장소였다. 신영복과 이응노가 그들이다. 신영복은 1968년 통일혁명당 사건의 핵심 인물로 조작되어 20년 20일을 이곳에 수감되었다가 1988년에 풀려났다. 수감 기간 동안 편지를 모아 만든 『감옥으로부터의 사색』은 현재 교도소 안에서 성경책보다도 더 많이 읽는 책이 되었다. 이응노는 유럽에서 화가로 활동하던 중 1967년 동백림(동베를린) 사건으로 체포되었다. 그는 음악가 윤이상, 시인 천상병 등과 함께 구속되어, 수감 생활 중 가장 많은 시간을 이곳에서 보내고 나서야 1970년에 사면되었다.

  대흥동성당은 1987년 6월 항쟁 당시 민주화의 성지였다. 6월 항쟁 당시 대전충남국민운동본부는 6월 10일 '박종철 고문살인 은폐조작규탄 범도민대회'를 대흥동성당 옆 가톨릭문화회관에서 갖기로 결정하였다. 전날 이한열 학생이 최루탄에 맞아 부상하자 대전 지역 7개 대학 학생회는 한남대에서 출정식을 갖고 대회장으로 모여들었다. 하지만 경찰의 원천 봉쇄로 학생들은 이날 성심당 제과~대전극장~동양백화점 사거리 주변에서 각각 모여 대흥동성당으로 향하였다.

  경찰은 최루탄을 난사하였다. 이때부터 가두 투쟁이 본격적으로 시작되었다. 이날 시위대가 중앙로로 진출하자 시민들이 가세하여 한때 시위대가 1만여 명으로 늘어났다. 시민들도 '호헌 철폐, 독재 타도'를 외쳤다. 이날 시위로 63명이 연행되고 28명이 중경상을 입었다. 대흥동성당은 대전 지역의 반독재 시위 때마다 집결해 마지막 마무리 집회를 하던 곳이기도 하다. 탄핵 촛불 시위 때는 대규모 시국 미사가 열렸다. 현재 대전시 등록문화재 제643호로 지정돼 있다.

◀ 대전 대흥동성당

093

05 옛 대전공립중학교
📍 대전광역시 중구 대흥로 110(선화동 320-2)

옛 대전공립중학교 자리에 위치한 대전고등학교

일제 강점기 선우회와 조선인학생회, 독서회 등을
조직하여 활동한 대전 지역 학생 운동의 중심지

06 옛 충남도청
📍 대전광역시 중구 중앙로 101(선화동 287-2)

일제 강점기부터 2012년까지 옛 충남도청이 있던
대전·충남 지역 행정의 중심지

일제 강점기 대전공립중학교(현 대전고등학교) 학생인 이재기와 당시 동아일보 대전지국 기자였던 이길용은 1922년 7월 박남석, 박수갑, 김진국, 서흥식 등과 함께 비밀조직인 선우회를 조직하였다. 선우회는 조선인 학생들의 친목도모와 민족의식 각성을 목적으로 조직된 비밀결사였다. 선우회는 1928년부터 조선인학생회로 바꾸어 활동하였다.

한편, 권용두, 권용성, 권용기 등을 중심으로 한 대전공립중학교 학생들은 독서회를 조직하고, 대전군시제사공장에 공장반을 조직하여 활동하던 중 1932년 11월 동맹파업에 참여하였다가 일제 경찰에 검거되기도 하였다.

대전공립중학교 학생들의 비밀결사 선우회와 조선인학생회 그리고 이들을 중심으로 조직된 독서회와 공장반 활동은 일제 강점기 대전 지역 학생 운동을 대표하였다. 일제 강점기에 5년제였던 대전공립중학교는 해방 후 3년제인 대전 고등학교로 바뀌었다.

일제 강점기 공주에 있었던 충남도청은 1932년 대전으로 이전하였다. 이후 충남도청은 해방 후에도 대전 근·현대사의 중심에 서서 현재의 대전광역시로 발전하는 과정을 함께하였다. 하지만 2012년 충남도청은 홍성·예산에 새집을 지어 이사를 갔다.

1960년 4·19 혁명 당시 이곳 청사 앞 광장에는 독재 정권과 부정 선거를 규탄하는 목소리로 가득하였다. 한때 이명박 대통령 후보는 옛 충남도청을 국립현대사박물관으로 만들겠다고 공약하였다. 또 어느 시장 후보는 이곳에 주상복합 백화점 상가를 세우겠다고 공약하기도 하였다.

현재 이곳에는 대전평생교육진흥원이 입주하여 전국에서 가장 큰 규모의 시민 대학을 선도하고 있으며, 최근에는 영화와 드라마 촬영 현장으로도 각광을 받고 있다. 영화 「변호인」, 드라마 「이몽」과 「보이스3」 등이 여기서 촬영되었다.

지역사 탐구 4·19 혁명은 대전 지역에서 어떻게 전개되었을까?

▲ 옛 충남도청 앞 광장에 모여든 대전 지역 학생들(1960. 4. 16.) 군중 사이로 '민주주의 기반 닦아 자주독립 이룩하자'라는 깃발이 보인다.

대전 3·8 민주 의거는 4·19 혁명의 도화선이 되었다. 한국 근현대사의 커다란 사건이 일어났을 때마다 각 지방에서도 동시대의 사람들이 살고 있었고, 똑같은 사건을 경험하며 그 시대의 언덕을 넘었다.

1960년 4월 26일, 4·19 혁명이 마지막으로 치달릴 때 이곳 대전에서도 "독재 정권 물러가라. 부정선거 다시하라!"를 외치는 학생들과 시민들이 옛 충남도청으로 몰려들었다. "정의는 승리하였다."라는 현수막을 들고 옛 충남도청 방향으로 행진하는 군중도 있었다. 이날 학생을 중심으로 한 시위대는 시청 앞(현 중구청 건물)으로 달려가 농성을 하였고, 옛 충남도청에서는 김학응 도지사가 학생들의 요건을 수락하겠다는 연설을 하였다.

독립운동가이자 역사학자인 단재 신채호 선생이
태어나고 유년 시절을 보냈던 장소

1960년 대전의 고등학교 학생들이 맨손으로
독재 정권에 항거한 학생 운동 기념탑

신채호는 대한 제국 시기 『황성신문』과 『대한매일신보』의 주필로 있으면서 논설을 통해 독립사상을 고취하였다. 1907년 신민회에 가입하여 국권 회복 운동을 벌였으며, 한·일 병합 조약 체결 직전 망명하여 연해주와 만주 지역 동포들에게 민족의식과 독립사상을 고취하는 문필 활동을 하였다.

1915년 베이징의 신한혁명당, 1917년 상하이에서 대동단결 선언에 참여하였고, 1919년 대한민국 임시 정부 임시의정원으로 선출되었다. 또 1923년 의열단의 독립운동 노선과 투쟁 방법을 천명한 「조선 혁명 선언」을 집필하였으며, 국민 대표 회의가 개최되자 창조파에 참여하여 임시 정부 해체와 새로운 임시 정부 수립을 주장하였다. 이후 역사 연구에 전념하였다. 이 무렵 그의 주요 저서 『조선상고사』, 『조선상고문화사』, 『조선사연구초』 등을 저술하였다. 1928년 독립 자금을 모으다 일본 경찰에 체포되어 뤼순 감옥에서 복역 중 순국하였다. 1962년 건국훈장 대통령장을 추서하였다.

대전의 3·8 민주 의거는 1960년 3·15 정부통령 선거를 앞두고 자유당에서는 이승만과 이기붕이 출마하고, 민주당은 조병옥과 장면이 정부통령에 출마하면서 시작되었다. 당일 장면의 유세가 대전공설운동장에서 예정되자, 대전고·대전상고·대전여고 등의 학생이 유세를 들으러 가는 길을 경찰이 막아서면서 의거는 시작되었다.

경찰은 곤봉으로 학생들을 무자비하게 구타하였으나, 학생들의 항거를 막지 못하였다. 학생들은 거리로 뛰쳐나와 독재 타도와 학원 자유화를 외쳤다. 경찰은 몽둥이를 들고 무자비하게 학생들을 해산하였지만, 학생들은 끝까지 항거하며 유세장까지 진출하였다. 경찰과 학생의 대치는 저녁 무렵에야 풀렸다. 다행히 연행된 80여 명의 학생도 모두 풀려났다.

대전의 3·8 민주 의거는 4·19 혁명의 도화선이 되었다. 2018년 정부는 이날의 역사적인 의미와 숭고한 정신을 계승하기 위해 3월 8일을 국가기념일로 지정하고, 2019년부터 정부 행사로 기념식을 거행하고 있다.

지역사 탐구   대전 3·8 민주 의거는 왜 국가기념일이 되었을까?

▲ 무장 경찰들에게 연행되어 가면서도 "학원에 자유를 달라!"
라고 구호를 외치는 대전고등학교 학생들(1960. 3. 8.)

3·8 민주 의거는 1960년 3월 8일부터 10일까지 대전의 고등학교 학생들이 맨손으로 독재 정권에 항거한 선구적인 학생 운동이다. 부정과 부패, 불의와 불법, 억압과 폭정으로 빼앗긴 민권을 되찾기 위해 무장한 철권에 맞서 목이 터져라 자유와 정의를 외친 이 운동은 곧 4·19 혁명으로 이어진 충청인의 시민 정신이요 깨어 있는 민족혼의 발로였다. …… 순결한 학원을 밀치고 나와 거리에 용솟음치던 그 푸른 함성은 민족의 존엄을 찾는 생생한 넋이었고 민주 제단의 거룩한 횃불이 되었음을 증언하노니, 어찌 그 뜨거운 주권의 불길을 잊을 수 있으랴. 이제 우리의 의로운 역사는 숭고한 소망의 빛깔로 3월을 더 곱게 꽃피우고 더 찬란하게 가꾸어 갈 것이다. – 대전 3·8 민주 의거탑 비문

함께 갈 만한 곳

01 유성장터

대전광역시 유성구 장대동 282-15 일대

1895년 명성황후 시해 사건이 일어나자 진잠현감 문석봉이 민병을 모집하여 을미의병을 일으켰다. 이때 유성의병 6백여 명이 회덕현 관아에서 무기를 탈취한 후 이곳 유성 장터에서 의병을 모집하고 공주부 공략을 목표로 진격하였다.

일제 강점기 1919년 3·1 운동 당시 이곳에서는 3월 16일과 31일 두 차례에 걸쳐 만세 시위가 전개되었다. 3월 16일에는 이권수, 이상수 등의 주도하에 주민 2백여 명이 장터에서 태극기를 흔들며 독립 만세를 외치며 시위를 전개하였고, 3월 31일에도 2백여 명의 시위대가 독립 만세를 부르며 일본 경찰에 대항하였다.

02 인동장터

대전광역시 동구 인동 52~54 일대

대전 인동시장은 대전의 발전과 함께 성장한 대표적인 시장으로 우리 농수산물을 주로 거래하는 시장이다. 이곳에서는 1919년 3월 3일 나무꾼들이 만세를 외쳤으며, 3월 16일에는 양사길·장운심·원학도 등의 주도하에 만세 시위가 전개되어 원동 일대까지 확산되었다.

이후 3월 27일과 4월 1일에도 약 4백여 명의 시위대가 독립 만세를 부르면 시위를 벌였다. 이곳에서 전개된 네 차례의 만세 시위로 양사길과 박병권 등이 순국하고, 이동빈 등이 부상을 당하였으며, 김창규를 비롯한 11명이 재판에 회부되어 8월에서 1년 6개월간 옥고를 치렀다.

03 옛 동양척식주식회사 대전지점

대전광역시 동구 대전로 735(인동 74-1)

동양척식주식회사는 일제 강점기 조선식산은행과 더불어 일제의 대표적인 경제 침탈 기구였다. 동양척식주식회사는 일본이 조선의 경제 독점과 토지·자원 수탈을 목적으로 세운 회사로, 식민지로부터 경제적 이익을 얻기 위해 토지와 금융을 장악하고 일본인들의 식민지 개척 및 활동을 돕는 기관이었다.

1908년 12월 경성에 본점을 두고 전국에 지점을 설치하였는데, 대전지점은 1921년에 설립되었다. 현재는 동양 일신백화점이 있고, 정면과 내부 공간 일부는 변형이 있으나 대체로 당시 모습을 그대로 보존하고 있어 문화재청이 근대 문화유산으로 지정해 관리하고 있다.

096

04 | 옛 조선식산은행 대전지점

대전광역시 동구 중앙로 198(중동 92-1)

조선식산은행은 1918년 10월 조선식산은행령에 의거 1906년부터 각 지방에 설립된 6개의 농공은행을 인수하고 조선 총독부에서 자본금 1천만 원 중 30%를 출자해 설립한 은행으로, 동양척식주식회사와 함께 일제 강점기 식민지 경제 침탈의 대표적인 은행이었다.

조선식산은행 대전지점은 1918년 농공은행이 조선식산은행으로 합병됨에 따라 조선식산은행 대전지점이 되었다. 설립 초기에는 대전군 대전면 본정2정목에 위치했으나 1937년 현재 위치로 이전되었다. 당시 건물의 원형이 잘 보전되어 현재 근대 문화유산으로 지정되었다.

05 | 우암 사적공원

대전광역시 동구 53(가양동 65)

흔히 충청도는 '충절과 선비의 고장', '양반의 고장'으로 일컬어진다. 오늘날까지도 충청도를 이렇게 일컫는 것을 보면 그에 걸맞은 역사 속의 인물이 있었을 것이다.

한국 역사상 가장 논란의 대상이 되는 인물, 『조선왕조실록』에 3천 번 이상으로 그 이름이 가장 많이 기록되었다는 인물. 그리고 충청도 양반의 핵심 인물로 극단적 찬사와 극단적 저주를 함께 받는 인물이 바로 우암 송시열이다. 대전광역시 동구 가양동 일대에는 우암 송시열을 기념하는 우암 사적공원과 그가 말년에 제자들을 양성하였다는 남간정사, 그가 낙향하여 살았던 송자고택 등이 남아 있다.

06 | 동춘당 공원

대전광역시 대덕구 동춘당로 80(송촌동 192)

대전에는 송씨 마을이란 뜻을 가진 '송촌동'이 있다. 송씨 가문은 17세기 송준길, 송시열에 이르러 절정을 이루었다. 송준길은 문묘에 종사된 한국인 유학자 18인 중의 한 사람이다. 흔히 송준길을 예가(禮家)의 종장(宗匠)이라고도 하는데, 이는 서인의 이이~김장생~송준길로 이어지는 기호학파 예학과 남인의 이황~유성룡~정경세로 이어지는 영남학파 예학의 정통을 계승하였다는 뜻이다.

송준길은 여흥 민씨 집안과 학문적으로나 정치적으로 밀접하게 교류하며 노론 세력의 핵심을 형성하였다. 명성 황후는 송준길의 사위 민유중의 딸로, 송준길과 민씨 세력은 외척이다. 임오군란 당시 명성 황후의 피란일기 필사본이 송준길 가문에서 발견된 것도 바로 이러한 관계 때문이었다.

11 국토의 중심 '중원'으로 불리다

영상으로 보는 한국사

충주 읍성을 지켜낸
을미의병

[답사 목적] 충주는 국토의 중심이자 전략적 요충지로, 구한말 의병들의 주요 활동지였다. 충주를 중심으로 근대 이후 전개된 의병 항쟁과 항일 독립운동 관련 사적지를 찾아본다.

▲ **충주시 전경** 충주는 충청도에서 가장 오랜 역사를 자랑하는 도시이다. 충청도의 명칭이 '충주'와 '청주'의 첫 글자를 딴 것이니, 충주의 역사와 문화를 이를 통해서도 엿볼 수 있다.

◆ 답사 지역 개요 ◆

▲ **목계나루** 조선 시대에 한양의 마포나루까지 이어지던 남한강 뱃길 포구 가운데 하나이다.

충주는 옛날부터 그 지리적인 중요성 때문에 국토의 중심을 뜻하는 '중원'이라고 불렸다. 삼국 시대에는 이 지역을 차지하려는 삼국 간의 각축이 심하였다. 먼저 백제가 이 지역을 차지하고 있던 것을 고구려의 장수왕이 남하 정책을 펴면서 고구려 영토가 되었는가 하면, 신라 진흥왕 때에 이르러서는 신라의 영토로 바뀌었다.

고려와 조선 시대에는 남한강과 낙동강을 연결하는 조운의 중요한 통로였다. 목계나루에 조창을 지어 인근에서 거둔 세곡이 뱃길을 이용하여 한양에 당도하였음은 물론이고, 경상도 지역 세곡까지도 일부는 낙동강을 거슬러 올라와 문경 새재를 넘어 충주의 조창에서 한성으로 운반되었다.

충주는 1896년에 충청북도 충주군이 되어 도청 소재지가 되었다가 1908년 도청 소재지가 청주로 옮겨갔다. 해방 후 1956년 충주는 시로 승격되었다. 이때 충주군도 중원군으로 바뀌었는데, 1995년에 충주시와 중원군이 하나로 통합되었다.

답사 · 체험 활동

학교   학년   반   이름:

☐ **01** 충주성 터 의병 전투지   ☐ **02** 목계리 의병 활동지

☐ **03** 옛 엄정경찰주재소 터

☐ **05** 독립운동가 유자명 생가터   ☐ **04** 백남규 의병장 생가터

099

☐ **06** 용원장터 3·1 운동 만세 시위지   ☐ **07** 범바위 학생 만세 시위 계획지

❶ 근대 이후 충주를 중심으로 전개된 의병 항쟁과 항일 독립운동 관련 유적지를 돌아보고 가 본 곳을 체크해 봅시다.

❷ 답사 코스 중 가장 인상 깊었던 장소는 어디였나요?

장소	까닭

❸ 답사 · 체험 활동 중 새로 알게 된 내용과 궁금한 점은 어떤 것인가요?

새로 알게 된 점	궁금한 점

❹ 답사 · 체험 활동을 마치고 느낀 점을 간략하게 써 봅시다.

01 충주성 터 의병 전투지
📍 충청북도 충주시 성내동 일대

▲ 충주감영

유인석의 의병 부대가 충주성을 점령한 후 이를
탈환하려는 일본군과 치열한 전투를 벌인 곳

구한말 충청북도 충주와 제천 지역은 당시 의병 운동의 중심지였다. 을미의병이 일어나자, 유인석 의병장은 1896년 2월에 호좌의진 의병 부대 4천여 명을 이끌고 제천시 박달재를 넘어 충주성 공략에 나섰다. 당시 충주성은 관찰부가 있는 호서 지방의 중심지이자 전략적 요충지로 경병 4백명, 일본군 2백명, 지방대 5백명 등 1천여 명의 군대가 주둔하고 있었다.

의병 부대가 충주성에 이르렀을 때 의병군은 농민군을 포함하여 약 1만 명 이상으로 늘었다. 일본군은 의병 부대의 규모에 놀라 달아났고, 의병 부대는 지방대 두령들의 협조를 얻어 충주성에 무혈입성하였다. 이때 관찰사 김규식은 달아나다가 의병에게 체포되어 의병을 탄압하고 단발을 강요한 죄목 등으로 처형되었다.

이후 의병 부대는 충주성, 가흥, 수안보 등지에서 일본군과 전투를 벌이기 시작하였고, 관군과 일본군은 충주성을 되찾기 위해 수차례 공격하였으나 의병 부대가 잘 막아 냈다.

그러나 3월에 들어 가흥에서 출동한 일본군 3개 중대가 다시 충주성을 포위하고 우세한 화력을 앞세워 포격을 가하며 공격하였다. 의병과 일본군과의 치열한 격전은 이틀간 계속되었고, 이 전투로 충주성의 모든 건물이 불타고 민가 1백여 채만 남을 정도로 폐허가 되었다.

관군과 일본군의 양면 공격으로 의병 부대는 점차 식량과 탄약이 부족해지면서 고전하였다. 이에 유인석은 제천으로 퇴각을 결정하고 청풍으로 진을 옮겼다. 이는 유인석의 의병 부대가 충주성을 점령한 지 18일 만의 일이다. 이때 활약한 의병장으로는 이강년, 백남규, 정시향, 윤희선, 백치중, 조응삼, 최성천 등이 있다. 오늘 우리가 살고 있는 하루는 이분들이 목숨을 바치며 간절히 원했던 그날 임을 잊지 말자.

당시 충주성 전투로 성의 4개 문루가 모두 소실되고 성곽 일부도 파괴되었다. 이후 일제 강점기에 도로를 놓는다는 명목으로 성곽을 허물어 그 형태와 위치조차 파악할 수 없게 되었다. 현재는 성곽 터 거의 전부가 도로로 편입되었다.

지역사 탐구 충주 관아공원, 의병 정신과 친일 잔재가 공존하는 이곳을 어떻게 이해해야 할까?

▲ 친일 군수 서희보의 공덕비

충주 관아공원은 충주 읍성 안에 있는 충주목 관아 터에 있는 공원이다. 충주목 관아 일대는 한동안 중원군청(1995년 충주시 통합)으로 쓰이다가 군청 이전 후 관아공원으로 조성되었다.

충주 관아공원에 가면 먼저 입구 바깥쪽 현판에는 '충청감영문'이라 적혀 있어 충주가 관찰부가 있던 곳임을 알 수 있다. 또 안쪽 현판에는 '중원루'라고 씌어 있는 멋스러운 2층 문루가 있다.

문루를 지나 마당에 서면 웅장한 팔작지붕 건물이 눈에 들어온다. 관아의 동헌으로 쓰던 '청녕헌'이다. 동헌은 관아에서 업무를 처리하던 중심 건물이다. 그 밖에 중앙 관리가 머물던 제금당과 관아의 업무를 보좌하던 산고수청각이 위치한다. 또 청녕헌 옆에는 천주교 순교자 현양비가 있다. 신유박해 때 많은 이들이 순교한 것으로 알려져 있다.

충주 관아공원에는 불편한 역사도 있다. 충주 의병의 숭고한 정신과는 상반된 비석이 세워져 있기 때문이다. 바로 충주 군수 서희보의 공적비가 그것이다. 서희보는 1907년부터 1917년까지 조선 총독부의 충주 군수로 있으면서 의병을 탄압하는데 앞장섰던 인물이다. 서희보의 선정비 바로 앞에는 '을미의병과 충주성 전투'에 대한 안내판이 서 있다. 서로 상반된 두 역사물을 두고 갑론을박의 열띤 역사 교육의 토론장으로 이용해도 좋을 것이다.

02 목계리 의병 활동지
📍 충청북도 충주시 엄정면 목계리와 목계나루 터 일대

을미의병과 정미의병 당시 의경 부대와
일본군이 교전을 벌였던 의병 활동지

03 옛 엄정경찰주재소 터
📍 충청북도 충주시 엄정면 목계리 일대

▲ 옛 엄정경찰주재소 터 원경

정미의병 당시 충주 일대에서 활동하던
의병들이 공격한 경찰주재소 터

1896년 2월, 경기·충청 일대에서 활약하던 의병 부대가 일본군 병참 기기가 있는 가흥을 공격하기 위해 여주 지역에서 이동하여 가흥 근처 목계리에 진을 치고 있었다. 하지만 의병 부대의 접근이 일본군 수비대에 정탐되어 2월 20일 새벽에 일본군의 역습을 당하였다. 이에 의병 부대 대부분은 충주성 방향으로, 일부는 제천 방향으로 후퇴하였다.

또 1908년 4월 조창이 있는 목계나루 일대에서 의병들이 나타나 일본군 병참 기지를 공격하였다. 이에 일제는 순사를 추가로 파견하여 의병 활동에 대비하였으나, 의병 부대가 목계 하류에서 곡식을 실은 배 4척을 빼앗는 성과를 거두기도 하였다.

충주는 충청도에서 가장 오랜 역사를 가진 큰 읍일 뿐 아니라 조선 시대에는 지방의 새로운 관제에 따라 관찰부로 승격되어 중부권 20개 군을 관할하던 중심지였다.

또한 충주는 충청·강원·경상도 지역에서 한양으로 나아가는 길목에 위치하여 전략적으로도 매우 중요한 곳이었기 때문에 구한말 의병들의 중요한 활동 무대가 되었다. 특히 충주의 목계나루는 남한강 수운을 이용하여 한양과 각 지방의 주요 물자가 유통되는 중요한 곳이었다.

1908년 5월 14일 충주 지역에서 활동하던 의병 40여 명이 목계리에 있던 일본의 순사주재소를 습격하여 교전을 벌이기도 하였다.

지역사 탐구 각지의 상인들이 모여들던 충주의 목계나루가 갑자기 쇠퇴하게 된 까닭은 무엇일까?

▼ 목계나루 원경

목계나루는 충주를 중심으로 한 충청도 지역은 물론 강원도 원주와 경상도 북부 지역의 상인까지 모여들었던 상업 포구였다. 이곳은 조선 후기 상품 화폐 경제의 발달로 상품 유통의 증대와 맞물리면서 남한강 수운의 전성기를 맞이하였다. 당시 한양에서 소금배, 새우젓배, 장사치의 배가 올라와 이 포구에서 짐을 풀면 충주와 제천, 원주, 영월, 문경 등지에서 쌀이며 콩, 담배 등 내륙 지역의 산물들

이 달구지나 소에 실려 와 바꿈질 하는 큰 장이 열렸다.

목계장은 배에 실려 온 물건, 달구지에 실려 온 물건이 다 팔려야만 파장하였으니, 닷새에서 열흘씩 끄는 것이 예사였다. 주요 거래 품목으로는 하류로부터 소금, 새우젓, 건어물, 직물, 설탕 등이 올라오고, 미곡, 콩, 참깨, 담배, 옹기, 임산물 등이 내려갔다. 이러한 물품들은 주로 객주와 여각을 통해서 거래되었기 때문에 물건을 저장하기 위한 창고도 많았고, 주막과 기생집도 번성하였다.

하지만 20세기에 들어서면서 개화의 물결을 타고 남한강변의 주요 길목에는 신작로가 생기고 철도가 지나가게 되었다. 운송 수단이 자동차와 열차로 바뀌었는데, 특히 철도가 지나가는 도시가 교통의 요지로 새로 부상하였다. 한때 이 물길을 오르내리던 수많은 배와 뗏목은 흘러간 강물처럼 사라지고 장터의 점포와 여각, 집들도 흔적조차 남지 않았다. 말없는 남한강은 오늘도 그저 흐르고 있을 뿐이다.

▼ 의병장 백남규와 현재 골프장으로 변한 그의 생가터

1907년 군대 해산 이후 의병 활동을 한
백남규 의병장이 태어난 곳

▼ 독립운동가 유자명과 현재 밭으로 변한 그의 생가터

의열단과 대한민국 임시 정부에서 활동한
독립운동가 유자명이 태어난 곳

운암 백남규는 대한 제국 문관학교를 졸업하고 안동진위대 부위로 근무하였다. 1907년 군대 해산 이후 동지들을 규합하여 경상북도 순흥에서 의병을 일으켜 의병 8백여 명을 이끌고 일본군과 접전을 벌였다. 이때 강원도 횡성의 봉복사에 주둔하고 있던 의병장 이강년 부대를 찾아가 이강년 의병 부대의 우선봉장이 되었고, 이해 9월 충북 제천 추치에서 일본군 2백여 명을 물리치는 활약을 하였다.

이듬해 의병장 이강년이 체포된 뒤에도 의병진의 한 부대를 지휘하여 서벽, 내성, 아산 등지에서 적과 접전하여 큰 성과를 거두었다. 1909년 12월 죽산에서 일본군에게 체포되어 8년간 옥고를 치른 후 사면되어 출감하였고, 1918년 상하이로 망명을 시도하다 체포되어 15년간 옥고를 치렀다. 1963년 건국훈장 독립장이 수여되었다.

1894년 충주군 이류면 영평리에서 태어난 유자명은 충주공립보통학교를 거쳐 수원농림학교를 졸업하고 고향에서 교편을 잡았다. 1919년 전국적으로 3·1 운동이 일어나자 가르치던 학생들을 주도하여 만세 시위를 계획하였다. 하지만 시위 계획이 일본 경찰에게 사전에 발각되었고, 보통학교 동창 황인성의 도움을 받아 서울로 피신하였다.

이후 중국 상하이로 망명한 그는 대한민국 임시 정부 임시의정원에서 활동하였고, 신한청년당에 참여하여 본격적인 항일 투쟁의 길에 나섰다. 또한 시대적 전환기에 신사상을 수용하면서 의열단과 조선무정부주의자연맹, 조선민족전선연맹 등 폭넓은 삶의 궤적을 남겼다. 그가 살던 생가는 현재 밭으로 변하였고, 인근에 그의 손자가 살고 있다.

102

지역사 탐구 독립운동가 유자명은 중국은 물론이고 남과 북에서도 존경받는 인물이 어떻게 되었을까?

▲ **만년의 유자명** 중국 후난농업대학에서 농학박사이자 원예학자로 활동하였다.

유자명의 본래 이름은 유흥식이다. 하지만 본명보다 의열단 참모 '유자명'이라는 별명으로 보다 널리 알려져 있다. 그는 중국 망명 후 대한민국 임시 정부 임시의정원 충청도 대표의원으로 선출되었고, 나석주의 소개로 의열단에 가입하여 의열단장 김원봉의 비밀 참모로 국내외에서 일본인과 친일파 처단 활동 등에 성과를 올렸다. 또 베이징을 중심으로 이회영·김창숙·신채호 등과 함께 활동하였다.

이후 중국 국민당 인사들과 교유하면서 항일 독립의 연합 전선을 펴가는 한편, 한국 청년들을 난징 군관학교에 입교시켜 민족 혁명의 대열에 서도록 주선하였다. 해방 후 그는 귀국하지 않고 중국에서 대학교수로 지냈다. 독립운동가 출신 농학박사로 중국인의 신망이 두터웠던 유자명은 만년에 후난농업대학 원예학회 명예이사장에 추대되었다. 1968년에 대한민국 대통령 표창을 받았고, 1978년 조선민주주의인민공화국 3급 국가훈장을 받아 중국뿐만 아니라 남과 북에서도 인정받은 인물이 되었다. 1991년 대한민국 건국훈장 애국장이 추서되었다.

06 용원장터 3·1 운동 만세 시위지
📍 충청북도 충주시 신니면 용원리 19 일대

1919년 3·1 운동 당시 충주시 신니면 주민이
만세 시위를 벌였던 곳

07 범바위 학생 만세 시위 계획지
📍 충청북도 충주시 호암직동 108-1 일대

▲ 범바위 입구 표지

3·1운동 당시 유자명 등 충주 지역 교사와 학생들이
만세 시위를 계획한 곳

1919년 3월 31일 은경옥, 이희갑, 손승억, 이강렴, 윤주영, 윤무영, 이강호, 김무배가 용원장터에서 독립 만세 시위를 벌일 것을 결의한 후, 대한 독립의 내용이 담긴 선언서를 복사하고 태극기를 만드는 등 시위를 준비하였다.

이들은 다음 날인 4월 1일, 용원장터에 나가 선언서를 낭독하고 독립 만세를 외치며 신니면 주민 200여 명과 함께 만세 시위를 벌였다. 이에 일제 경찰은 무력을 동원하여 시위대를 해산하고 만세 시위 주동자를 체포하였다.

이날 만세 시위로 은경옥을 비롯한 주동자 8명은 징역 1년에서 6개월까지 언도받고 옥고를 치렀다. 해방 후 정부는 이들의 공을 기려 독립장과 대통령 표창을 추서하였다.

1919년 3월 10일 충주 간이농업학교 졸업 야유회가 범바위에서 열렸다. 이날 참석한 교사 유자명과 학생들은 충주 장날을 이용하여 만세 운동을 벌일 것을 계획하였다. 또 농업학교와 보통학교 학생은 물론 교인들과도 제휴하였다.

이때 서울에서 신학교에 재학하는 장양헌이 일제에 대한 경고문을 가지고와 비밀리에 교회에서 수백 매를 프린트하고, 이를 각처에 배포하였다. 교인들도 시위 준비 장소를 탄금대로 바꾸고 비밀리에 태극기와 경고문 등을 준비하였다. 이뿐만 아니라 충주공립보통학교(현 교현초등학교) 교사 김연순에게 계획을 알려 여학생들에게 참가를 권유하였다. 그러나 이 계획이 사전에 발각되어 관련자들이 체포되었으나, 유자명은 체포를 피하여 중국으로 망명하였다.

지역사 탐구 **조선 시대 삼남 지방에서 수도 한양에 이르는 삼남대로는 어디를 지날까?**

▲ **문경세재의 제3관문** 조령관 문경새재는 조선 시대 과거를 보러 한양 길에 오르던 영남 선비들이 장원 급제의 희망을 안고 넘던 길이라 하여 '장원급제길'로도 불린다.

충주는 지방에서 수도 한양 이르는 주요 교통로 가운데 하나가 지나는 길목에 있다. 조선 시대 충청·전라·경상도 지역에서 수도 한양에 이르는 길은 크게 세 갈래가 있는데, 이를 '삼남대로'라고 한다.

제1로는 전라도 목포에서 나주와 전주를 지나 천안을 거치고 수원과 과천을 지나 한양에 이르는 길이다. 제2로는 경상도 진주에서 함양과 거창을 지나 김천과 상주를 거치고 문경새재를 넘어 충주와 장호원, 이천, 광주를 지나 한양에 이르는 길이다. 제3로는 부산에서 출발하여 밀양, 대구, 안동을 거쳐 죽령을 넘고 단양, 제천, 원주, 횡성, 홍천, 양평을 지나 한양에 이르는 길이다.

삼남대로는 오늘날에도 크게 다르지 않다. 다만 고속국도라는 새로운 개념으로 변화하였을 뿐이다. 삼남대로는 수도 한양과 지방을 연결하며 사람들이 오르내리면서 담았을 애환과 수많은 이야기를 오랜 세월만큼이나 간직하고 있다.

함께 갈 만한 곳

01 충주 탄금대(탄금정)

충청북도 충주시 탄금대안길 6-4

충주의 명승지 탄금대는 오대산에서 발원한 남한강과 속리산에서 발원한 달천강이 합수되는 지점에 위치한 나즈막한 산이다. 이곳 탄금정이라는 2층 누각에서 내려다보는 풍광은 아름답기 그지없다. 하지만 탄금대는 아름다운 풍광과 달리 슬픈 역사를 간직하고 있는 곳이다. 탄금대는 신라 진흥왕 때 가야에서 망명한 악성 우륵이 망국의 한을 달래며 가야금을 타면서 제자들에게 노래와 가야금을 가르쳤다고 하여 불려진 이름이다. 또한 임진왜란 때 순변사 신립 장군이 휘하 군사 8천 명과 함께 배수진을 치고 왜군을 맞아 싸우다가 격전 끝에 모두 순국한 전적지이기도 하다.

02 충주 미륵대원지

충청북도 충주시 수안보면 미륵리 58

미륵대원지는 고려 전기에 조성된 것으로 보이는 석굴을 주불전으로 하는 사찰 터이다. 석굴은 거대한 돌을 쌓은 위로 목조로 세운 자취가 있으나 지금은 남아 있지 않다.

현재 충주 미륵리 석조여래입상, 충주 미륵리 오층석탑, 석등, 당간지주 같은 중요한 석조 문화재가 남아있다. 전설에 의하면 신라 경순왕의 아들 마의 태자가 나라가 망한 것을 슬퍼하며 금강산으로 가는 도중, 누이인 덕주 공주가 월악산에 덕주사를 지어 마애불을 만들자 마의 태자도 이곳에 석굴을 지어 덕주사를 바라보게 하였다고 한다.

03 충주 하늘재

충청북도 충주시 수안보면 일대

하늘재는 백두대간을 넘는 가장 오래된 길이다. 156년 신라 아달라왕이 지금의 조령과 죽령 사이 가장 나지막한 곳에 길을 열고 계립령이라 했는데, 이 길이 바로 하늘재다. 이곳은 교통과 군사 요지로, 한반도의 중심인 충주와 영남의 관문인 문경을 잇는 가장 중요한 길이었다.

이곳에는 신라 마의 태자와 고려 공민왕에 얽힌 이야기가 전해지고 있다. 마의 태자가 망국의 한을 품고 미륵대원지에 석불을 세운 뒤 이 고개를 넘어 금강산으로 갔으며, 공민왕도 홍건적을 피해 안동으로 몽진할 때 이 고개를 넘었다고 한다.

04 충주 중원탑평리 칠층 석탑

충청북도 충주시 가금면 탑평리 중앙탑길 225

충주시의 탑평리 남한강 강가에는 국보 제6호로 지정된 석탑이 우뚝 솟아 있다. 이 탑은 '중원탑평리 칠층 석탑'이라는 정식 명칭보다 '중앙탑'이라고 널리 알려져 있다. 이 탑이 중앙탑으로 불리는 이유는 통일 신라 시대 영토의 중앙에 세워진 탑, 즉, 충주의 옛 이름이 '중원'인 것과 같이 오늘날 우리 국토의 중앙에 해당된다는 의미를 담고 있다.

중앙탑이 있는 이곳에서 바라보는 남한강의 풍광은 보는 이의 마음을 편안하게 한다. 또 주변에 중원향토민속사료전시관이 자리 잡고 있어 찾는 이들에게 심심치 않게 볼거리를 제공하고 있다.

05 충주 중원고구려비

충청북도 충주시 가금면 용전리 280-11

탑평리 인근에는 삼국 시대의 고구려, 백제, 신라 간에 영토 각축장이었음을 보여 주는 상징적인 유적이 있다. 용전리에는 이곳이 옛 고구려의 영토였음을 나타내는 충주 중원고구려비가 비각 안에 보호되고 있다.

이 비는 남한 지역에서 발견된 유일의 고구려비로, 5세기 고구려와 신라의 관계, 고구려의 관등 조직과 인명 표기 방식 등 문헌에 없는 내용을 담고 있어 역사적 가치가 매우 크다. 이 비가 발견된 것은 1979년으로 그동안 모르고 있다가 예성동호회라는 이 지역 모임에 의해 고구려의 비임이 알려졌다.

06 충주 임충민공 충렬사

충청북도 충주시 충열1길 6(단월동)

충렬사는 임경업 장군의 위패를 모신 사당이다. 임경업 장군은 광해군 10년에 무과에 급제를 하였으며, 인조 2년 이괄의 난을 평정하는 데 공을 세웠다. 인조 14년 병자호란 때 청군은 임경업이 지키는 백마산성을 피하여 한양을 점령하고, 남한산성을 포위하여 인조의 항복을 받아냈다. 임경업은 명의 힘을 빌려 청군을 물리치려 하였으나 뜻을 이루지 못한 채 명으로 망명하였다. 이후 명이 멸망하여 청의 포로가 되었으나 끝까지 충절을 굽히지 않았고, 조선으로 송환된 후 반대파인 김자점의 모함으로 죽임을 당하였다. 그러나 숙종 때 그의 관작이 회복되고, '충민'이라는 시호가 내려졌다.

12 충청북도 행정·문화·교육의 중심지

[답사 목적] 청주는 도청 소재지로, 충청북도 인구의 절반 이상이 살고 있는 행정·교육·문화의 중심지이다. 근대 이후 이곳에서 전개된 독립운동 관련 사적지를 찾아본다.

▲ **무심천이 흐르는 청주 시가지 전경** 청주시는 충청북도 중앙부에 위치하고 있으며, 도청 소재지로서 충북의 행정·문화·교육의 중심지이다. 청주시 한복판으로 무심천이 흐르고 사방이 청원군으로 둘러싸여 있는데, 청주시와 청원군은 2014년에 통합되었다.

◆ **답사 지역 개요** ◆

▲ **충청북도 청사** 1937년에 지은 이 건물은 현재 도청으로 쓰이는 건물 중에서는 제일 오래된 건물이라 할 수 있다.

청주는 1914년 행정구역 개편에 따라 청주면이 되었고, 24개 동리를 관할하였다. 해방 후 1949년 지방자치법에 따라 청주시로 승격되었고, 2014년에 청원군을 통합하여 지금의 청주시가 되었다.

오늘날 청주시는 충청북도의 도청 소재지이며, 충청북도 전체 인구의 절반 이상이 살고 있는 최대의 도시이다. 청주의 남주동 일대는 청원군과 통합된 청주시의 한복판에 위치한다. 근처에 청주 최대의 중심로인 성안길과 로데오 거리가 위치하고 중앙공원, 극장가, 웨딩 골목 등이 인접해 있다.

최근 전주나 군산, 대구나 서울의 북촌처럼 골목길과 근대 문화유산을 상품화한 곳이 많지만, 청주는 아직 세상에 잘 알려지지 않았기에 더욱 값지고 그리움이 짙다. 오늘날 청주는 천오백 년의 역사를 오롯이 만날 수 있는 그런 곳이다.

답사·체험 활동

학교   학년   반   이름:

01 옛 충청북도 관찰부 터   02 청녕각 – 옛 청주진위대 터

03 옛 청주농업학교 학생 운동지

05 옛 청남학교 터   04 청주우시장 3·1 운동 만세 시위지

08 손병희 생가

06 한봉수 유허지 및 생가   07 문동학교 터

영상으로 보는 한국사

독립운동가 의암
손병희 선생

1 근대 이후 청주를 중심으로 전개된 독립 운동 관련 사적지를 돌아보고 가 본 곳을 체크해 봅시다.

2 답사 코스 중 가장 인상 깊었던 장소는 어디였나요?

장소	까닭

3 답사·체험 활동 중 새로 알게 된 내용과 궁금한 점은 어떤 것인가요?

새로 알게 된 점	궁금한 점

4 답사·체험 활동을 마치고 느낀 점을 간략하게 써 봅시다.

01 옛 충청북도관찰부 터
📍 충청북도 청주시 상당구 남문로2가 상당로55번길 33

충청도병마절도사영문(현 중앙공원 내)

충청도병마절도사 병영과 충청북도관찰부가 있던
옛 충청북도 행정의 중심지

02 청녕각-옛 청주진위대 터
📍 충청북도 청주시 상당구 북문로1가 171-3

청주진위대가 있던 곳으로 1907년 군대 해산 이후
이곳에 있던 해산 군인들이 의병에 참여

청주는 조선 시대 청주목으로 존속하였고 충주목과 함께 충청도관찰사가 목사를 겸하였다. 1591년 해미에 있던 충청도병마절도사 병영을 이곳으로 옮겨 와 읍성 안에 두었다. 또 1896년 8도를 13도제로 바꾸면서 충청도가 충청남도와 충청북도로 분리되었다. 이때 충주에 충청북도관찰부를 새로 두었다가 1908년에 청주로 이전하였다. 관찰부는 관찰사가 근무하는 곳으로, 지금의 도청과 같은 역할을 하는 곳이다.

이후 일제 강점기에는 이곳 관찰부를 충북도청으로 사용하다가 1937년에 현재의 충북도청 건물을 지어 이전하면서 이곳 충청도병마절도사영과 충청북도관찰부가 있던 자리를 시민들이 이용하는 중앙공원으로 바꾸게 되었다.

청녕각은 청주동헌의 중심 건물로 청주 목사가 집무를 보던 곳이다. 1907년 고종이 강제로 퇴위되고 군대가 해산되면서, 청주진위대 역시 8월 4일, 이곳 청녕각 앞뜰에서 해산되었다. 이때 해산된 군인 중 상당수가 의병에 참여하였다.

청주진위대 출신 의병으로는 배창근, 조용근, 이용성, 한광문, 김규환 등이 있으며, 이들은 주로 원주·충주·음죽 등지에서 활약하였다. 이뿐만 아니라 노병대 주도하에 청주·보은·상주·성주·거창 등지에서 활약한 의병 부대에 청주진위대의 해산 군인과 경성시위대의 해산 군인들이 함께 참여하였다. 그 결과 의병의 무장과 전투력이 향상되어 의병 활동의 큰 발전을 이루게 되었다.

108

지역사 탐구 **청주의 중앙공원에는 다른 공원과 달리 왜 대문 같은 문이 있을까?**

▲ **1970년대 청주 중앙공원 정문** 옛 도청 정문으로 이용되던 문과 그 옆으로 충청도병마절도사영문이 보인다.

그 이유는 이곳이 예전에 충청북도관찰부, 즉 충북도청으로 사용되었기 때문이다. 관찰부는 관찰사가 근무하는 관청으로 지금의 도청과 같은 역할을 하는 곳이다. 1908년 충주 관아공원 자리에 있던 충청북도관찰부를 충청도병마절도사 병영이 있던 현 중앙공원으로 이전하면서 생긴 문이다. 그곳에 있던 도청이 현재의 위치로 이전하고, 이곳에 공원이 조성되면서 그 문만 남게 된 것이다.

그럼 충청북도관찰부가 먼저 충주에 있었던 것은 왜 일까? 그것은 충주가 남한강의 조운 체계를 이용해 조세미를 거두기가 수월하였고, 영남으로 통하는 옛 교통로가 모두 그곳을 거쳐서 갈 정도로 충주가 교통의 요지였기 때문이다. 그렇다면 충청북도관찰부를 다시 청주로 옮긴 까닭은 무엇일까? 가장 큰 이유는 철도 때문이었다. 1905년 경부선이 개통되고 청주 근처에 조치원역이 생겼다. 조치원역은 청주에서 불과 20km 떨어진 거리에 있다. 이는 한강과 삼남대로를 축으로 한 전통적인 교통로가 쇠락하고, 철도가 새로운 교통 수단으로 부상하는 상징적인 사건이었다. 이것은 비단 충주와 청주만의 사례가 아니다. 금강 수운이 지나던 공주와 영산강이 흐르던 나주도 호남선 개통과 함께 철도가 지나는 대전과 광주로 도청 소재지를 각각 내주게 되었던 것이다.

03 옛 청주농업학교 학생 운동지
📍 충청북도 청주시 상당구 영동 79(청주기계공업고등학교)

▼ 옛 청주농업학교 터 청주농업학교는 1923년까지 현 청주중학교 자리에, 이후부터는 현 청주기계공업고등학교 자리에 위치하였다.

일제 강점기 청주농업학교 학생들이 세 번에 걸쳐 동맹 휴학과 만세 시위를 전개한 학생 운동지

1919년 3월 9일 전 중앙학교 학생인 신영호가 귀향하는 길에 청주농업학교 기숙사에 들러 고향 친구 오석영 등에게 서울에서 전개되고 있는 만세 운동에 대해 설명하고 청주의 학생들도 만세 운동에 나설 것을 권유하였다. 이날 밤 청주농업학교 학생들은 비밀리에 기숙사를 빠져나와 경고문 3백여 장을 인쇄하여 배포하였다. 이 일로 학생들은 일본 경찰에 체포되었고, 학교도 한 달간 휴교되었다.

1927년에도 청주농업학교는 학생들은 일본인 교장의 민족 차별 교육에 항의하여 동맹 휴학에 돌입하였고, 1930년에는 광주 학생 항일 운동의 여파로 전교생이 교문 밖으로 나가 청주고보 학생들과 합류한 뒤, 5백여 명의 학생 시위대가 무심천 일대에서 경찰과 대치하며 독립 만세를 부르고 수천 여 매의 격문을 배포하였다. 1931년에도 이 학교 학생 100여 명이 수업을 거부하고 거리로 나가 만세 시위를 벌였다.

04 청주우시장 터 3·1 운동 만세 시위지
📍 충청북도 청주시 상당구 남주동 일대

3·1 만세 운동 자리 표지석(청주우시장 터 남주소공원)

충청북도 3·1 만세 운동의 시발점이 된 독립운동 사적지

남주동시장(옛 청주우시장)은 무심천변 남주동 일대에 있는 청주에서 가장 오랜 역사를 간직한 시장이다. 1906년에 개설된 것으로 보이나, 이보다 훨씬 오랜 역사를 가진 것으로 추정된다.

남주동 시장 내 옛 자유극장 자리에 있던 쇠전은 의병장 한봉수가 장꾼들을 모아놓고 만세를 부르던 곳이다. 1919년 청주 출신 의병장이었던 한봉수는 홍명희와 함께 상경하여 손병희를 만나 3·1 운동 만세 시위에 대해 상의하고 독립 선언서를 가지고 귀향하였다. 그는 3월 7일 청주우시장 입구에서 마차 위에 올라가 독립 선언서를 배포하면서 장꾼들과 군중들을 주도하여 만세 시위를 전개하였다고 한다. 『독립운동사』와 「한봉수공훈록」에서는 이를 충청북도 지역에서 일어난 3·1 운동 만세의 시발점으로 기록하고 있다.

지역사 탐구 청주우시장과 남주동 해장국은 어떤 관련이 있을까?

▲ 1950년대 청주우시장 모습

청주우시장은 김천, 진주, 전주, 수원, 안성과 함께 우리나라 6대 시장에 속한 유명한 쇠전(우시장)이었다. 청주 남주동에 있던 쇠전은 그동안 도시 개발로 여러 차례 이전하면서 현재는 운천동 제방 옆에 있다.

한편, 청주 약전 골목은 대구 약령시 다음으로 규모가 컸다. 하지만 오늘날 그 이름만 남아 있을 뿐 가구점 골목으로 변하였는데, 최근에는 가구점도 대부분 시 외곽지로 이전하였다. 시장에서 약전으로 향하는 작은 골목에는 떡전, 두부전이 있었으나 지금은 이름만 남아 있다. 또 아래쪽으로는 피복전, 어물전, 철물전, 목물전, 쇠전, 피전도 있었다. 쇠전과 피전은 해장국과 밀접한 관련이 있다. 새벽녘에 길을 떠나야 하는 소몰이꾼이나 장꾼에게 해장국은 더없이 좋은 식사였다. 특히 남주동 해장국은 오늘날 유명세를 타고 있는데, 이는 옛 청주우시장이 남긴 장날의 흔적이다. 한편, 청주YMCA에서 남주동시장 통으로 빠지는 좁은 골목은 청주읍성이 지나가던 자리로, 여기에 염색 공장이 있었으나 1970년대 이후 모두 사라졌다.

05 옛 청남학교 터
📍 충청북도 청주시 상당구 남문로1가 154(현 청주제일교회)

청남학교 교사로 쓰이던 망선루(1931)

**청주 지역 최초의 근대 교육 기관으로 청주청년회 사무실과
청주형평사 창립총회가 열린 곳**

06 한봉수 생가
📍 충청북도 청주시 상당구 내수읍 학평리 85-4번지

한봉수 의병장 유허지의
한봉수 동상

**한봉수 의병장의 사당과 묘소, 그리고 근처에
그가 태어난 생가가 있는 곳**

1904년 11월 1일 청주군 남주내면 옹성리에 사립 광남학교가 설립되었다. 설립 당시에는 방홍근의 사저를 교사로 사용하였고, 학교장은 김태희가 맡았다.

광남 학교는 신학문을 교육하는 근대 교육 기관으로, 청주 지역 근대 학교의 효시가 되었다. 이후 1908년 대한 제국 학부의 설립 허가를 받아 청남학교로 교명을 바꾸고, 청주 지역 민족 교육의 중추 역할을 하였다. 하지만 옛 청주읍교회(청주제일교회)의 미국인 선교사 민노아가 선교부의 후원을 받아 학교 건물을 매입하고 학교 운영권을 인수받았고, 청주읍교회 내에 망선루를 옮겨 지어 1938년까지 학교 건물로 사용하였다. 이 학교 교사 중에는 의열단에서 활동한 곽재기가 있고, 그 외에도 민족의식이 강한 교사들이 많았다. 또 1936년에는 신사참배에 불응하여 일시 휴교 처분을 받기도 하였다.

한봉수는 1907년 고향인 청주의 세교리에서 의병을 일으켰다. 이후 그의 의병 부대는 충청북도·강원도·경상도 일대에서 활약하며 일본인 자산가와 친일파 처단, 일본군과의 교전, 우편 행랑 습격 등 30여 차례에 걸쳐 유격전을 벌여 '무적 장군'이란 명성을 얻었다.

한봉수는 1910년 5월에 일제에 잡혀 사형을 선고받았으나 15년으로 감형되고 8월 경술국치 후 대사령으로 출옥하였다. 출옥 후 일제의 삼엄한 감시 속에서도 1919년 손병희를 만나 고향에서 3·1 만세 운동을 주도해 줄 것을 부탁받았다. 이에 3월 7일 청주우시장에서 만세 시위를 주도하였고, 4월 1일에는 세교리 장터에서 내수공립보통학교 교사와 학생들을 이끌고 만세 운동을 벌이다 다시 붙잡혀 2년형을 선고받아 복역하였다. 1963년 정부에서는 그의 공적을 기리기 위해 건국훈장 독립장을 수여하였다.

지역사 탐구   청주관아의 객사 건물인 망선루는 어떻게 청주 근대 교육의 상징이 되었을까?

▲ 1999년 청주 중앙공원으로 이전한 망선루

망선루는 고려와 조선 시대 청주관아 객사 동쪽에 있던 누각으로, 청주에 남아 있는 목조 건물 가운데 가장 오랜 역사를 가지고 있다. 이 건물은 조선 세조 때 한명회가 망선루라 이름을 고쳐지었는데, 망선루는 '아름다운 풍경을 바라보는 곳'이란 의미이다. 이후 망선루는 여러 차례 중수되었고, 일제 강점기에 무덕관을 짓기 위해 철거되었다. 이때 청남학교 교장 김태희가 중심이 되어 1923년 청주읍교회(현 청주제일교회) 뒤로 옮겨지었다. 이 무렵 청주 지역에서도 형평 운동이 일어나 이곳 청남학교에서 형평사 청주지회 창립총회가 열리기도 하였다.

이후 이 건물은 청남학교와 청주청년회 사무실로 사용되었다. 당시 청주청년회는 청주 지역 여러 사회 운동과 교육 계몽 운동의 중심 기능을 담당하였는데, 이때 강연회와 한글강습소 같은 각종 교육과 집회 장소로 활용되었다. 한편, 1999년 청주제일교회 뒤편에 있던 망선루는 현재 청주 중앙공원으로 이전되었고, 이 건물이 있던 공터에 교회 건물을 새로 신축하였다.

07 문동학교 터
📍 충청북도 청주시 상당구 가덕면 인차리 147-1

신규식, 신채호 등이 설립하고, 직접 강사로 활동한
독립운동가 양성의 요람

08 손병희 생가
📍 충청북도 청주시 상당구 북이면 금암2리 385-2

동학의 3대 교주로서 3·1 운동 당시 천도교 측 대표로
활약한 독립운동가 손병희의 생가가 있는 곳

문동학교는 1901년 신규식이 육군무관학교 시절 자신의 고향에 가문의 사재로 설립한 근대 교육 기관으로, 신규식뿐만 아니라 신백우, 신채호도 학교 설립에 관여하고 강사가 되었다. 이 학교는 본래 신씨 종가의 10칸을 빌려 덕남사숙으로 출발하였으며, 1903년 새 교사를 지어 이전하면서 문의군과 동면의 앞 글자를 따 문동학교로 개명하였다.

신규식은 나라의 국운이 쇠약해진 것은 무를 경시하고 국민 교육과 역사의식이 없기 때문이라고 생각하여 개교사를 통해 투철한 역사의식을 강조하였다. 또 신채호를 비롯하여 청주에서 유능한 교사들을 초빙하여 산술, 지리, 역사 등 10여 과목을 가르쳤다. 또한 지덕체의 3대 교육 덕목과 부구강병의 애국정신을 고취하는 내용을 학생들에게 가르쳤다.

손병희는 1882년 22세 때 동학에 입문하여 1894년 동학 농민 운동 당시 충청도와 경상도 일대에서 관군과 싸웠으며, 1897년 동학의 3대 교조가 되었다.

1901년, 손병희는 일본을 경유하여 상하이로 망명하였고, 1903년 귀국한 후 두 차례에 걸쳐 유능한 인재를 선발하여 일본에 유학시켰다. 1904년에는 권동진·오세창 등과 개혁 운동을 목표로 진보회를 조직한 후, 각지에서 회원 16만 명을 확보하여 전 회원에게 단발령을 내리는 등 신생활 운동을 전개하였다.

1919년에 손병희는 천도교 대표로 3·1 운동의 주축이 되어 독립 선언을 하였다. 하지만 일본 경찰에 체포된 후, 서대문형무소에서 옥고를 치르다가 풀려나 요양 중 병으로 사망하였다. 1962년 건국훈장 대한민국장이 추서되었다.

지역사 탐구 단재 신채호 선생의 기념관은 왜 대전과 청주 두 곳에 있을까?

▲ **신채호 선생 부부 동상** (단재신채호기념관 내)

단재 신채호는 대전에서 태어났으나, 8세 때 아버지가 죽고 할아버지가 계신 청주로 가서 살았다. 이곳 청주에서 그는 당시 마을 훈장인 할아버지 슬하에서 공부를 시작하였고, 1898년 성균관에 입학하여 1905년 성균관 박사가 되었다. 그러나 1905년 을사늑약이 체결되자 성균관 박사를 그만두고 독립 협회와 신민회 활동, 『황성신문』과 『대한매일신보』의 논설위원으로 활동하였다.

그는 1910년 국내 활동을 접고 안창호 등과 함께 중국으로 망명을 하였다. 이후 중국의 베이징, 소련의 연해주, 상하이의 임시 정부 등지에서 언론, 역사, 대종교, 무정부주의, 의열단 활동 같은 모든 수단과 방법을 동원하여 일제와 싸웠으며 각 분야에서 큰 업적을 남겨 참 지식인의 전형을 보여 주었다.

신채호는 1928년 밀정에 의해 체포된 후 2년간 재판을 통해 징역 10년형을 선고받았다. 이후 만주국 뤼순 감옥에 수감되어 죄수 번호 411번을 달고 수감 생활을 하던 중 고문 후유증 등으로 1936년에 순국하였다. 현재 청주시 상당구 낭성면 귀래리에 단재 신채호 기념관과 그의 묘소가 있다.

함께 갈 만한 곳

영상으로 보는 한국사

청주고인쇄박물관, 문화
공간으로 새롭게 탄생

01 청주고인쇄박물관

충청북도 청주시 흥덕구 직지대로 713

청주고인쇄박물관은 1992년에 개관한 대한민국의 고인쇄 전시 박물관으로, 충청북도 청주시에 위치한 흥덕사 터에 건립되었다. 이곳은 1985년 청주시가 택지 개발 중 다수의 청동 문화재와 함께 '흥덕사' 이름이 새겨진 쇠북과 금구 몸통 등을 발굴하면서 『백운화상초록불조직지심체요절』에 쓰여 있는 청주목의 흥덕사 절터로 확인되었다. 그래서 청주 흥덕사지는 세계 최고의 금속활자 발상지가 되었으며, 충청북도에서는 1987년부터 5개년에 걸쳐 절터를 복원 정비하고 청주고인쇄박물관을 세웠다. 이곳에서 고서 및 고인쇄 관련 각종 자료를 전시하고 있다.

02 청주 용두사지 철당간

충청북도 청주시 상당구 남문로2가 48-19

청주시 상당구 남문로 일대의 옛 청주관아 터 근처에 용두사라는 큰 절이 있었는데, 이 절은 인근의 흥덕사와 함께 고려 시대에 크게 번창한 사찰이다.

당간은 절 입구나 법당 앞에 깃발이나 괘불을 걸기 위해 세운 기둥으로, 돌로 된 지주대를 마주 세우고 그 사이에 철이나 나무로 만든 당간을 세운다. 이 사찰 터에 철로 만든 당간의 몸통 부분에는 당간을 세운 목적을 새긴 명문이 있는데, 여기에 '준풍 3년'이라는 고려 광종의 독자적인 연호와 함께 청주 지역 호족과 학교 관련 내용이 있어 고려 초기 지방사 연구에 중요한 자료를 제공하고 있다. 용두사지 철당간은 국보 41호로 지정되어 있다.

03 청주 가경동 유적지

충청북도 청주시 흥덕구 가경동 일대

청주시 흥덕구 가경동 유적지 일대는 나지막한 구릉에 자리하고 있는데, 백제 시대 토광묘 13기와 주거지 3기, 저장수혈 7기 등과 함께 조선 시대 토광묘와 회곽묘 18기가 발굴되었다. 백제 시대 토광묘는 능선 정상부를 중심으로 주로 동쪽 사면에 분포하며, 장축이 모두 등고선 방향과 평행하다. 이곳에서 출토되는 유물은 각종 토기, 철제 무기와 농기구 등 대체로 4세기 말에서 5세기 중반 사이에 만들어진 것으로 보인다. 그 밖에 조선 시대 백자 도기 등이 출토되었는데, 이러한 유물들은 백제유물전시관, 청주고인쇄박물관, 국립청주박물관 등에서 볼 수 있다.

04 청남대

충청북도 청주시 상당구 문의면 일대

'청남대'는 충청북도 청주시 대청댐 부근에 지어진 대통령 전용 별장으로, '따뜻한 남쪽의 청와대'라는 의미이다. 1980년 대청댐 준공식에 참석한 후 전두환 대통령의 관심으로 1983년에 완공되었다.

청남대는 국가 1급 경호 시설로 한동안 일반인은 출입이 금지된 시설이었으나, 2003년에 노무현 대통령에 의해 관리권이 충청북도로 이양되면서 일반인에게 개방되었다. 수려한 자연 경관 속에서 역대 대통령의 숨결을 느낄 수 있는 청남대! 햇빛 좋은날 청남대, 문의마을재단, 대청댐을 함께 둘러보며 잊지 못할 추억을 만들어 보자.

05 청주 상당산성

충청북도 청주시 상당구 산성동 산28-2

상당산성은 백제 시대 토성으로 시작하여, 임진왜란을 거쳐 석성으로 개축되었다. 이 산성은 조선 시대 충청도 병마절도사가 관리하던 방어 시설로 오랜 시절 청주 지역과 나라를 지켜 온 호국의 보루이다. 미호천 들녘에서 바라보는 상당산성의 모습은 언제 보아도 위엄이 넘치고 든든하다.

오늘날 상당산성은 심신의 휴식처이며 가벼운 산행 장소로 더욱 사랑을 받고 있다. 청주 시내를 한눈에 담을 수 있는 이곳은 마음만 먹으면 언제라도 한 시간이면 족히 성을 한 바퀴 돌아 볼 수 있다.

06 청주 육거리시장

충북 청주시 상당구 석교동 126-38 일대

조선 후기 음력 2일과 7일 열린 청주장날은 한강이남 지역 3대 시장 중에 하나였다고 한다. 육거리시장은 1950년 6·25 전쟁 이후 청주의 석교동 남문로 일대에 형성된 대표적인 재래시장이며 상설 시장이다. 이곳은 유서 깊은 남석교(돌다리, 길이 80m, 높이 2m)가 묻혀 있는 시장이자 19세기 후반 천주교 박해 때 많은 사람이 순교한 곳이기도 하다. 육거리시장은 구 석교동 파출소 일대에서 북진하여 청주시의 간선도로를 따라 발전해 왔다. 시장의 역사는 남주동시장에 비해 짧으나 오늘날 상권은 남주동시장을 앞지르고 있다. 청주의 속살을 맛보고 싶다면 육거리시장을 꼭 가봐야 한다.

호남 제주권

▲ 제주4·3평화공원

▲ 국립5·18민주묘지

▲ 옛 군산세관

13 동학 농민 혁명의 고장

영상으로 보는 한국사

사람, 다시 하늘이 되다

[답사 목적] 동학 농민 혁명 관련 사적지를 돌아보며, 탐관오리의 횡포와 일제의 침략에 맞서 반봉건·반외세의 기치를 내걸고 분연히 일어선 동학 농민군의 의지를 되새겨 본다.

▲ **재판을 받기 위해 압송되는 전봉준** 동학 농민군을 이끌었던 전봉준은 우금티(우금치) 전투 패배 후 피신 중 전라남도 순창에서 12월 2일 체포되었다. 이후 일본군에게 넘겨져 서울로 압송되었고, 재판을 받은 뒤 교수형에 처해졌다.

◆ 답사 지역 개요 ◆

▲ **만석보유지비** 고부 농민 봉기의 원인이 된 만석보가 있던 자리에 세웠다. 만석보는 '흉년이 들어도 만석이 난다.'는 의미로 붙인 이름이다.

전라북도는 호남 제일의 쌀 생산지이며 서해안을 끼고 있어 해산물 또한 풍부하였다. 그만큼 다른 어느 지역보다도 탐관오리의 횡포와 일제의 경제 침략이 극심한 곳이었다.

1894년 1월, 전라북도 고부에서 농민들이 봉기하였다. 당시 고부 군수 조병갑은 농민들에게 과중한 세금을 징수하고 거짓 죄명을 씌워 백성들을 수탈하였다. 그리고 농민들이 사용하던 보가 있음에도 불구하고 새로 만석보를 쌓아 물세를 거두었다. 이에 분노한 농민들은 관아를 점령하고 만석보를 허물었다. 새로 부임한 군수 박원명이 폐단의 시정을 약속하자 농민들은 자진 해산하였다. 그러나 안핵사 이용태가 관련자들을 가혹하게 처벌하자, 전봉준·손화중·김개남 등이 지휘부를 구성하여 농민군과 함께 무장에서 봉기하였다.

01 무명동학농민군위령탑
02 고부관아 터
03 동학혁명백산창의비
04 황토현 전적지 갑오동학혁명기념탑
05 고창읍성
06 선운사 도솔암 마애불상
07 무장기포지 무장포고기념탑
08 최경선 장군 묘역

영상으로 보는 한국사
고창읍성의 성곽을 걷다

117

❶ 동학 농민 혁명과 관련된 장소들을 답사해 보고 가 본 곳을 체크해 봅시다.

❷ 답사 코스 중 가장 인상 깊었던 장소는 어디였나요?

장소	까닭

❸ 답사 · 체험 활동 중 새로 알게 된 내용과 궁금한 점은 어떤 것인가요?

새로 알게 된 점	궁금한 점

❹ 답사 · 체험 활동을 마치고 느낀 점을 간략하게 써 봅시다.

01 무명동학농민군위령탑
📍 전라북도 정읍시 고부면 신중리 618

02 고부관아 터(현 고부초등학교)
📍 전라북도 정읍시 고부면 교동3길 14

동학 농민 혁명 100주년 기념사업의 일환으로,
신중리 주산마을 회관 앞에 세운 위령탑

조병갑의 횡포에 맞서 일어선 고부 농민들이
점령한 고부관아가 있던 곳

전라북도 정읍시 고부면 신중리 주산마을은 전봉준 등이 사발통문을 만들어 농민 봉기를 계획한 장소이다. 이곳 마을회관 마당에 있는 '무명동학농민군위령탑'은 동학 농민 혁명 과정에서 이름 없이 희생된 수많은 농민군을 추모하기 위해 세운 것으로, 1994년 동학 혁명 100주년을 맞아 정읍시와 지역 인사들이 기념사업회를 구성하여 건립하였다.

위령탑은 5m 높이의 주탑과 사발통문 모양의 둘레석, 주탑을 둘러싼 12m의 보조탑 32개로 되어 있다. 보조탑 전면에는 당시 동학 농민군의 울분과 비탄을 부조물로 표현하였다. 중앙 주탑에는 이름 없이 쓰러져 간 동학 농민군을 가슴에 끌어안고 힘차게 보국안민을 외치는 형상을 조각하여 동학 농민군의 한을 극복하고 전진하는 기상으로 승화하였다.

익산 군수로 가 있던 조병갑이 고부 군수로 다시 임명되자, 1894년 1월 9일 전봉준 등이 주도하여 말목장터에 농민들이 집결하였다. 전봉준은 이곳에 모여든 농민들에게 감나무 아래에서 고부 군수 조병갑의 탐학과 실정을 알리고 농민 봉기의 필요성을 역설하였다고 한다.

이튿날 새벽 전봉준이 이끄는 농민들이 고부관아를 점령하고 만석보를 헐어 버렸다. 동학 농민군이 고부관아를 점령하였을 때 군수 조병갑은 이미 달아나고 없었다. 당시 고부관아가 있던 곳에 지금은 고부초등학교가 자리하고 있다. 건물 중앙 입구 가까운 곳에 동학 농민 혁명 당시 이곳이 탐학과 부패의 상징인 조병갑이 집무를 보던 관아가 있었음을 알리는 표지석이 있다.

▲ **말목장터** 고부 농민 봉기 전에 농민들이 집결하여 장두청을 설치한 곳이다. 예전에는 사람들이 많이 모이는 장터였지만 지금은 이평면사무소가 위치하고 있다. 농민 봉기 당시 말목장터에 있던 감나무는 2003년 태풍에 쓰러졌고, 지금은 보존 처리하여 현재 황토현 동학농민혁명기념관에 전시하고 있다.

03 동학혁명백산창의비
📍 전라북도 부안군 백산면 용계리 산8-2

무장에서 봉기한 동학 농민군이
지휘부를 구성하고 창의문을 발표한 곳

04 황토현 전적지 갑오동학혁명기념탑
📍 전라북도 정읍시 덕천면 하학리2

동학 농민군이 전라감영군과 싸워
처음으로 대승을 거둔 곳

백산은 당시 고부군에 속하였지만, 1914년 부안군으로 편입되어 현재 전북 부안군 백산면 용계리로 불리고 있다. 백산은 해발 47미터 정도의 낮은 야산이지만 부안, 정읍, 신태인으로 통하는 교통의 요지에 위치하였고, 주변 일대가 모두 넓은 평야로 이루어져 주위가 한눈에 들어오며, 뒤편으로는 동진강이 흐르는 천연의 요새이다.

1894년 3월 20일 무장에서 봉기한 농민군은 고부관아를 점령한 뒤 이곳으로 이동하였다. 농민군은 이곳에서 총대장 전봉준, 총관령 김개남, 손화중, 영솔장 최경선, 총참모 김덕명, 오시영, 비서 송희옥, 정백현 등으로 조직을 갖추고 호남창의대장소 이름으로 창의문을 발표하였다.

백산은 원래 흰뫼(심미산)로 불렸는데, 당시 온 산이 흰옷에 죽창을 든 농민군으로 뒤덮여 있어 '앉으면 죽산이요, 서면 백산'이라는 말의 유래가 되었다. 현재 백산의 정상에는 1989년 11월에 건립한 동학혁명백산창의비가 서 있다.

동학 농민군이 백산에 집결하자, 전라감영군이 태인 화호 나룻가에 이르러 진을 치고 백산을 공격하였다. 이곳 지형에 익숙한 농민군은 전라감영군을 고부의 황토현으로 유인하여 4월 6일 저녁 무렵부터 다음 날 새벽까지 치열한 전투 끝에 대승을 거두었다. 이후 농민군은 정읍, 고창, 무장, 영광, 함평 등으로 이동하면서 세력을 확대하였고, 한성에서 파견한 경군을 장성의 황룡촌에서 격파한 후 전라감영이 있는 전주성을 점령하였다.

이곳 황토현 전적지에 세운 기념탑은 1963년에 건립된 것으로 동학 농민 혁명 관련 최초의 조형물이다. 또한 명칭을 '갑오동학혁명기념탑'이라고 명명함으로써 기존에 '동학란'이라 불리던 용어를 '동학 농민 혁명'으로 바꾸는 계기가 되었다. 이곳에 있는 갑오동학혁명기념탑 아래 소나무 오솔길을 따라 내려가면 '동학농민혁명기념관'이 있다. 이곳에서 동학 농민 혁명의 전 과정을 살펴볼 수 있다.

119

▼ 동학농민혁명기념관

05 고창읍성
📍 전라북도 고창군 고창읍 모양성로 1

황토현 전투에서 승리한 동학 농민군이
점령한 역사의 현장

06 선운사 도솔암 마애불상
📍 전라북도 고창군 아산면 도솔길 294

고창의 동학 지도자 손화중에 대한
민중의 신뢰와 그의 영향력을 보여 준 장소

고창읍성은 조선 단종 원년(1453년)에 왜침을 막기 위해 전라도민이 유비무환의 슬기로 축성한 자연석 성곽이다. 일명 모양성이라고도 하는 이 성은 나주진관의 입암산성과 연계되어 호남 내륙을 방어하는 전초 기지로서 국난호국을 위한 국방 관련 문화재로 보존되고 있다. 또 이곳의 성곽을 밟으면 병이 없이 오래 살고 저승길엔 극락문에 당도한다는 전설 때문에 매년 답성놀이 행사가 계속되고 있다.

1894년 황토현 전투에서 대승을 거둔 동학 농민군이 정읍과 흥덕을 잇달아 점령하였다. 이어서 고창을 점령한 농민군은 고창읍성 내의 옥문을 열어 죄수를 풀어주고, 읍성 앞에 살며 부정 축재를 일삼던 은대정의 집을 불태웠다.

선운사 도솔암 좌측 절벽에 높이 17m에 달하는 거대한 마애불이 조각되어 있다. 이 마애불의 가슴 부근에 신기한 비결이 들어있어서 그것이 세상에 나오는 날에는 한양이 망한다는 유언비어가 돌았는데, 동학 농민 혁명이 일어나기 2년 전 이 비결을 손화중 휘하의 동학교도가 꺼냈다는 이야기가 전해진다. 이 소문이 퍼지자 손화중의 접(接)에만 수만 명의 새로운 교도가 몰려들었다고 하는데, 이 사건은 고창에서 손화중이 차지하고 있던 영향력과 그에 대한 민중의 신뢰를 말해주는 것이다. 손화중의 포(包)에서 비결을 이용하려고 하였던 점은 추측할 수 있으나, 동학 농민 혁명과 직접적인 관련 사실에 대한 근거는 없다.

▲ **전봉준 생가** 전봉준은 1855년 12월 3일 이곳 전라북도 고창군 고창읍 죽림리 63번지 당촌마을에서 서당 훈장을 하던 전장혁의 아들로 태어나 13세 무렵까지 이곳에서 살았다. 이전에 전봉준 생가로 알려진 정읍시에 있는 고택은 전봉준이 고부 농민 봉기를 전후하여 약 3년간 살았던 곳이다.

07 무장기포지 무장포고기념탑
📍 전라북도 고창군 공음면 선운대로 308

전봉준과 손화중이 포고문을 선포하고
봉기한 역사의 현장

08 최경선 장군 묘역
📍 전라북도 정읍시 칠보면 축현리 31-1

전봉준의 친구이자 동학 농민군 영솔장
최경선 장군의 묘역

전봉준은 안핵사 이용태의 탄압을 피해 무장의 손화중에게 피신하였다. 전라도에서 동학 교세가 가장 컸던 손화중을 설득하여 1894년 3월 20일 무장에서 포고문을 선포하고 봉기하였다(동학 농민군 1차 봉기). 4천여 명의 동학 농민군은 23일 재차 고부를 점령하고 농민군 대열을 백산으로 이동하였다. 무장기포는 19세기 후반 민란이라 불리던 고을 단위의 농민 봉기가 민란의 국지성을 극복하고 전국적인 농민 봉기로 발전해가고 있었음을 보여주는 사례이다.

고창군은 동학 농민 혁명 무장기포지기념공원을 조성하여 무장포고기념탑을 세웠는데, 이 기념탑은 농민군의 강렬한 의지와 열성의 횃불을 형상화하였고, 농민군이 사용한 무기인 죽창을 주위에 배치하였다.

최경선은 1859년 11월 8일 태인에서 최성룡의 셋째 아들로 태어났다. 그는 30대 나이에 전봉준과 만나 친구이자 동지로서 생사를 같이하였다. 최경선은 고부 농민 봉기가 시작되는 사발통문 거사 계획부터 참여하였다. 1894년 3월 백산 봉기가 일어나자 최경선은 태인에서 동학 농민군을 백산으로 집결하여 영솔장으로 추대되었다.

공주 우금티 전투 이후 벽성에서 관군에 체포되어 담양에 주둔한 일본군에 넘겨진 최경선은 서울로 압송되어 전봉준, 손화중 등과 함께 1895년 3월 30일 37세의 나이로 최후를 마쳤다. 최경선이 처형된 후 그의 형이 하인 몇을 거느리고 시신을 수습하여 사람들 눈을 피해 산길로만 운반해서 고부에 매장한 후 식구들에게조차 비밀로 하였다고 한다.

121

▶ **사발통문** 전봉준 등이 고부 농민 봉기의 거사를 계획하면서 작성한 문서로, 주모자를 알 수 없도록 사발을 뒤집어서 그린 원을 중심으로 참가자의 이름을 돌려가며 적었다.

◀ **백산 봉기** 무장에서 봉기한 농민군이 고부 관아를 점령한 후 백산으로 이동하여 지휘부를 구성하고 '호남창의대장소' 이름으로 포고문을 선포하였다.

함께 갈 만한 곳

01 구파백정기의사기념관

전라북도 정읍시 영원로 1049

백정기 의사는 이봉창, 윤봉길과 함께 '3의사'로 불리는 독립운동가임에도 해방 이후 많은 이들이 아나키스트를 공산주의와 같은 개념으로 보았기 때문에 역사적인 평가를 제대로 받지 못하였다.

1932년 4월 29일 상하이사변 전승 축하식이 열린 홍커우공원에서 윤봉길 의거가 있었다. 이날 백 의사도 동일한 시도를 준비하였으나 입장권을 못 구해 실패하였다. 그는 흑색공포단을 조직하여 아리요시 공사 암살 계획을 세웠으나 밀정의 신고로 거사 직전에 체포되었다.

02 무성서원

전라북도 정읍시 칠보면 원촌 1길 44-12

무성서원은 신라 말 태산 태수로 부임하여 8년간 선정을 베푼 최치원의 학문과 덕행을 기리기 위해 고려 시대에 세운 사당에서 유래하였다. 이 서원은 1615년에 건립하여 태산 서원이라 하였는데, 1696년(숙종22) 무성서원이라 사액되었다. 이곳은 19세기 말 흥선 대원군의 서원 철폐령에도 훼철되지 않은 전북 내 유일한 서원이기도 하다. 또한 1906년 최익현을 맹주로 호남 최초의 의병을 창의한 역사적 현장으로 그 중요성을 인정받아 최근 유네스코 세계 유산으로 지정되었다.

03 내장사

전라북도 정읍시 내장산로 1253

원래 내장사에는 636년(백제 무왕 37년) 영은조사가 50여 동의 대가람으로 창건한 영은사와 660년(백제 의자왕 20년) 유해선사가 세운 내장사가 있었다.

1539년(중종 30년) 내장산에서 승도탁란 사건(승려들이 중앙 정부에 집단으로 반발함.)이 일어나자 왕은 내장사와 영은사가 도둑의 소굴이라 하여 소각하였다. 그 뒤 1557년(명종 12년) 희묵이 영은사 자리에 법당과 요사채를 건립하고 절 이름을 내장사로 고쳤는데, 이곳이 현재의 내장사 전신이다. 내장산의 연봉들이 병풍처럼 둘러져 있어 경관이 매우 아름답다.

04 고창고인돌박물관

전라북도 고창군 고창읍 고인돌공원길 74

고창고인돌박물관은 청동기 시대의 각종 유물 및 생활상과 세계의 고인돌 문화를 한눈에 살펴볼 수 있다. 상설 전시관은 전체 전시 공간에 대한 관람 정보와 상징 전시 공간으로 구성하였다. 특히 주제 전시실의 전시 내용을 압축한 상징 전시로 전시 내용에 대한 관심과 흥미를 불러일으킴으로써 적극적인 관람을 유도하는 분위기를 조성하였다.

전시관 외부의 넓은 야외 공간은 고창 청동기인의 생활상을 체험해 볼 수 있는 테마 공간으로 조성하였다.

05 선운사

전라북도 고창군 아산면 선운사로 250

전라북도 고창군 아산면 삼인리 선운산 북쪽 기슭에 자리 잡고 있는 선운사는 김제의 금산사와 함께 전라북도의 2대 본사이며, 고창 지역의 대표적인 산사이다. 선운산은 도솔산이라고도 한다.

선운사는 고창 지역 작가를 비롯하여 많은 문인들에게 작품 창작의 모태를 제공하였으며, 상사화와 동백꽃으로 유명하다. 선운사를 배경으로 하는 대표적인 작품으로는 서정주의 「선운사 동구」, 송기숙의 「녹두장군」, 김용택의 「선운사 동백꽃」, 최영미의 「선운사에서」 등이 있다.

06 무장읍성

전라북도 고창군 무장면 무장읍설길 45

고려 시대까지 무송과 장사라는 두 고을이던 것을 왜구에 대한 방비를 효과적으로 하기 위하여 1417년(태종 17년)에 두 고을의 첫 자를 떼어 무장이라 하고 성과 관아를 새로 마련하였다.

전라도의 여러 고을에서 장정과 승려 2만여 명이 동원되어 성벽을 쌓고, 옹성을 갖춘 남문과 동문, 북문을 세웠다. 조선 시대 읍성으로는 그 유례를 보기 어려운 확실한 연혁을 가지고 있어 학술적, 역사적 중요성이 매우 크다. 동학 농민군은 황토현 전투 승리 후 정읍, 홍덕, 고창, 무장을 차례로 점령하였다.

14 쌀 수탈의 아픔을 겪은 농민들

[답사 목적] 개항 이후 일본인들이 쌀을 대량으로 수탈해 간 현장을 찾아보고, 이 지역이 동학 농민 혁명과
항일 의병 전쟁의 중심이 된 배경을 쌀 수탈과 관련지어 생각해 보자.

▲ **전주 한옥마을 전경** 전주 한옥마을은 일제 강점기 일본인의 세력 확장에 대한 반발로 교동과 풍남동 일대에 근대식 한옥을 짓기 시작하면서 발전하였다.

◆ **답사 지역 개요** ◆

▲ **일제 강점기 전주부 서문 밖 시장** 일본인 상점에서 발행한 전주부
엽서로, 1911년 10월 13일 동양척식주식회사 시찰단 환영 기념 스
탬프가 찍혀 있다.

조선 시대의 전주는 왕조의 발상지이자 전라도 전체를 관
장하는 전라감사가 있던 도시였다. 당시 전라감사는 행정권
뿐만 아니라 경찰·사법·군사권까지 갖고 있었고, 지금의
광주광역시와 제주특별자치도까지 통치하였다.

1896년 갑오개혁의 일환으로 조선 8도를 13도로 개편하
였는데, 이때 전라도가 전라북도와 전라남도로 나뉘면서 전
주의 영역은 지금의 완주, 김제와 익산 일부, 삼례와 봉동읍
등을 아우르고 있었다.

일본인이 전주에 살기 시작한 것은 1897년 이노우에와
모리나가 형제가 서문 밖 시장에서 사탕, 석유, 회충약 등
을 파는 행상을 한 것이 최초이다. 이후 을사늑약이 체결된
1905년부터 일본인의 이주가 빠르게 증가하였다.

학교   학년   반   이름:

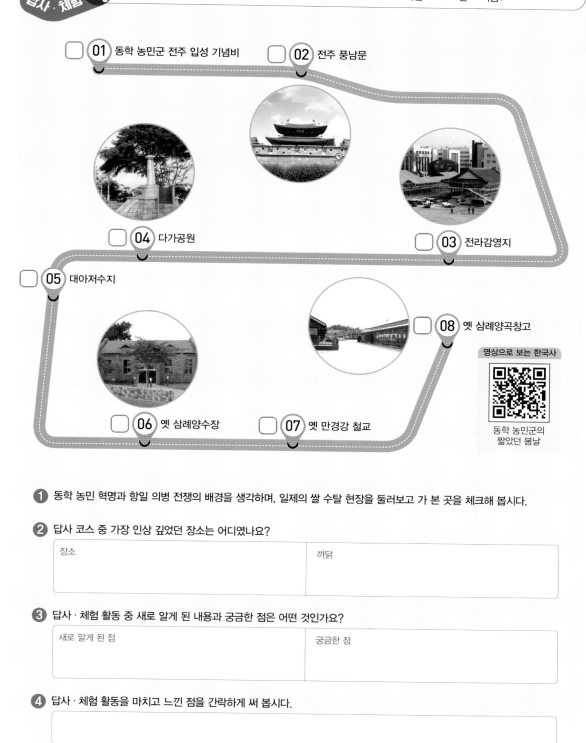

◻ **01** 동학 농민군 전주 입성 기념비   ◻ **02** 전주 풍남문

◻ **04** 다가공원   ◻ **03** 전라감영지

◻ **05** 대아저수지

◻ **08** 옛 삼례양곡창고

◻ **06** 옛 삼례양수장   ◻ **07** 옛 만경강 철교

영상으로 보는 한국사

동학 농민군의
짧았던 봄날

❶ 동학 농민 혁명과 항일 의병 전쟁의 배경을 생각하며, 일제의 쌀 수탈 현장을 둘러보고 가 본 곳을 체크해 봅시다.

❷ 답사 코스 중 가장 인상 깊었던 장소는 어디였나요?

장소	까닭

❸ 답사 · 체험 활동 중 새로 알게 된 내용과 궁금한 점은 어떤 것인가요?

새로 알게 된 점	궁금한 점

❹ 답사 · 체험 활동을 마치고 느낀 점을 간략하게 써 봅시다.

01 동학 농민군 전주 입성 기념비
📍 전라북도 전주시 완산구 완산동 완산칠봉

02 전주 풍남문
📍 전라북도 전주시 완산구 전동

관군과 치열하게 싸운 완산칠봉에 세운
동학 농민군의 전주성 점령 기념비

전주성 점령 당시 동학 농민군이 들어온
전주성의 출입문

황룡촌 전투에서 승리한 농민군은 전주로 진격하였다. 1894년 4월 27일 새벽, 농민군이 전주 서문 밖에 이르러 용머리고개에서 일자로 진을 펼치고 함성을 지르자 하늘과 땅이 들썩거릴 정도였다고 한다. 이에 전라감사 김문현은 전주성 서문을 닫아걸고 서문 밖에 있는 민가 수천 채에 불을 질러 농민군이 성을 타고 넘어와 공격할 것에 대비하였다. 치열한 전투 끝에 정오가 지나 서문이 열렸고 김문현은 전주성을 버리고 달아났다.

이후 초토사 홍계훈이 이끄는 경군과 농민군이 완산에서 맞섰고, 중앙군 대포의 위력에 전투는 소강 상태에 들어갔다. 이후 민씨 정권은 청에 구원 병력을 요청하였다.

조선 시대 전라감영의 소재지였던 전주를 둘러싼 성곽의 남쪽 출입문으로, 1907년부터 1911년까지 성벽이 헐리면서 유일하게 남은 성문이다. 성곽에는 동서남북에 4개의 문이 있었는데, 1597년(선조 30년) 정유재란 때 모두 파괴되었다. 이것이 복원된 것은 1734년(영조 10년)이며, 이때 남문을 '명견루'라 하였다.

그러나 명견루는 1767년(영조 43년)에 큰 화재로 불타버렸다. 현재의 성문은 그 이듬해 관찰사 홍낙인이 재건한 것으로 '풍남문'이란 이름도 이때 붙인 것이다. 동학 농민군이 전주성 점령 당시 이 풍남문과 서문을 통해 들어왔다. 현재 보물 제308호로 지정되어 있다.

▲ **완산칠봉의 동학농민혁명 녹두관** 2019년 6월, 일본에서 송환된 무명의 동학 농민군 지도자 유골이 125년 만에 돌아와 전주 녹두관에 안치되었다. 이 유골은 동학 농민 혁명 당시 일본군에 처형된 무명의 농민군 지도자 머리뼈이다.

03 전라감영지(옛 전북도청)
📍 전라북도 전주시 완산구 전라감영로

복원 작업이 한창 진행 중인 전라감영지

**전주를 점령한 동학 농민군의 지휘 본부이자
전주 화약을 맺은 장소**

04 다가공원(신사 터)
📍 전북 전주시 완산구 중화산동1가 150-3

▲ 다가공원 광장

**일제 강점기 일본 신사가 있어
참배를 강요당한 아픈 역사의 현장**

황룡촌 전투에서 경군을 격파한 농민군은 장성에서 곧바로 정읍·태인·금구를 거쳐 전주성을 점령하였다. 전주를 점령한 농민군이 지휘 본부를 둔 곳이 전라감영이다. 전주시는 최근 문화재청과 협의를 거쳐 2020년까지 옛 전라감영의 복원 공사와 문화 시설 추가 설치를 마무리 할 계획이다.

이곳에서 전봉준은 새로 부임한 전라감사 김학진과 전주 화약을 맺었다. 이때 농민군이 제시한 폐정 개혁 12개 조항이 이후 갑오개혁에 반영되어 신분제 폐지, 과부 재가 허용, 노비 제도 폐지 등의 성과로 나타났다. 이후 나주와 운봉을 제외한 전라도 53개 군현의 집강소를 총괄한 대도소가 전라감영에 있었다. 집강소는 농민들 스스로 각 지역의 질서를 세우고 행정을 맡았던 농민 자치 기구였다.

전주 8경중 제4경인 다가사후(多佳射帿)는 다가동 전주천변에 위치한 다가공원과 천양정에서 무관, 한량들이 호연지기를 기르며 활 쏘는 경관을 말한다. 천양정은 다가공원 안에 있다. 또한 다가공원은 일제 강점기에 일본이 신사를 짓고 참배를 강요하던 아픈 역사가 서린 곳이기도 하다.

1914년 일본인이 주로 거주하던 전주 서문 밖에서 잘 보이는 다가산 정상에 일본 신사가 건립되었다. 이는 일제가 기만적인 황국 신민화 정책을 추진하기 위한 것으로 11,800평의 땅을 강제로 기부 받아 완공하였다.

1935년 이후 일제가 한국인에게 신사 참배를 강요하였으며, 당시 신사 참배를 거부하였다는 이유로 1937년 신흥학교와 기전학교가 폐교되는 아픔도 겪었다.

지역사 탐구 전주 화약 후 설치된 집강소는 어떤 일을 하였을까?

▲ **집강소**(민족기록화)

1894년 5월 농민군과 정부 사이에 전주 화약이 체결되었다. 양측의 합의에 따라 농민군은 해산하였고, 전라감사 김학진은 폐정 개혁을 약속하였다. 한편, 6월 21일 일본군의 경복궁 점령으로 순변사와 초토사가 상경하면서 전라도 지역의 군사, 행정은 공백 상태가 되었다. 이에 7월 6일 전라감사 김학진은 전봉준과 전주에서 협의하여, 농민군에게 전라도 지역에서의 행정권 상당 부분을 위임하였다. 이에 따라 치안 기구이자 폐정 개혁을 주도하는 행정 자치 기구인 집강소가 설치되었다.

집강소는 일부 지역을 제외하고 전라도 53개 고을에 설치되었다. 집강소가 설치되면서 동학교도가 각 고을의 집강이 되어 치안과 행정을 담당하였다. 이들은 집강소를 통해 12개 조의 「폐정 개혁안」을 실천에 옮겨 탐관오리와 탐학한 부호를 색출해 징계하고, 양인과 천민의 신분 해방을 위해 활동하였다. 또한 삼정(전정, 군정, 환곡)을 개혁하고 고리채를 무효화하였으며, 지주의 소작료를 압수하는 등 토지 제도의 개혁을 지향하였다.

05 대아저수지(완주 대아호)
〇 전라북도 완주군 동상면 대아리

산미 증식 계획의 일환으로 일제 강점기에 축조한
아치형 콘크리트 구조의 근대식 댐

06 옛 삼례양수장
〇 완주군 삼례읍 삼례리

삼례와 익산의 상수원 공급 시설로
1920년대 치수 상황을 보여 주는 근대 문화유산

운암산과 동성산, 위봉산 등 아래 계곡을 막아 인공적으로
만들어진 대아저수지는 주변 산세와 호수가 절묘하게 어우
러져 아름다운 자태를 뽐내고 있는 완주 8경 중 하나이다.

일제 강점기 익옥수리조합이 만경강 유역의 호남평야에 농
업용수를 안정적으로 공급하기 위해 만든 저수지로, 1922년
12월에 댐이 준공되었다. 우리나라에서 가장 오래된 아치형
콘크리트 구조의 근대식 댐으로 길이 254m, 높이 32m이다.

1989년에는 수명이 다한 댐을 대신하고 부족한 농업용
수를 확보하기 위해서 300m 하류 지점에 새로운 댐을 건
설하게 되었다. 이로 인해 옛 댐은 물속에 잠기게 되었고,
저수지 수위가 내려갈 때만 그 모습을 드러낸다.

삼례양수장은 삼례와 익산 지역의 상수원을 공급하기
위해 만든 시설로 주 건물은 벽돌로 만들어졌다. 1920년
대 이 지역의 치수 사업의 상황과 건축 기술 등을 잘 보여
주어 2005년에 등록 문화재로 지정되었다.

옛 삼례양수장 건물은 현재 완주군 상수도 관리사무소
에서 관리하고 있으나 관련 기록은 남아 있지 않다. 다만
1922년 만경강 수로 공사와 삼례 취입보 공사 당시 이 지
역 주민들이 식수 문제로 난동을 일으켜 전라북도에 건
의를 하였다는 기록이 있는 것으로 보아 이 당시에 건립
되었을 가능성이 있다.

▼ 대아저수지(완주 대아호)

일제가 호남평야에서 생산된 쌀을
일본으로 가져가기 위해 만든 철교

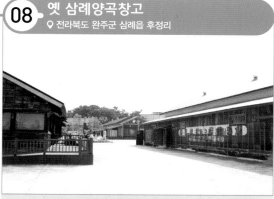

일제의 쌀 보관 창고에서 문화 아이콘으로
거듭난 삼례문화예술촌

만경강 철교는 호남평야에서 생산된 쌀을 일본으로 가져가기 위해 1912년 나무다리로 만들었지만, 일반 철도로 폭을 넓히면서 1928년 철교로 다시 만들어졌다.

전체 길이 475m로 건립 당시 국내에서 한강철교 다음으로 긴 다리였다. 2011년 전라선 복선화 사업에 따라 새로운 노선이 생기면서 철도의 기능을 마쳤다.

옛 만경강 철교는 근대 문화유산 문화재 제579호로 등록되었다. 완주군은 이곳에 4량의 새마을호 폐 열차를 구입해 리모델링하여 비비정 예술 열차로 개장하였다.

주변에는 지역 농산물과 지역 농민의 합작으로 만들어진 농가 레스토랑, 카페 등이 있다.

삼례양곡창고는 일제가 호남평야에서 생산된 쌀을 일본으로 가져가기 위해 삼례역 근처에 건립한 쌀 보관 창고이다. 건물은 1920년대에 건립된 것으로 추정되며, 목조 건물 4동과 벽돌 건물 2동으로 구성되어 있다.

이곳은 2010년까지 창고로 사용되었으나, 2011년 전라선 철도가 복선화되고 철로가 옮겨지면서 그 기능을 잃었다. 호남평야의 쌀 수탈의 역사를 간직하고 있는 증거물로, 2013년 등록 문화재로 지정되었다. 현재 완주군에서 창고를 매입하여 '삼례문화예술촌'으로 사용하고 있다. 건물의 원형을 가능한 훼손하지 않고 새롭게 단장한 결과 대한민국 공공 건축상에서 대상을 수상하였다.

129

▲ 옛 만경강 철교와 새로 만든 철도가 한눈에 보이는 비비정

함께 갈 만한 곳

영상으로 보는 한국사

근대 건축의 백미,
전동성당

01 경기전

전라북도 전주시 완산구 태조로 44

경기전은 조선 왕조를 연 태조 이성계의 초상화, 즉 어진을 봉안하고 제사를 지내기 위해 1410년(태종 10년)에 지은 건물이다.

전주, 경주, 평양 등의 어진 봉양처를 처음에는 어용전이라고 불렀는데, 1442년(세종 24년)에 전주는 경기전, 경주는 집경전, 평양은 영숭전이라 각각 칭하였다.

경기전은 태조 이성계의 어진 봉안과 함께 전주사고(史庫)가 설치되었다는 점에서 역사적으로 매우 중요한 의미를 안고 있다.

02 전주향교

전라북도 전주시 완산구 향교길 139

전주향교는 지금의 중·고등학교에 해당하는 조선 시대 교육 기관으로, 1354년(공민왕 3년)에 창건되었다. 전라도 53관의 수도향교(首都鄕校)로 불리울 정도로 그 규모와 세를 자랑하였다. 대부분의 향교가 언덕에 자리하여 대성전이 뒤에 위치한 반면 전주향교는 평지에 자리하고 있어 전묘후학의 구조로 대성전이 앞에 위치하고 있다.

대성전과 명륜당 앞뜰에는 약 400년 정도 된 은행나무가 각각 2그루씩 있는데, 벌레를 타지 않는 은행나무처럼 유생들도 건전하게 자라 바른 사람이 되라는 의미이다.

03 전동성당

전라북도 전주시 완산구 태조로 51

천주교 신자들에게 사형을 집행하던 전주 풍남문 밖에 지은 성당이다. 조선 시대 전주는 전라감영이 있었으므로 전동은 자연히 순교지의 하나가 되었다. 1791년(정조 15년)에 최초의 순교자 윤지충과 권상연이 이곳에서 처형된 이후 신유박해를 거치며 수많은 신자가 순교하였다. 이들 순교자의 뜻을 기리고자 1891년(고종 28년)에 프랑스 보두네 신부가 부지를 매입하고 서울 명동성당을 설계한 프와넬 신부가 설계하여 1908년 성당 건립에 착수해 1914년에 완공하였다.

04 한벽당과 한벽굴

전라북도 전주시 완산구 기린대로 2

흔히 한벽루라고도 하는데 예로부터 바위에 부딪힌 안개를 '한벽청연'이라 하여 전주 8경의 하나로 꼽았다. 조선 태종 때 월당(月塘) 최담이 관직에서 물러나 낙향하여 세웠다고 전하며, 이후 많은 시인과 묵객들이 이곳을 찾아 시문을 남겼다.

일제 강점기에 일본인들은 한벽당의 정기를 자르면서 철길을 만들었는데, 한벽굴은 그때 만들어진 전라선 터널이다. 1931년 개통된 철도는 이리역에서 전주역을 지나 한벽굴을 거쳐 남원으로 향하였다.

05 남고산성과 동고산성

전라북도 전주시 완산구 동서학동, 대성동

남고산성과 동고산성은 국내 유일의 후백제 유적지이다. 남고산성은 고덕산 자락을 따라 쌓은 산성으로, 후백제 견훤이 도성인 전주의 방어를 위해 쌓았다고 하여 '견훤성'이라고도 불리고 있다. 현재 남아 있는 성벽은 임진왜란 때 왜군을 막기 위해 쌓은 것이다.

동고산성에는 견훤의 왕궁 터가 자리하고 있다. 동고산성이 자리한 승암산 중턱에 견훤의 후백제 도성 터가 발굴되었는데, 전체 188칸으로 고대의 단일 건물 중 최대 규모이다.

131

06 치명자산 성지

전라북도 전주시 완산구 바람쐬는길 89

한벽당 뒷산인 승암산 가파른 산등에 천주교 성지 치명자산이 있다. 치명자는 '목숨을 바친 자'라는 뜻으로, 신앙을 지키기 위해 순교한 가톨릭 신자에 대한 존경의 의미가 담겨 있다.

치명자산에는 신유박해 때 순교한 유항검과 그의 가족 7명이 합장되어 있다. 산 정상에는 세계 유일의 동정 부부 순교자 유중철, 이순이 묘가 안치되어 있고, 그 옆에는 1994년에 건립된 기념성당이 있는데 국내에서 가장 아름다운 성당 중 하나로 평가 받고 있다.

15 근대 역사와 문화의 보물 창고

영상으로 보는 한국사

아픈 역사를 품은 군산
근대문화유산지구

[답사 목적] 사이토 총독이 '쌀의 군산'이라 불렀을 만큼 쌀 수탈이 대규모로 이루어진 항구가 군산이다. 군산에 남아 있는 일제 강점기 쌀 수탈의 증거들을 찾아본다.

▲ **일제 강점기 군산 전경** 1899년 5월 1일 개항한 항구 도시 군산은 근대사가 오롯이 담긴 곳으로, 군산항은 비옥한 호남평야에서 거둬들인 쌀을 일본으로 반출하는 전진 기지이다. 1912년에 개통한 군산선은 쌀을 실어 나르기에 바빴고, 군산 부두는 쌀을 선적하느라 밤낮없이 분주하였다.

◆ **답사 지역 개요** ◆

▲ **일본으로 가져가기 위해 군산항에 쌓아 놓은 쌀가마니들**

군산의 장미동, 미원동, 미장동, 미룡동, 미성동 등의 이름에는 공통적으로 '쌀 미(米)' 자가 들어간다. 사이토 총독이 '쌀의 군산'이라 불렀을 만큼 군산항은 일제 강점기에 중요한 항구였다.

군산 주변 지역의 농토 가격은 일본의 10분의 1 가격에 불과하였다. 그 반면에 수익률은 4배가 넘었다. 그 때문에 호남 지방으로 일본인 농업 경영자가 몰려왔고, 쌀을 기반 산업으로 하는 정미업과 양조업이 초기 군산의 중심 산업으로 성행하였다. 특히 호남평야의 쌀을 반출하기 위해 항만 시설을 만들었고, 이곳을 통해 1934년 한 해에 무려 870만 석을 수탈해 갔다. 당시 전국 쌀 생산량이 1,630만 석이었다.

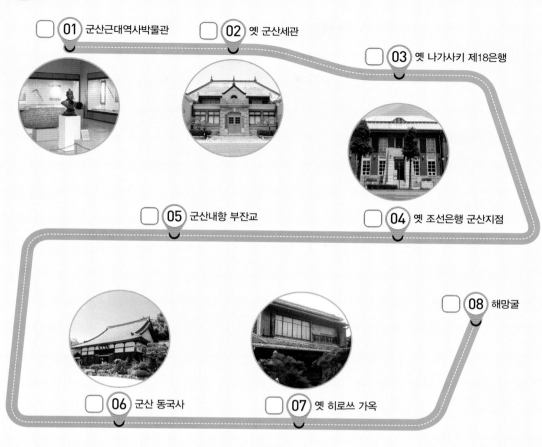

01 군산근대역사박물관　　02 옛 군산세관

03 옛 나가사키 제18은행

04 옛 조선은행 군산지점

05 군산내항 부잔교

06 군산 동국사　　07 옛 히로쓰 가옥

08 해망굴

❶ 군산의 근대 역사 문화재와 일제 강점기의 쌀 수탈 현장을 살펴보고 가 본 곳을 체크해 봅시다.

❷ 답사 코스 중 가장 인상 깊었던 장소는 어디였나요?

장소	까닭

❸ 답사 · 체험 활동 중 새로 알게 된 내용과 궁금한 점은 어떤 것인가요?

새로 알게 된 점	궁금한 점

❹ 답사 · 체험 활동을 마치고 느낀 점을 간략하게 써 봅시다.

01 군산근대역사박물관
📍 전라북도 군산시 해망로 240

일제 강점기 군산의 역사를
한눈에 볼 수 있는 곳

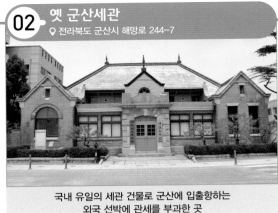

02 옛 군산세관
📍 전라북도 군산시 해망로 244-7

국내 유일의 세관 건물로 군산에 입출항하는
외국 선박에 관세를 부과한 곳

군산근대역사박물관은 '역사가 미래가 된다'는 모토로 과거 무역항이자 해상 물류 유통의 중심지였던 옛 군산의 모습과 전국 최대의 근대 문화 자원을 전시하여 서해 물류 유통의 천년 역사를 가지고 세계로 뻗어가는 국제 무역항 군산의 모습을 보여주는 박물관이다.

1층은 해양 물류 역사관과 어린이 체험관이 있고, 2층 특별 전시관은 옥구 농민 항일 항쟁 기념전시실과 기증자 전시실이 있으며, 3층은 근대 생활관, 기획 전시실로 되어 있다. 기획 전시실에는 '1930년대 군산의 거리에서 나를 만나다'라는 주제로 근대 도시 군산의 모습과, 서민의 삶, 수탈의 현장 등을 재현하고 체험하는 전시 공간으로 운영되고 있다.

대한 제국은 1906년 인천세관 군산지사를 설립하고, 1908년에 8만 6천원을 들여 이 건물을 준공하였다. 유럽에서 붉은 벽돌과 건축 자재를 수입하여 유럽 양식으로 건축하였는데, 같은 시기에 건립된 부산세관, 목표세관 등이 모두 탁지부 건축소에서 설계된 것으로 보아 군산세관 역시 탁지부 건축소에서 설계한 것으로 추정된다.

본관 이외에도 많은 창고와 부속 건물 등이 있었으나 대부분 사라졌고, 현재 본관은 호남관세전시관으로 사용되고 있다. 건물 내부는 목조를 사용하였으며 슬레이트와 동판으로 지붕을 올리고 그 위에 뾰족한 탑을 세웠다. 이와 같은 양식은 국내에서 서울역사와 한국은행 본점 건물이 유일하다.

▲ 군산근대역사박물관의 동학 농민 혁명 기획전 전시실

03 옛 나가사키 제18은행 군산지점
📍 전라북도 군산시 해망로 230

토지를 담보로 한국인들에게 높은 이자의 대부업을
하여 경제적 수탈에 앞장선 일본 은행

04 옛 조선은행 군산지점
📍 전라북도 군산시 해망로 214

일제 강점기 일본 상인의 상권을 지원하며
식민지 금융 기구의 역할을 한 은행

1878년 일본 나가사키에 시작한 '제18은행'은 1890년 인천에 처음 문을 연 것을 시작으로 전국에 지점을 개설하는데, 군산에는 1907년에 설립되었다.

군산의 제18은행은 무역에 따른 대부업을 주로 하였다. 초기에는 낮은 이자로 대출을 받은 일본인들이 한국인에게 토지를 담보로 높은 이자를 받았고, 제 때 갚지 못한 경우에는 경지를 빼앗기도 하였다. 2008년 등록 문화재 지정 이후 군산근대미술관으로 활용하고 있다.

개항 이후 1879년 부산에 처음 진출한 일본의 사립은행인 국립 제일은행이 그 전신이다. 일제 강점기 총독부에 의해 조선은행으로 개칭되었고, 조선 총독부의 직속 기관으로서 식민지 금융 기구의 역할을 수행하였다.

이 은행은 당시 일본 상인들이 군산과 강경의 상권을 장악하는데 큰 역할을 하였고, 일제 강점기 침탈적 자본주의를 상징하는 대표적인 은행이었다. 2008년에 등록 문화재로 지정되면서 현재 군산근대건축관으로 활용하고 있다.

135

지역사 탐구 채만식의 소설 『탁류』에 등장하는 미두장은 무엇을 하는 곳일까?

▲ 옛 조선은행 앞 대로변에 있던 미두장 일종의 증권거래소로
1932년부터 1940년까지 운영되었다.

군산의 미두장을 배경으로 한 채만식의 소설 『탁류』가 보여주려고 한 것은 일제 강점기의 혼탁한 사회 모습이다. 이 소설은 식민지 경제 수탈이란 역사의 수레바퀴에 짓눌려 끝내 살인자가 된 정주사의 딸 초봉의 삶을 통해 당시 우리 민족이 처한 비참한 현실을 표현하고 있다.

일제가 군산에 미두장을 설치한 것은 호남의 농촌 자본을 노리는 식민지 정책의 일환이었다. 미두장의 원래 명칭은 미곡취인소이다. 이곳은 쌀과 콩 등을 거래하는 곳으로, 현물은 거래되지 않고 시세에 따라 정해진 가격으로 곡물을 사고파는 장소였다. 당시 군산의 미두장은 조선 쌀의 최대 소비 시장이었던 일본 오사카의 도지마취인소에서 가격을 전보로 통보 받아 쌀값을 정하였는데, 100석 단위로 거래가 이루어졌고, 쌀값의 10%만 있으면 거래에 참여할 수 있었다. 쌀값은 오전에 10회, 오후에 7회 시세 변동을 알리는 딱딱이 소리와 함께 전해졌다.

이곳에는 일확천금을 노리는 충청도와 전라도 갑부들이 주로 모여들었지만, 일본인에 비해 자금과 정보가 부족하여 대부분이 돈을 잃고 절치기(하바꾼)로 전락하였다. 절치기란 밑천이 없어 미두장 안으로는 들어가지 못하고, 미두장 바깥을 서성이며 수시로 변하는 쌀값 시세를 알아맞히기 내기를 하는 사람을 말한다. 소설 『탁류』에서는 주인공인 초봉의 아버지 정주사가 이곳에서 돈을 모두 잃고 절치기로 생계를 이어가는 사람으로 등장한다.

05 군산내항 부잔교(뜬다리)
📍 전라북도 군산시 장미동 23-2

일제가 일본으로 쌀을 대규모로 실어 나르기 위해
군산항에 만든 항만 시설

06 군산 동국사
📍 전라북도 군산시 동국사길 16 동국사

일본인들의 참회비가 있는
국내 유일의 일본식 사찰

1899년 군산이 개항된 후 일제는 군산항의 기능을 확대하고자 1905년 제1차 축항 공사를 시작으로 1921년까지 항만 시설을 확장하여 연 80만 톤에 달하는 화물을 감당하게 되었다. 군산내항의 부잔교는 바닷물 수위에 따라 다리가 올라갔다 내려갔다 하여 '뜬다리'라고도 하는데, 밀물과 썰물의 차이가 큰 서해안의 특성을 극복하기 위한 항구 시설이다.

부잔교는 일제 강점기 쌀 수출항으로서 군산항의 성격과 기능을 보여주는 상징적인 시설물로서 보존 상태가 양호하고 역사적 가치가 우수하다. 일제는 1918년~1921년에 3기를 설치하였고, 1933년에 1기를 추가로 설치하였다.

1913년 일본인 승려 우치다에 의해 '금강사'라는 이름으로 창건된 동국사는 한국의 전통 사찰과는 다른 양식을 띠고 있다. 주요 건물은 대웅전, 요사채, 종각 등이 자리하고 있는데 1945년 광복 뒤 김남곡 스님이 동국사로 사찰 이름을 바꿔 오늘에 이르렀다.

지붕 물매는 급경사를 이루며 건물 외벽에 미서기 문이 설치되어 있는 등 일본 사찰 건축 양식을 따랐다. 건물 외벽에는 창문이 많고, 단청도 풍경도 없이 아무런 장식이 없는 것이 특징이다. 일본 에도 시대의 건축 양식을 따른 사찰로 법당의 내부 공간이 바뀌었지만 원형이 잘 보존되어 있다.

▲ **진포해양테마공원** 고려 말 최무선 장군이 왜구를 크게 물리친 진포 대첩을 기념하기 위해 군산 내항에 조성된 공원으로, 미국에서 생산되어 제2차 세계 대전과 6 · 25 전쟁에 참전하였던 군함인 위봉함을 전시관으로 사용하고 있다.

07 옛 히로쓰 가옥
📍 전라북도 군산시 구영1길 17

일제 강점기 군산의 유지였던 히로쓰가 지은
전통 일본식 목조 주택

08 해망굴
📍 전라북도 군산시 해망동 1000-21

수산업 중심지인 해망동의 항구와
군산 시내를 연결하는 통로

옛 히로쓰 가옥이 위치한 신흥동 일대는 일제 강점기 군산 시내 유지들이 거주하던 부유층 거주 지역으로 미곡 유통을 하던 히로쓰 기에샤브로가 지은 주택이다.

현관으로 들어서면 마주 보이는 벽면 중앙에 타원형의 창틀을 대나무로 두르고 창살도 대나무로 장식한 독특하고 아름다운 투창을 만날 수 있다. 방은 일본식 다다미방과 한국식 온돌방이 혼합되어 있는 것이 인상적인데, 한국의 추운 겨울 날씨 때문에 온돌 문화를 받아들였음을 보여준다.

'쓰키야마'라고 부르는 일본식 정원이 남아 있는데 한국의 정원이 자연을 있는 그대로 표현한데 비해, 일본식 정원은 자연을 축소하여 인공적으로 배치한 특징을 보인다.

1926년 군산내항과 시내를 연결하기 위하여 만든 터널이다. 곡창 지대인 호남에서 생산된 쌀이 기차나 도로를 통하여 군산으로 모이고 다시 항구에서 배에 실려 일본으로 가는 운송 과정 속에서 해망굴은 시내의 물자를 보다 빠르고 편하게 항구로 나르기 위한 목적으로 만들어졌다.

당시 이 지역 사람의 통행이 빈번한 교통의 요충지로 인근에는 군산 신사와 신사광장, 자혜원, 은행사택, 안국사 등이 자리하고 있었다. 반원형의 터널로 길이가 130m이고 입구 주변에 총탄의 흔적이 있는데, 6·25 전쟁 당시 이곳에 자리한 북한군 지휘소를 유엔군이 공격한 흔적이다. 2005년 등록문화재로 지정되었다.

137

지역사 탐구 **군산의 핫 플레이스 '경암동 철길마을'을 아십니까?**

▲ 경암동 철길마을

경암동 철길마을의 풍경은 특이하다. 양팔을 벌리면 서로 맞닿을 것 같은 좁다란 기찻길을 마주보며 빛바랜 집들이 줄지어 들어서 있다. 예전에 바다였던 곳을 일제가 방직 공장을 짓기 위해 매립하였고 한다. 하지만 정작 방직 공장은 세워지지 못하고 대신 종이 공장이 들어섰다. 이 철길은 1944년에 준공되었는데, 옛 군산역에서 조촌동까지 총연장 2.5km 구간으로 이 철길을 이용해 종이 재료 등을 운반하였기 때문에 '종이 철도'라고도 불렸다.

광복 후 이 철길 주변에 가난한 사람들이 판잣집을 짓고 살기 시작하였고, 6·25 전쟁이 발발하자 피난민이 가세하면서 지금과 같은 모습의 철길마을이 되었다고 한다.

불과 10여 년 전만해도 집과 집 사이 좁다란 골목으로 기차가 지나가던 곳 이었다. 하지만 2008년 7월 이후 기차 통행이 멈춘 지금은 철로 주변 곳곳에 예쁜 그림이 그려지고 아기자기한 가게들이 생겨나기 시작하였다. 좁다란 기찻길을 따라 옛 모습을 그대로 간직하고 있는 이 마을은 최근 사진찍기 명소로 알려지면서 옛 시절을 추억하는 사람들과 연인들이 즐겨 찾는 장소가 되었다.

함께 갈 만한 곳

01 옥구농민항쟁기념비

전라북도 군산시 서수면 서수리 임피중학교

1927년 옥구 서수면의 이엽사(후타바) 농장에서 일어난 옥구 농민 항쟁은 가혹한 일본인 지주의 수탈에 맞서 저항한 소작농들의 항일 운동이다.

옥구 농민 항쟁은 농장 측이 수확량의 75%를 소작료로 요구하자, 농민들이 이에 항의하면서 소작료 납부를 거부하였다. 일본 경찰은 농민 조합 간부들을 검거하였고, 이에 분노한 소작농 5백여 명은 주재소를 습격하였다. 한국인 소작농이 일제 경찰에 맞서 투쟁한 옥구 농민 항쟁을 기념하기 위해 1994년에 비석을 세웠다.

02 옛 군산 임피역

전라북도 군산시 임피면 술산리 230

임피역은 1912년 호남 지역에서 생산된 쌀을 군산항으로 운반하기 위한 목적으로 개통되었다. 처음에는 익산에서 군산항까지 연결하는 호남선의 지선 역할을 하였으나 지금은 군산에서 일산을 거쳐 천안에 이르는 장항선에 편입되었다. 군산과 익산 사이에 위치한 중간역으로, 역 건물은 1936년에 건립되었는데, 원형이 잘 보존되어 있어 2005년 등록문화재로 지정되었다.

임피역은 2008년부터 여객과 화물 운행이 중단되면서 지금은 기차가 서지 않는 간이역으로 남아 있다.

03 옛 시마타니 농장 금고

전라북도 군산시 개정면 발산리 45-1

1903년 일본인 농장주 시마타니가 만든 사무실이 있던 곳이다. 시마타니에게는 세 아들이 있었는데 농장을 물려받은 아들은 막내인 시마타니 독이었다. 그는 발산리 자택 정원을 장식하기 위해서 충남과 전라도 지역에서 문화재를 약탈, 수집하였고 현재도 31종의 유물이 발산초등학교 안에 남아 있다.

시마타니는 농장의 각종 서류, 현금, 한국에서 수집한 고미술품 등을 보관하기 위해 지하 1층, 지상 2층의 금고를 만들었다. 2005년 등록문화재로 지정되었다.

04 옛 구마모토 농장

전라북도 군산시 개정동 4

일본인 농장주 구마모토 리헤이의 저택으로 1920년대 건립된 건물이다. 도쿄와 서울에서 주로 활동하던 구마모토는 자신의 농장에 이 가옥을 지은 후 일 년에 두세 차례 농장을 방문할 때 별장처럼 사용하였다.

건물의 특징은 서구식, 한식, 일식의 건축 양식이 합쳐진 점을 들 수 있고 당시 최고급의 건축 자재만 사용하여 총독부 건물과 비슷한 비용이 들었다는 일설이 있다.

구마모토 농장 내 자혜진료소 의사로 근무하다가 해방 후 개정병원을 설립한 이영춘 박사가 거주하였기에 '이영춘 가옥'이라고도 불린다.

05 불이농장

전라북도 군산시 미성동~산북동 일대

'불이흥업'이라는 일본 회사가 소유한 군산 불이농장은 1920년부터 3년간 갯벌을 막아 조성한 대규모 간척지 농장이다. 이곳에 농장을 조성할 때 동원된 한국인 소작 농민 외에 일본인을 대거 이곳에 이주시키기도 하였다.

당시 농업용수를 확보하기 위해 인공 저수지인 옥구저수지와 옥녀저수지를 조성하였고, 또 곡물 수송로가 필요하여 농장 한 가운데 우마차 두 대가 비켜 다닐 수 있는 4km의 신작로를 만들었다. 현재 이곳에 있는 열대자마을은 그 신작로 폭이 열다섯자(약 4.5m)라 하여 붙여진 이름이다.

06 군산 3·1 운동 기념관

전라북도 군산시 영명길 15

2008년 옛 구암교회 건물을 이용하여 만든 3·1 운동 기념관이다. 군산의 3·5 만세 운동은 군산 영명학교를 졸업하고 세브란스의학전문학교에 입학한 김병수가 독립선언문을 군산으로 가지고 내려와 시작되었다. 일본 경찰이 3월 5일 영명학교 교사들을 연행하자 격분한 학생과 교사, 군산예수병원 직원, 구암교회 신자들이 합세하여 독립 운동을 전개하였다.

3월 30일에는 관련자들의 재판을 앞두고 밤새 만세 소리와 총소리가 그치지 않았다. 이날 시위에서 애국청년 21명이 사망하고 37명이 부상을 당하였다.

전라남도 목포·무안·신안

개항으로 근대와 마주한 눈물의 항구

영상으로 보는 한국사

지붕 없는 박물관, 목포
원도심 근대문화기행

[답사 목적] 개항 이후 목포가 발전하는 과정과 변화된 모습을 살펴보고, 근대 도시에서 전개된 민족 운동 유적지를 찾아보면서 그 특징을 알아본다.

▲ 장흥 석대들 전적지

▲ 일제 강점기의 목포 화신백화점 건물

▲ 목포근대역사관 1관 전시실에 있는 옛 시가지 모형

▲ **목포진 유적비** 조선 수군 진영 가운데 하나인 목포진은 내륙과 해상을 연결하는 군사상의 요충지로, 종4품 무관인 만호가 도맡았기에 '만호진, 만호청' 이라고도 한다. 만호진의 성은 일본 영사관과 영국 영사관 기지로 사용되다가 민가로 바뀌었다.

◆ 답사 지역 개요 ◆

한반도 서남권에 자리한 무안반도는 조선 시대까지 하나의 행정 구역이었다. 목포는 처음에 무안현에 딸린 작은 포구에 지나지 않았으나, 1897년 고종의 칙령으로 개항된 이래 일제 강점기에는 식민지 거점 도시로 급속히 성장하였다. 1910년에 무안부가 목포부로 바뀌었고, 1914년에는 무안군이 분리되었다. 또 1969년에는 무안군의 섬 지역이 신안군으로 되었고, 2005년 11월에는 무안군 삼향면 남악리로 전라남도 도청을 옮김에 따라 새로운 행정 중심지로 거듭나고 있다.

이 지역은 개항 후 일본, 러시아, 영국의 외교관과 함께 선교사도 잇달아 들어와 전라남도에서 가장 먼저 신학문이나 기독교, 의료 시설 같은 개화의 문물이 퍼진 곳이기도 하다.

또한, 1914년에는 경성(서울)과 목포 사이를 오가는 호남선 철도가 개통되었고, 1920년부터는 곡물 시장과 어물 시장도 매일 열렸다. 특히 호남에서 생산되는 쌀, 목화, 누에고치 따위가 이곳에 집산되어 일본 고베항으로 실려 갔으며, 일본에서 가공된 물자 역시 이곳에서 하역되어 철도를 따라 내륙으로 흘러 들어갔다. 그러면서 목포는 광주보다도 훨씬 더 번성한 도시가 되었다.

하지만 해방 후 이 지역은 산업화 과정에서 소외되어 침체되기도 하였으나 최근에 시내 곳곳에 남아 있는 근대 유산에 대한 관심, 도로망의 확충, 독특한 문화 예술 공간, 섬 관광에 대한 매력으로 관광객이 크게 늘었다.

한편, 일제 강점기의 3·1 운동은 물론 청년 운동, 해방 후에는 5·18 민주화 운동과 6월 항쟁 같은 사회 운동도 활발히 일어났다.

□ 01 옛 동양척식주식회사 목포지점

□ 02 옛 일본 영사관

□ 03 무안감리서의 문서고 자리

□ 05 옛 목포청년회관

□ 04 국도 1·2호선 기점 기념비

□ 08 가수 이난영 공원

□ 06 목포 번화로 일본식 상가 주택

□ 07 옛 동본원사 목포 별원

❶ 개항 이후 목포의 발달을 보여 주는 현장을 돌아보고 가 본 곳을 체크해 봅시다.

❷ 답사 코스 중 가장 인상 깊었던 장소는 어디였나요?

장소	까닭

❸ 답사·체험 활동 중 새로 알게 된 내용과 궁금한 점은 어떤 것인가요?

새로 알게 된 점	궁금한 점

❹ 답사·체험 활동을 마치고 느낀 점을 간략하게 써 봅시다.

01 옛 동양척식주식회사 목포지점
◎ 전라남도 목포시 번화로18(중앙동 2가)

목포의 근대사를 한눈에 볼 수 있는 박물관으로
탈바꿈한 옛 동양 척식 주식회사 건물

02 옛 일본 영사관
◎ 전라남도 목포시 대의동2가 1-5

유달산 기슭에서 목포의 옛 도심을 내려다보고 있는
붉은 벽돌을 사용한 르네상스 양식의 건물

동양척식주식회사는 영국의 동인도회사를 모방해 만든 회사로, 토지를 헐값에 거둬들이는 방법으로 식민지를 경영하고 수탈하는 회사였다. 특히 목포지점은 한때 전라남도 곳곳에 소유한 농장 17곳을 직접 관리하며, 전국에 있는 지점 가운데서도 가장 많은 소작료를 거두어 사리원지점과 함께 가장 중요한 지점이었다.

동양척식주식회사 건물이 남한에서는 부산과 목포에만 남아 있는데, 목포지점이 부산지점보다 클 뿐만 아니라 이 지역에서 당시 공공시설물로는 유일하게 남아 있다. 한편, 해방 후 한때 일제의 잔재라고 하여 여러 차례 철거될 위기를 맞기도 하였다. 그러나 목포문화원을 중심으로 보존 운동이 일어나면서 현재는 전라남도 기념물 제174호로 지정되어, 일제의 침략부터 광복까지 생생한 사진 자료를 전시하는 근대역사관 2관으로 운영하고 있다.

1900년 12월에 건립되어 1906년 1월까지 일본 영사관으로 사용된 건물이다. 목포가 1897년 10월 1일에 개항되자, 주한 일본 공사는 일본인의 보호를 명분으로 1897년 10월 26일에 이곳에 영사관을 설치하였다.

개항 초기 일본 영사관은 목포 만호 청사를 빌려 사용했지만, 몇 차례 이전을 하면서 지금의 부지를 확보하여 공사비 7만 원을 들여 완공하였다. 하지만 1906년 1월 31일에 일제가 통감부의 지방 기관인 이사청을 설치함에 따라 폐쇄되어 1906년 2월부터 목포 이사청으로, 1914년 1월부터는 목포부 청사로 사용되었다.

해방 후에는 1947년부터 1974년까지 목포시 청사로, 그 이후에는 목포 문화원으로 사용되다가 지금은 목포 근대역사관 1관으로 운영되고 있다. 3월부터 11월까지는 실버관광도우미가 상주하여 목포의 역사를 들려준다.

142

지역사 탐구 **목포 지역에서 국내 자본으로 설립한 민족계 은행에는 무엇이 있을까?**

▲ 옛 호남은행 목포지점 건물

호남은행은 1908년 8월에 설립된 광주농공은행이 1918년에 조선식산 은행에 흡수·합병되는 것을 계기로, 이에 대응하려는 호남의 갑부 현준호와 목포의 거상 김상섭이 지주들의 자본과 상업 자본을 모아 설립한 순수한 민족계 은행이다.

일제가 1928년에 은행령을 공포하여 민족계 은행의 통합을 강요하였지만, 독자적인 운영을 고수하였다. 이에 조선 총독부는 일본인 자본의 참가를 거부하고 일본인을 직원으로 채용하지 않는다는 이유로 동일 은행과의 통합을 강요한 끝에 결국 1942년에 합병되었다.

옛 호남은행 목포지점은 수직성을 강조한 단순한 형태이지만, 2층 벽면 위의 돌출된 문양과 처마 아래의 돌림띠로 입체감에 변화를 주고 있다. 근대 개항 도시 목포에 남아 있는 유일한 금융계 건축물로, 순수 민족 자본으로 설립한 은행 건물이라는 점에서 가치가 높은 근대 문화유산이다.

03 무안감리서의 문서고 자리
전라남도 목포시 북교동 178~1

외국 영사관에 맞서 조선인의 권익을 대변한
무안감리서의 문서고 자리

04 국도 1·2호선 기점 기념비
전라남도 목포시 36

국토 서남단 목포가 국도 1, 2호선의 기점임을
표시한 기념비와 도로 원표

부산, 원산, 인천 다음으로 개항한 목포는 대한 제국 정부의 필요로 고종 황제의 칙령에 따라 1897년에 개항하였다. 그렇기 때문에 강화도 조약에 따라 일본의 요구로 이미 개항된 부산, 원산, 인천과는 다를 수밖에 없었다.

목포는 개항 이래 을사늑약을 맺는 1905년까지 적어도 한국인이 자주권을 행사하는 개항장이었다. 특히 개항 전에 이미 무안감리서와 목포해관을 설치한 것을 보면 목포의 개항과 시가지 건설은 분명한 목적을 갖고 주체적으로 해 나간 것임을 알 수 있다.

감리서는 개항장의 행정과 통상 사무를 맡아보던 관아로, 무안감리서는 1889년에 조선인의 권익을 지키기 위해 설치되었다. 이후에는 무안군청과 신안군청으로 바뀜에 따라 공간의 역사성이 갖는 의미가 크다는 것을 알 수 있다.

목포는 도로와 철도 교통의 시작점이자 종착점이다. 특히 국내 최초의 근대적인 도로망인 국도 1호선의 출발 기점으로, 1906년에 착공해 목포에서 신의주까지 939.1km 구간을 1911년에 개통하였다. 국도 1호선은 일제의 미곡 수탈을 위해서 만든 신작로였다. 또한 해방 후에는 한반도 최남단을 동서로 연결하는 국도 2호선이 부산까지 이어져 그 길이가 378.1km였다.

그런데 2012년 6월에 목포대교가 개통되면서 국도 1호선 기점이 목포대교 종점인 충무동 고하도로 바뀌었고, 그 길이도 943.37km로 늘어났다. 또한 국도 2호선도 노선 변경으로 기점을 신안군으로 옮기면서 그 길이가 475.08km로 늘어났다. 이에 따라 목포시는 '국도 1·2호선 기점'이라고 표시한 기념비를 '국도 1·2호선 기점 기념비'로 고쳤다.

지역사 탐구 　목포 신개항장에 있던 일본인 거류지는 어떻게 달라졌을까?

▲ 목포 개항장의 일본인 거주지　1906~7년에 한국을 방문한 독일 인 헤르만 산더가 일본인 사진작가를 고용하여 촬영한 것이다.

"목포 신개항장에 방금 거류하는 외국 사람은 일본 사람이 칠십팔 명이고 서양 사람이 한 명이고, 청국 사람이 세 명이고, 본국 사람은 삼백 명이고, 배는 일본 부주가 세 척이고, 본국 배가 세 척이고, 해관 소속 배가 한 척이라더라."
－ 『독립신문』(1897. 10. 28.)

목포가 개항되자 일본은 곡창 지대인 호남의 물산에 눈독을 들였다. 그러면서 일본인들의 거류지가 항구가 있는 지금의 유달동 일대에 생겼고, 일본 영사관도 근처에 있었다. 당시 일본인들은 개항장에서 상행위를 할 수 있었지만 내륙까지 들어갈 수 없었다.

하지만 일본인들이 차츰 논밭을 사들이기 시작하면서 1905년 이후에는 유곽마저 들어섰다. 이후 일본인들의 거주지가 확장되면서 1914년에는 지금의 금화동 지역으로 옮겨갔는데, 이곳을 사쿠라마치(桜町)라고 불렀다. 이곳은 지금의 유달동과 가깝고, 일본인 집단 거주지라서 벚나무가 어우러져 있었다고 한다.

05 옛 목포청년회관
〇 전라남도 목포시 차범석길35번길 6-1(남교동)

목포 청년들이 자주적으로 세우고 운영한 건물로
목포 청년 운동의 산실

06 목포 번화로 일본식 상가 주택
〇 전라남도 목포시 번화로

일제 강점기의 흔적과 기억을 담고 있는
일본식 주상 복합형 상가 주택

1920년대 목포 지역의 청년 운동을 비롯하여 신간회 운동·여성 운동을 펼쳤던 곳으로, 『조선 청년』이라는 잡지를 발행한 역사적인 장소이다.

목포의 청년 운동은 1920년 5월 9일 목포청년회의 조직으로 시작되었다. 목포간이상업학교에서 열린 창립총회에는 80여 명의 회원이 참석하였다. 그리고 1924년에 약 1만 원을 모금하여 1925년 남교동에 부지 100평, 건평 57평의 석조 청년 회관을 준공하였다. 목포청년회는 강연회·토론회·소년 소녀 웅변대회 등을 열어 활발한 활동을 시작하였다.

한때 버려졌던 이 건물은 목포 시민의 성금으로 다시 복구되어 문화유산으로 지정되었다. 한편, 옛 목포청년회관 부근에는 목포 출신 극작가인 김우진을 기리기 위한 '김우진 거리'가 조성되어 있다.

일제 강점기 목포의 번화가이자 중심가였던 본정(지금의 번화로) 사거리 모퉁이에 위치한 점포 주택 건물이다. 1층은 일본 전통 신발인 게다를 파는 점포였고, 2층은 주거용으로 사용되었다. 이러한 주상 복합 건물은 일본식 도시 점포 주택인 마찌야(町家) 형식이다. 이곳에서 항구 쪽으로는 당시 일본인들이 모여 살던 일본인촌이었다.

해방 후 일본인들이 쫓겨나자 그들이 살던 집을 '적산 가옥(敵産家屋)'이라 불렀다. 승전국인 미국은 신조선 회사를 설립하여 동양척식주식회사 소유의 재산은 물론 남한 내 일본인 소유의 모든 재산을 인수하였다. 이후 대한민국 정부가 수립되자, 1949년에 법률 제74호 귀속 재산법을 만들면서 적산 가옥의 불하가 시작되었다. 지금도 대저택부터 슬레이트 지붕의 다다미 집까지 다양하게 남아 있는데, 최근에 건물을 새롭게 만드는 작업이 한창 진행 중이다.

144

지역사 탐구   일제 강점기 목포의 옛 동아부인상회는 어떤 곳일까?

▲ 동아부인상회의 광고 봉투(좌)와 옛 목포 지점(우)

일제 강점기에 동아부인상회는 한국인 부인들이 필요한 가정용품과 생활용품 판매를 목적으로 1920년 경성(서울) 종로에서 설립되었는데, 목포·광주·대구·평양·함흥에서도 지점을 개업하였다.

특히 목포 동아부인상회는 1937년 11월 17일 『동아일보』에 목포의 대백화점이라는 기사가 실릴 정도로, 당시 대표적인 번화가이자 상업 중심가였던 본정통(지금의 번화로) 일대에서 옛 화신 백화점과 함께 대표적인 상가 건물이었다.

지금은 건물을 보수한 후 창작 센터로 활용하는 좋은 사례가 되었을 뿐만 아니라, 일제 강점기의 생활상을 엿볼 수 있는 장소적인 가치로 주목받고 있는 공간이다.

07 옛 동본원사 목포 별원
📍 전라남도 목포시 영산로 75번길5(무안동)

교회 예배당이었다가 오거리 문화 센터로
거듭난 옛 일본식 불교 사원

08 가수 이난영공원
📍 전라남도 목포시 삼학로 92번길

노래로 겨레를 위로하였던
십대 가수 이난영이 잠들어 있는 곳

목포에 들어선 일본식 첫 불교 사원으로, 정식 명칭은 '진종 대곡파 동본원사'이지만 '동본원사 목포 별원'이라고 불렀다. 해방 후 일제의 불교 사원은 대부분 국가의 소유가 되었는데, 개신교인이던 이승만 대통령이 개신교에 불하하는 경우가 많았다. 이 불교 사원도 그러한 이유로 1957년부터 2007년까지 목포 중앙 교회 예배당으로 사용되었다.

본당 전면에는 예배용으로 사용되는 공간을 현관으로 꾸몄고, 그 위에는 일본식 박공지붕을 얹었다. 또한, 일본 목조 불당의 건축 요소를 석재를 이용하여 표현한 보기 드문 외관이 특징이다.

1970년대부터 유신 독재 반대 운동의 산실이던 이곳은 5·18 민주화 운동 때도 목포 시민들로 구성된 지도부가 회의를 했고, 1987년에는 '민주헌법쟁취국민운동본부'가 6월 항쟁을 준비하며 투쟁하였던 곳이다.

「목포의 눈물」을 노래한 가수 이난영(본명 이옥례, 1916-1965)은 목포 출생이다. 이난영은 집안 형편이 어려워 목포공립보통학교(현 북교초등학교) 4학년을 중퇴하고는 조선 면화 주식회사에서 여공 생활을 하였다.

그러다가 16세가 되던 해에 태양 극단에 들어가 가수 생활을 시작하였다. 하지만 무명 가수로 지내다가 1934년에 일본 순회 공연에서 오케(Okeh) 레코드사의 이철 사장에게 발탁돼 전속 가수가 되었다. 이후 손목인의 노래를 취입하여 가요계에 데뷔하였다.

1935년에 문일석의 시 「목포의 사랑」에 손목인이 곡을 붙여서 십대 후반의 이난영이 노래한 「목포의 눈물」은 겨레의 애창곡이 되었다. 1965년 이난영은 49세의 젊은 나이로 생을 마쳤는데, 유달산 중턱에 「목포의 눈물」 노래비가 있다.

지역사 탐구   「목포의 눈물」에 숨은 사연은 무엇일까?

▲ 현경섭과 공연 중인 이난영과 오케 레코드사에서 발매한 「목포의 눈물」 수록 음반

십대 가수 이난영이 1935년 9월에 발표한 「목포의 눈물」은 엄청난 인기를 끌어서 한 달 후 잡지 『삼천리』에서 조사한 10대 가수에 3위로 이름을 올릴 정도였다. 그런데 「목포의 눈물」은 인기만큼이나 숨은 사연도 많다.

1935년 초에 오케 레코드사와 조선일보사가 개최한 제1회 향토 노래 현상 공모에서 문일석이 작사한 '목포의 사랑'이 1등으로 당선되었는데, 이후 이철이 '목포의 눈물'로 제목을 고치고 작곡가 손목인이 원래 고복수가 취입하려던 '갈매기 우는 항구'라는 멜로디를 붙이면서 목포 출신 가수가 불렀으면 좋겠다고 하여 이난영으로 바뀌었다고 한다.

또한, 「목포의 눈물」은 녹음까지는 순탄하였으나 2절의 첫 부분인 '삼백년 원한 품은 노적봉 밑에'라는 가사가 검열에 걸려 '삼백련(三栢淵) 원안풍(願安風)은 노적봉 밑에'로 개사하여 발표되었다. 이후 「목포의 눈물」은 음반 판매고 5만 장이라는 기록과 함께 일본에서도 큰 호응을 얻었다.

함께 갈 만한 곳

영상으로 보는 한국사

항일 농민 운동 불씨,
암태도 소작쟁의

01 암태도소작쟁의기념탑

전라남도 신안군 암태면 장단고길 10

1998년에 암태면사무소 옆에 높이 7m, 폭 1.2m의 크기로 세운 이 기념탑에는 암태도 소작 쟁의에 참여한 43명의 이름과 소작인들의 항쟁사가 새겨져 있다.

암태도 소작 쟁의는 1923년에 가혹한 소작료 수취에 맞서 소작인들이 벌인 농민 항쟁이었다. 지주 문재철이 60~80%에 이르는 소작료를 요구하자, 농민들이 소작인회를 조직해 소작료 납부 거부와 함께 협상을 시도하다가 쌍방 간의 고소와 고발로 이어졌다. 1년간에 걸친 소작 쟁의는 타협안이 마련되면서 소작인 측의 승리로 일단락되었다. 이 기념탑의 비석에는 소설 『암태도』를 쓴 송기숙이 그날의 항쟁을 기록한 글이 새겨져 있다.

02 목포문학관

전라남도 목포시 남농로 95(용해동)

1920년대 목포는 김우진과 친교를 맺고 지내던 문화 예술인들의 발길이 잦아지면서 예향의 기초가 다져졌다. 1930년대 박화성은 물론, 1950~60년대에 들어서도 이동주, 조희관, 최일수, 차범석, 권일송, 최하림, 김현의 등단으로 목포 문학이 활기를 띠었다.

목포문학관은 갓바위 문화 타운에 들어선 지상 2층 건물로, 1층에는 박화성관과 차범석관, 2층은 김우진관, 김현관으로 꾸민 국내 최초의 4인 복합 문학관이다. 전시관마다 작가의 삶과 문학 세계를 손때 묻은 유품을 통해 만나볼 수 있다.

03 김대중노벨평화상기념관

전라남도 목포시 삼학로 92번길 68(신청동)

대한민국 제15대 대통령이자 노벨 평화상 수상자인 김대중의 생애를 통해 민주주의, 인권, 평화의 의미와 가치를 전하기 위해 2013년 6월 15일에 개관하였다.

이 기념관은 전시동과 컨벤션동으로 구성되어 있다. 제1전시실은 '한국인 최초의 노벨 평화상 수상' 제2전시실은 '김대중과 노벨상' 제3전시실은 '동아시아 민주화를 위해 걸어온 길' 제4전시실은 '대통령, 김대중'을 주제로 각각 꾸며졌다. 컨벤션동에는 다목적 강당, 자료 열람실, 세미나실 따위를 갖추고 있어 국제회의나 워크숍 등을 열기도 한다.

04 조선 육지면 발상지

전라남도 목포시 고하도

개항 이래 고하도는 제국주의자들의 토지 침탈이 끊임없이 이루어지던 곳이다. 러시아는 고하도 주민에게 1만 원도 채 안 되는 땅값으로 토지를 매입하였으며, 일본은 전답을 대여하였다. 1899년에 일본 영사 와카마츠 도사부로는 이곳에서 미국산 육지면을 시험 재배하기 시작하였는데, 이 시험 재배가 성공함에 따라 이후 육지면이 전국으로 보급되었다. 당시 수확기가 되면 목포항이 온통 흰 목화솜으로 뒤덮였다고 전한다. 이에 조선 총독부는 육지면 재배의 성공을 기념하기 위해서 1936년에 일본 영사의 공적비를 여기에 세웠다.

05 정명여학교 선교사 사택

전라남도 목포시 삼일로 45

정명여학교는 1903년 9월 9일에 미국 남장로교 선교회에서 설립하여 9월 15일에 개교하였다. 이 학교는 목포에서 가장 오랜 역사를 지녔으며, 한국 여성 중등 교육의 중심이었다. 정명여학교는 3·1 운동과 광주 학생 항일 운동에 참가하였을 뿐만 아니라, 1937년 9월 2일에는 일본 신사 참배 강요를 거부하여 한때 폐교까지 되기도 하였다. 지금은 당시의 교육용 건물이 모두 사라진 채 선교사 사택으로 쓰였던 석조 건물 2동만이 옛 정명여학교의 영광을 면면히 지켜 주고 있다. 또한, 한쪽에는 독립 기념비가 있는데, 그 높은 뜻을 기리고 오래도록 알리기 위해 세웠다고 한다.

147

06 양동교회

전라남도 목포시 호남로 15(양동)

양동교회는 미국 장로교 선교부 소속 배유지 목사(E. Bell)와 변창연 조사가 1898년에 목포교회라는 이름으로 세웠다. 지금의 건물은 1910년에 약 7천여 원을 들여 새로 지은 것이다. 1919년 3·1 운동 때 이곳에서는 4월 8일의 만세 시위를 계획하였고, 많은 교인이 이 시위에 참여하였다. 1987년 10월에 선교 기념비를, 1994년 8월에는 교회 설립 100주년 기념관을 새롭게 준공하였다. 교회 정면 우측에는 조적식 석조 기둥 위에 붉은 벽돌로 아치를 내고 높게 쌓아 올린 종탑이 있었으나 지금은 헐린 채 빈터만 남아 있다.

19 여수·순천 10·19 사건의 격동을 겪은 동네

[답사 목적] 여수·순천 10·19 사건의 현장을 답사하며, 수많은 민간인이 희생된 이 사건의 진실과 역사적인 교훈이 무엇인가 생각해 본다.

▲ **여순사건희생자위령비** 2009년 만성리 학살 현장에 세운 위령비로, 비문의 내용을 둘러싸고 논란이 일자 비문을 넣을 자리에 점만 여섯 개 찍었다.

◆ 답사 지역 개요 ◆

1948년 대한민국 정부 수립 후에도 제주도에서 진압 군경과 무장대 간에 유혈 충돌이 계속되자, 정부는 육지의 군대를 동원하여 이를 진압하려고 하였다. 1948년 10월 19일 밤, 여수에 주둔한 국방 경비대 제14연대 군인들이 제주도 출동 명령을 거부하며 봉기하였다.

2천여 명의 병력을 규합한 반군은 '남북통일, 친일 반역자 세력 타도, 동족 학살 반대' 등을 주장하며 여수 읍내를 점령하였다. 이어 순천, 광양, 구례, 보성, 고흥 등 전라남도 동부 지역을 순식간에 점령하였다. 이에 정부는 광주에 토벌 사령부를 설치하고 미군의 지원을 받아 10월 23일에 순천을, 27일에는 여수를 차례로 진압하였다.

여수·순천 10·19 사건을 진압한 군경과 우익 세력은 봉기군에 가담하거나 협력한 사람들을 '손가락 총'으로 찾아내는 등 수많은 민간인 희생자를 만들었다. '여수·순천 10·19 사건'과 관련된 희생자는 군경과 민간인 등 모두 1만여 명이 넘는다.

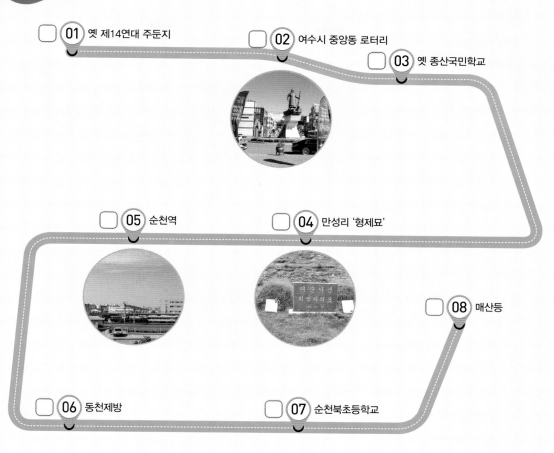

❶ 수많은 민간인이 희생된 '여수·순천 10·19 사건' 관련 유적지를 돌아보며 가 본 곳을 체크해 봅시다.

❷ 답사 코스 중 가장 인상 깊었던 장소는 어디였나요?

장소	까닭

❸ 답사·체험 활동 중 새로 알게 된 내용과 궁금한 점은 어떤 것인가요?

새로 알게 된 점	궁금한 점

❹ 답사·체험 활동을 마치고 느낀 점을 간략하게 써 봅시다.

01 옛 제14연대 주둔지
📍 전라남도 여수시 신월동

제주 4·3 사건의 무력 진압을 거부하고
여수·순천 10·19 사건을 일으킨 제14연대 주둔지

02 여수시 중앙동 로터리
📍 전라남도 여수시 중앙동

제14연대 봉기군과 여수 지역민이 참여하여
인민 대회가 열렸던 곳

여수시 신월동은 일제 강점기인 1942년에 일본군이 가막만과 구봉산 뒷산의 지형을 천연 요새로 삼아, 일본 해군 202부대 주둔지와 군수품 공장을 건설하기 위해 주민을 강제로 이주시켜 공사에 동원한 곳이다. 또한, 해방 후 1948년에는 여수·순천 10·19 사건을 일으킨 국방 경비대 제14연대 병영이 있던 곳이다. 하지만 제14연대가 주둔하던 병영 부지는 1976년 이후 한국 화약이 인수하여 사용하고 있으며, 바닷가에는 일본군이 설치한 활주로 등이 남아 있다.

제14연대는 1948년 5월에 광주의 제4연대에서 차출된 1개 대대 병력을 모체로 창설되었다. 1948년 10월 19일 제주 4·3 사건을 진압하라는 명령에 김지회 중위, 지창수 상사 등이 출병을 거부하고 봉기하며 '여순 사건'으로 확대되었다.

제주도 출병을 거부하고 봉기한 제14연대 군인과 좌익 계열은 1948년 10월 20일 오후 3시경에 중앙동 로터리 광장에서 약 3천~5천 명의 시민을 모아 놓고 인민 대회를 열었다. 원래 집회 장소는 진남관 망해루 아래였다.

인민 대회에서는 이용기, 유목윤, 박채영, 문성휘, 김귀영 등 5명을 의장으로 선출하고, 보안서장에 유목윤을 임명하였다. 여기서 의장으로 선출된 이용기의 인사말과 좌익 계열 요인의 축사에 이어 인민 위원회가 모든 행정 기구를 접수한다는 등 6개 항의 결의문을 채택하였다.

이후 21일 여수시의 각 읍면 지역에서도 이와 비슷한 인민 대회가 열렸는데, 여순 사건이 진압되고 협력자들을 색출하면서 인민 대회장에 나갔다는 이유만으로 수많은 젊은이가 현장에서 즉결 처형되었다.

150

지역사 탐구 여순 사건에서 주민들을 공포에 떨게 한 '손가락 총'은 어떤 의미로 붙여진 이름일까?

▲ **생과 사를 가르는 부역자 색출 작업** 당시 진압군이 붙잡아 온 지역 주민을 상대로 지금의 여수서초등학교 운동장에서 부역자를 색출하는 모습이다. 이곳에서 부역자로 지목되면 학교 뒤 교정에서 즉결 처형되었다. 오른쪽 대열에 앉아있는 사람들이 부역 혐의자들이다.

'여순 사건'은 1948년 10월 19일 여수에 주둔하고 있던 국방 경비대 제14연대 소속 좌익 군인들이 제주 4·3 사건을 무력 진압하라는 정부의 명령을 거부하고 봉기한 사건이다. 당시 제14연대의 좌익 군인들이 주도한 봉기는 여수와 순천을 점령하고, 그 세력을 전라남도 동부 지역으로 확대해 나갔다.

그 후 미군의 개입과 국군 토벌대의 진압 작전으로 1948년 10월 27일에 봉기가 진압되었다. 그러나 이 과정에서 수많은 민간인이 반란군에 협조하거나 가담하였다는 이유로 희생되었다. 여순 사건 후 진압군은 부역자를 색출한다는 명분으로 지역 주민을 모아 놓고 색출 작업을 벌였다. 이때 누군가가 손가락으로 가리키면 지목된 사람을 그 자리에서 끌고 가 정식 재판도 없이 즉결 처형하였기 때문에, 여수에서는 이를 '손가락 총'이라고 부른다. 또 당시 경찰관이나 우익 진영 요인들이 돌아다니면서 소위 '심사' 라는 것을 하였는데, 시

민들 중에 누군가가 군경에게 '저 사람' 하고 손가락질만 하면, 바로 즉결 처분장으로 끌고 갔으니 누구나 산목숨이라고 할 수 없었다. 그 손가락질은 곧 총살 대상을 지목하는 것이었기 때문에 '손가락 총'이라고 하였다.

03 옛 종산국민학교(현 중앙초등학교)
📍 전라남도 여수시 하멜로 35

토벌군이 협력자를 색출한 곳이었지만
지금은 초등학생의 평화로운 배움터로 변한 모습

04 만성리 '형제묘'
📍 전라남도 여수시 만흥동

학살된 사람들의 시신이 형제처럼
함께 있으라고 이름 붙인 '형제묘'

여수의 종산국민학교(현 중앙초등학교)는 여수경찰서 인근에 위치하여 토벌군 군대가 주둔하면서 협력자를 색출한 곳이다. 특히 종산초등학교 위에 있는 여수여자중학교에 부산 제5연대 1개 대대(대대장 김종원 대위)가 주둔하고 있어 당시 가장 많은 학살이 일어난 곳 가운데 한 곳이다.

1948년 10월 말에서 12월 초순까지 여수 지역 전체에서 색출한 봉기군과 협력자를 여수여자중학교 교실에 10여 명씩 그룹을 지어 포승줄로 묶은 후 수용하였다. 이때 색출된 협력자는 즉결 처형되어 학교 뒤편 밭에 묻히기도 하였으며, 밤에 트럭으로 싣고 가서 만성리 학살지에서 처형하기도 하였다. 또한, 인근 오동도에도 봉기군과 협력자를 수용하고 처형하기도 하였다.

'형제묘'는 이곳에서 학살되어 그 시신조차 찾을 수 없던 희생자 유족들이 죽어서라도 형제처럼 함께 있으라고 만든 묘이다. 1949년 1월 13일, 여순 사건의 부역 혐의자로 지목되어 종산국민학교에 수용된 사람들 가운데 125명이 그 자리에서 총살된 후 불태워졌다. 당시 현장을 목격한 사람의 증언에 따르면, "5명씩 총살한 후에 다시 5명씩 장작더미에 눕혀 5층으로 쌓은 큰 더미 5개, 모두 125명이 매장되었다."고 한다. 당시 이런 희생 소식을 접한 가족이 달려와 학살지와 가까운 산 위에 숨어서 불타는 시신을 바라보았지만, 서슬 퍼런 군인들이 지키는 현장을 애끊는 심정으로 지켜보는 수밖에 없었다. 2009년 유족들은 형제묘 입구에 이런 내용을 적지 못한 위령비를 세웠다.

151

▲ 2003년에 여순 사건 55주기를 맞아 열린 전라남도 동부 지역 합동 위령제

순천역 급수탑 2009년에 새로 지은 신 순천역 구내에는 여수·순천 10·19 사건 당시의 모습을 지켜보았을 급수탑만이 남아 있다.

반군이 순천과 인근 지역을 점령하기 위한
교두보로 삼았던 순천역

반군과 진압 경찰이 순천 시내를 둘러싸고
최초로 총격전을 벌인 장소

순천역은 여수의 제14연대에서 제주도 출병을 거부하고 반란을 일으킨 군인들이 인근으로 진출한 첫 번째 지역이었다.

1948년 10월 20일 9시 30분~10시 30분경, 통근 열차와 차량에 나누어 탄 1천여 명의 반군이 순천역에 도착하였다. 이들은 순천에 파견 나와 있던 홍순석 중위가 지휘하는 1개 중대 병력과 합류하면서 더욱 사기가 올랐다. 이후 광양 삼거리와 동천 제방에 배치된 경찰 병력을 제압하며 순천읍 시가지로 진출하였다.

순천역은 여순 사건 당시 봉기의 확산 과정을 보여 주는 상징적인 장소이자, 진압군과 경찰이 순천 지역의 반군을 진압하기 위한 중요 거점이었다.

순천교(별칭: 장대 다리)와 순천 시가지를 관통하는 동천 제방은 반군과 진압 경찰 사이에 치열한 접전이 최초로 벌어졌던 곳이다.

1948년 10월 20일, 순천 경찰은 물론 인근 지역에서 지원 나온 경찰과 우익 청년단원 수백 명이 여수에서 올라온 반군을 저지하기 위해 광양 삼거리(현 조곡 삼거리)와 동천 제방에 방어선을 구축하고서 공방전을 벌였으나 실패하였다.

더욱이 광주에서 진압하러 내려온 제4연대의 1개 중대 지원 병력이 반군에 합류해 버림으로써 더욱 수세에 밀렸다. 결국 경찰의 상당수가 전투 중에 사망 또는 부상당하거나, 일부는 피신함으로써 봉기군이 순천 읍내를 장악하였다.

지역사 탐구   여순사건위령탑은 어떻게 세워졌을까?

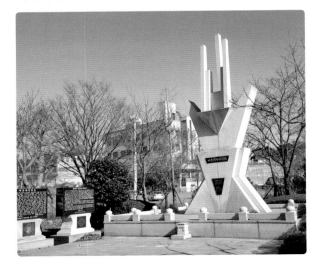

여수·순천 10·19 사건은 한동안 반공 정책에 억눌려 그 실상에 대한 언급이 금기시되어 오다가, 1990년대 후반에 이 사건에 대한 진실 규명과 희생자에 대한 명예 회복을 위한 여수 지역 사회 연구소의 「여순 사건 실태 조사 보고서」 발간으로 재조명되었다. 이후 지역 문제를 스스로 해결하고자 2003년에 결성한 '여순 사건 화해와 평화를 위한 순천 시민 연대가' 희생자의 넋을 기리기 위해 시민의 성금과 순천시의 지원으로 2006년에 팔마 경기장 구내에 '여순 사건 위령탑'을 세웠다.

위령탑의 왼쪽 앞에는 희생자 유족들이 여순 사건의 개요와 진실 규명의 과정, 희생자 명단을 적은 표지석을 세웠다. 이곳은 매년 10월 20일에 위령제를 지내는 유가족의 정신적인 안식처이다.

07 순천북초등학교
📍 전라남도 순천시 북정2길 20

순천 사람들의 삶과 죽음이
순식간에 결정되었던 공포의 현장

08 매산등
📍 전라남도 순천시 매산길 일대

매산등 집단 학살 때 기적적으로 살아남은 황종권 목사가
매장 추정지에서 증언하고 있는 모습(2006)

1948년 10월 23일 오전, 순천의 반군을 진압한 군경은 계엄 상태에서 반군은 물론 이에 가담한 협력자를 찾아내는 작업을 가장 먼저 하였다. 하지만 반군과 좌익 세력의 대부분은 산악 지대로 이미 도주하였기 때문에 소수의 잔류자와 지방 좌익 세력, 소극적인 민간인 협력자만 남아 있을 뿐이었다. 이에 진압 군경은 이날 오전에 순천 읍민을 지금의 순천북초등학교로 나오도록 하였다.

경찰과 대동 청년단 등은 먼저 40세 이하의 남자 가운데 군용 속옷을 입은 자, 머리카락이 짧은 자를 반군으로 지목하고, 각 동네별 지역 유지와 우익 인사 등에게도 '부역자'를 지목하도록 하였다. 그러고 나서 혐의자는 가까운 순천농업학교에서 학살하고, 일부는 인근의 골짜기에서 사살하기도 하였다.

1948년 10월 22일 순천 탈환 작전 과정에서 국방 경비대 제12연대 3대대(이유성 대위 지휘)와 제3연대 2대대(조재미 대위 지휘)가 민간인을 반군 협조 혐의 등을 이유로 매곡동 매산중학교 부근에서 집단 사살하였다. 이때 26명이 희생된 것으로 알려져 있으나, 진실 화해 위원회가 신원을 확인한 희생자는 12명뿐이었다.

이후 2006년에 지역 주민의 증언을 토대로 진실 화해를 위한 과거사 정리 위원회가 목포대 박물관에 맡겨 발굴을 하고, 주변 지역에 대해 유해 탐지까지 실시하였으나 나머지 희생자를 찾는 데는 실패하였다.

2017년 '순천 마을 미술 프로젝트-매산등 천사(1004)의 약속 치유' 사업 때 6개의 조형물을 만들면서 '작품 4. 이슬, 홍매로 피어나다'에 매산등 희생 사건을 담았다.

153

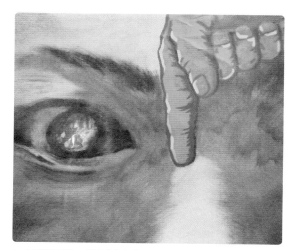

▶ 순천북초등학교 운동장에서 협력자로 지목되었을 때의 공포감을 그린 작품, '손가락 총의 공포'

▲ 1948년 여수·순천 10·19 사건을 자세히 알린 칼 미이던스 기자의 『라이프』 보도 기사

함께 갈 만한 곳

01 태백산맥문학관

전라남도 보성군 벌교읍 홍암로 89-19(회정리)

2008년 11월에 벌교 읍내 제석산의 한 자락을 잘라 낸 자리에 개관하였다. 소설 『태백산맥』과 관련된 다양한 자료를 전시하고 있다.

지상 2층 건물로 세운 문학관에는 작가의 육필 원고와 기증품 등 총 144건 623점의 물품이 전시되어 있다. 1층에는 1만 6500장 분량의 『태백산맥』 전 10권의 육필 원고를 비롯해 작가의 취재 수첩과 카메라, 작가가 직접 그린 벌교 읍내와 지리산 일대의 약도 등 집필 과정을 엿볼 수 있는 자료가 전시되어 있다. 이 밖에 소설 『태백산맥』을 둘러싼 논란을 살필 수 있는 전시물도 있다.

02 보성 봉강리 정씨 고택

전라남도 보성군 회천면 봉서동길 36-8

보성 봉강리 정씨 고택(거북정)은 전라남도 문화재 자료 제261호이다. 안채를 비롯하여 사랑채, 사당, 문간채, 곳간채 등을 갖춘 전형적인 부농 가옥이자 양반 가옥이다.

정씨 일가는 임진왜란 때에는 이순신 장군의 오른팔로 왜적을 격퇴하는 데 앞장섰고, 일제 강점기에는 독립운동에, 해방 후에는 분단 극복에 헌신한 집안이다. 특히 일제 강점기부터 1980년대에 이르기까지 무려 일가친척 27명이 독립운동과 통일 운동 등에 연루되어 처형(8명)되거나 장기수로 복역(구속 19명)하는 등 커다란 아픔을 겪었다.

03 홍암나철기념관

전라남도 보성군 벌교읍 녹색로 5163(칠동리 금곡 마을)

홍암 나철(1863~1916)은 을사늑약 이후 일본에 대한 외교 활동을 벌이면서 오적 암살을 시도하다가 유배형을 받았다. 나철은 1909년 1월에 단군교를 창시하는데, 1910년 7월에 대종교로 바꾸면서 독립운동의 정신적인 기둥이 되었다. 나철의 두 아들도 독립운동에 헌신하다 순국하였으며, 그의 집안에는 사회 운동에 헌신한 친척도 많다.

2007~2009년에 나철 생가를 복원하였으며, 그 앞쪽에 홍암나철기념관을 설립하였다. 전시관은 모두 세 영역으로 되어 있는데, 홍암관, 자료실, 대종교 독립운동관 순서로 관람하면 좋다.

04 백운산희생자추모비와 전남도당 연병장 터

전라남도 광양시 옥룡면 동곡리 1165-0 일대

백운산은 여수·순천 10·19 사건과 6·25 전쟁 동안 커다란 시련을 겪은 곳이다. 특히 남로당의 전남도당 연병장은 동곡리 논실 마을의 제일 송어 산장에서 병암 계곡 방향으로 50m 지점에 위치하고 있다. 약 1천여 평의 부지에 5백여 명을 교육하던 이곳에서는 수많은 빨치산이 토벌대에게 희생되었다.

토벌 이후에는 전답으로 이용되었으나, 백운산에서 빨치산 활동을 하였던 박효천이 2006년경에 이곳을 사들여 집 앞에 '백운산희생자정령'이라는 추모비를 세우고 빨치산과 군경 희생자의 넋을 기렸다. 박효천은 2010년 10월에 세상을 떠났다.

05 정병욱 가옥

전라남도 광양시 진월면 망덕길240(망덕리)

일제 강점기에 윤동주 시인이 우리말로 민족혼을 지켜 낸 시가 보존될 수 있었던 것은 친구와 어머니 덕분이었다. 윤동주(1917~1945)는 1941년에 '하늘과 바람과 별과 시'를 발간하려 하였으나 일제의 방해로 실패하였다.

하지만 이 원고를 친구인 정병욱(전 서울 대학교 국문학과 교수, 1922~1982)에게 맡겨 이곳에서 어렵게 보존하다가 광복 후 1948년에 간행되면서 빛을 볼 수 있었다. 이 집은 정병욱의 부친이 지은 건물로, 양조장과 주택을 겸용한 건축물이다.

06 광양역사문화관

전라남도 광양시 광양읍 매천로 829

광양역사문화관 건물은 옛 광양군 청사였다. 조선 시대 작청이 있던 곳에 들어선 광양 군청은 오랫동안 이 지역의 행정 중심지였다. 하지만 1951년 1월 14일에 빨치산의 공격으로 일부 불탔지만, 11월에 보수하였다.

문화관 안에는 광양의 연혁, 인물, 문화유산, 광양의 명소 등이 있어 광양을 이해하는 데 큰 도움이 된다. 특히 광양의 의병 활동, 3·1 운동, 여순 사건, 민주화 운동 등이 잘 정리되어 있다. 또한, 윤동주의 유고를 보존하였던 정병욱 가옥 모형과 윤동주의 작품도 전시되어 있다. 앞뜰에는 2018년에 세운 평화의 소녀상이 있다.

18 호남, 의병 전쟁의 주무대가 되다

영상으로 보는 한국사

한말 호남 의병

[답사 목적] 일제의 국권 침탈에 맞서 가장 치열하게 싸웠던 호남 의병 전쟁의 주요 전적지를 답사하고, 의병 항쟁의 내용과 정신을 되새겨 본다.

▲ 일제의 '남한 대토벌' 작전으로 체포된 호남 의병장들이 대구 감옥에 갇혀 있던 모습 앞줄 왼쪽부터 송병운, 오성술, 이강산, 모천년, 강우경, 이영준이고, 뒷줄 왼쪽부터 황장일, 김원국, 양진여, 심남일, 조규문, 안규홍, 김병철, 강사문, 박사화, 나성화 의병장이다.

◆ 답사 지역 개요 ◆

일제의 국권 침탈에 가장 격렬히 맞섰던 것은 의병이었다. 호남에서도 1895년 을미사변과 단발령을 계기로 일어난 의병과 을사늑약 전후로 일어난 의병이 있었다. 하지만 1907년 고종의 강제 퇴위와 군대 해산으로 호남 의병은 더욱더 크게 일어났다.

서울 진공 작전이 실패한 뒤 1908년부터 1909년까지는 격렬한 의병 전쟁이 일어난 시기였다. 이 시기 호남 의병이 일본군과 벌인 전투는 1908년에 전체 전투의 25%에 달했고, 1909년에는 60.1%나 되었다. 당시 호남 의병을 이끈 인물은 장성의 기삼연과 고광순이 대표적이었다. 이후에는

김동신, 김준, 김율, 이석용, 문태석, 전해산, 심남일, 안규홍, 황준성 등이 새로이 등장하여 의병 전쟁을 이끌었다.

이에 일제는 1906년부터 1907년에 창평의 고광순과 장성의 기삼연을, 1908년에는 나주 출신인 김태원·김율 형제를, 1909년에는 임실 출신의 전해산과 함평 출신의 심남일과 보성 출신의 안규홍을 의병장 수괴로 꼽았다. 그러면서 일제는 호남 의병을 토벌하기 위해 이른바 '남한 대토벌' 작전을 벌여 호남 곳곳을 초토화하기에 이른다.

이후 항쟁의 근거지를 잃은 의병들은 만주와 연해주 등으로 옮겨 가 본격적인 항일 무장 투쟁을 준비하였다.

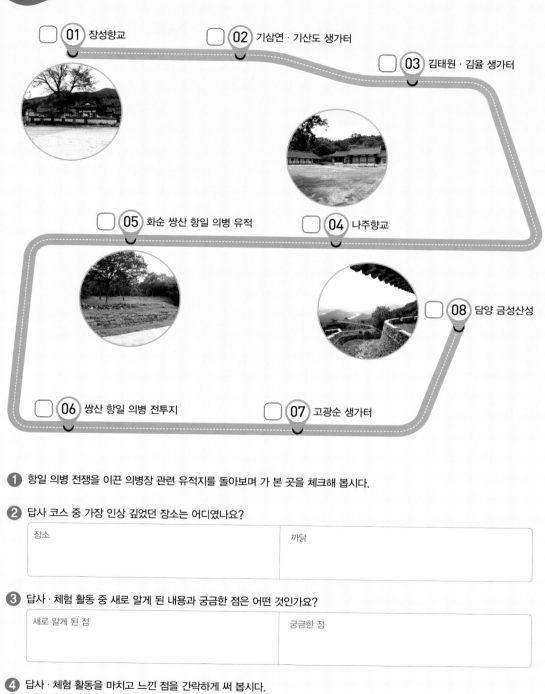

답사 · 체험 활동

학교　　　학년　　　반　　이름:

01 장성향교
02 기삼연 · 기산도 생가터
03 김태원 · 김율 생가터
05 화순 쌍산 항일 의병 유적
04 나주향교
08 담양 금성산성
06 쌍산 항일 의병 전투지
07 고광순 생가터

❶ 항일 의병 전쟁을 이끈 의병장 관련 유적지를 돌아보며 가 본 곳을 체크해 봅시다.

❷ 답사 코스 중 가장 인상 깊었던 장소는 어디였나요?

장소	까닭

❸ 답사 · 체험 활동 중 새로 알게 된 내용과 궁금한 점은 어떤 것인가요?

새로 알게 된 점	궁금한 점

❹ 답사 · 체험 활동을 마치고 느낀 점을 간략하게 써 봅시다.

01 장성향교
📍 전라남도 장성군 장성읍 성산2길 102

1896년 기우만이 일으킨 장성 의병의
창의 장소이자 근거지

02 기삼연·기산도 생가터
📍 전라남도 장성군 황룡면 아곡리 400

호남창의회맹소 대장 기삼연과
을사오적의 처단을 실행한 기산도가 태어난 곳

기우만(1846~1916)은 1895년 명성 황후 시해 사건과 단발령이 내려지자, 겨울부터 상소 운동을 벌였다. 하지만 상소가 받아들여지지 않자, 이듬해 1월에는 토적에 대한 복수와 단발령 철폐, 옛 제도의 복구, 국왕의 환궁을 내세우며 근왕의병으로 봉기하자고 전라도 각지에 통문을 보냈다.

기우만은 장성향교를 근거지로 삼아 장성과 그 밖의 지역에 격문을 보내 호응을 촉구하였는데, 이러한 움직임에 적극적으로 호응한 곳이 바로 나주였다. 장성에서는 1896년 음력 2월 7일에 기우만의 주도로 장성향교를 도회소, 양사재를 향회소로 삼아 의병을 일으켰다. 장성 의병이 일어나자 창평 유생 고광순도 적극적으로 호응하여 가담하였다.

이처럼 장성향교는 전라도에서 최초로 의병이 봉기한 곳이며, 이후 의병 확산에 크게 기여한 점에서 의미가 크다.

기삼연(1851~1908)은 명성 황후 시해 사건과 단발령에 항거하여 1896년 2월 장성에서 구촌 조카인 기우만과 함께 의병을 일으켰다. 하지만 선유사 신기선이 해산을 종용하자, 장성 의병을 주도한 기우만이 해산을 선언하였다. 기삼연은 이에 맞서 다시 거사를 도모하다가 붙잡혔으나 탈출하였다.

1907년 8월 말, 기삼연은 장성의 수연산 석수암에서 호남창의회맹소를 결성해 전라도 지역의 의병 활성화에 힘썼다. 하지만 겨울이 되어 설날이 가까워 오자, 기삼연은 군사를 나누어 자신은 본진을 이끌고 담양 금성산성에서 추위를 피하고자 하였다. 그런데 일본군의 기습으로 상당수의 의병이 희생되었고, 기삼연은 순창 복흥에 사는 친척 집으로 피신하였으나 일본군에 체포되고 말았다. 이후 기삼연은 광주로 압송되어 총살을 당하였다.

지역사 탐구 '콩 심은 데 콩 나듯 의병 집안에 의병 난다' 말은 어떻게 나왔을까?

▲ 군자금을 모집하다가 체포된 기산도와 김철을 보도한 신문 기사(「동아일보」, 1922. 7. 3.)

기산도(1878~1928)는 장성 의병을 일으킨 의병장 기삼연의 종손이며, 의병에 함께 참가한 기재의 장남이자, 창평 의병장 고광순의 사위이다.

기산도는 을사늑약이 체결되자 을사오적을 처단하려고

오적 암살단을 조직하여 1906년 2월에는 군부대신 이근택을 습격해 중상을 입혔다. 이 사건으로 체포된 기산도는 유배형에 처해졌으나 순종의 특사로 1907년 말에 석방되었다.

그 후 일본에 국권을 빼앗기자 1916년에 고흥에 있는 친척 기하요를 찾아가 낮에는 호구지책으로 노동을 하고, 밤에는 사랑방에 서당을 열어 인재 양성에 힘썼다. 1919년에는 3·1 운동이 일어나자 독립의 의지를 불태우며 상하이의 대한민국 임시 정부에 보낼 군자금을 모금하다가 체포돼 징역 3년형을 언도받고 옥고를 치렀다.

이때 기산도는 심한 고문의 후유증으로 다리를 절었다. 1928년 12월 4일, 기산도는 '유리개걸지사 기산도의 묘(流離丐乞之士奇山度之墓)'라고 쓴 묘비를 세워 달라는 유언을 남긴 채 숨을 거두고 말았다.

03 김태원·김율 생가터
📍 전라남도 나주시 문평면 북동리 249

1907~1908년 형제 의병장으로 활약한
김태원과 김율이 태어나 살던 곳

04 나주향교
📍 전라남도 나주시 교동 32-3

1896년 기우만이 이끄는 장성 의병이
나주로 이동하여 집결한 곳

김태원(1870~1908)은 1907년 음력 9월 동지들을 모아 기삼연이 결성한 호남창의회맹소에 합류하였다. 고창 문수사 전투에서 수훈을 세워 선봉장으로 활동하였는데, 영광·고창·장성·함평·나주 등지를 무대로 일본군과 격전을 벌여 큰 전과를 올렸다. 또한, 1908년 설날에는 담양군 남면 무동촌에서 광주 수비대를 격파하였다.

김율(1881~1908)은 김태원의 동생으로, 호남창의회맹소에 함께 참여해 무장·법성포·고창·장성 등지에서 일본군과 격전을 벌여 큰 전과를 올렸다. 1908년 2월 2일 기삼연 의병장이 붙잡혀 총살된 뒤, 김태원과 함께 기삼연 의병 부대를 지휘하며 광주 일원에서 일본군을 유격 전술로 공격해 전과를 올렸다.

일제는 김태원·김율 형제 의병장을 체포하기 위해 제2특설 순사대를 파견하였다. 김율은 1908년 3월 말 광주 소지면 부근에서 체포되었고, 김태원은 1908년 4월 25일 어등산에서 일본 순사대와 교전을 벌이다가 전사하였다.

1896년 음력 정월 기우만의 격문이 나주향교에 전달되자, 나주의 양반 유생들과 향리들은 이를 관내에 즉시 전달한 후 음력 2월 1일 대책을 강구하기 위해 향교에서 집회를 열었다. 이튿날 나주 유생 이승수 등이 중심이 되어 전 주서 이학상을 의병장으로 추대하였다. 이어 음력 2월 4일에는 나주 유생들이 기우만의 창의를 지지한다는 답통을 장성에 보냈다.

음력 2월 11일 기우만이 이끄는 장성 의병이 나주로 이동해 나주향교에 집결하였다. 기우만이 이끄는 장성 의병은 '호남대의소', 이학상을 의병장으로 하는 나주 의병은 '나주의소'라고 하여 군사를 모아 북상할 준비를 했다. 그런데 때마침 전국 곳곳에서 의병이 일어나자, 정부에서는 선유사를 파견해 해산을 종용하였다. 그러자 장성 의병은 광주 광산관에서 해산하였으며, 나주 의병 역시 관군이 파견되자 2월 26일~27일에 해산하고 말았다.

159

지역사 탐구 **오성술의 의병 부대는 일제의 지속적인 의병 탄압에 어떻게 맞섰을까?**

오성술(1884~1910)은 호남창의회맹소에 참여해 김태원 의병장의 핵심 참모로 활약하였다. 일제의 탄압으로 호남창의회맹소를 이끈 기삼연, 선봉장 김태원과 동생 김율이 죽자, 흩어진 의병을 모아 전해산·조경환 등과 함께 용진산에서 의병 부대를 새로이 만들었다.

오성술 의병 부대는 주로 경제 침탈에 앞장선 일본인 소유의 농장을 공격 대상으로 삼았는데, 유격 전술로 일본군의 탄압에 맞서면서 전과를 올렸다. 하지만 오성술은 1909년 8월에 영산포 헌병대가 파견한 토벌대에 체포돼 1910년에 교수형을 언도받고, 그해 9월 15일에 대구 감옥에서 순국하였다.

▲ 의병장 오성술의 생가터와 판결문

05 화순 쌍산 항일 의병 유적지
📍 전라남도 화순군 이양면 증리 산 12 일대

'쌍산의소' 의병의 훈련지로
막사와 방어 시설인 성이 있던 곳

06 쌍산 항일 의병 전투지
📍 전라남도 화순군 화순읍 이십곡리 너릿재 일대

능주와 화순을 점령하고 광주로 가려던
'쌍산의소'의 마지막 전투지

1907년 초 양회일(1856~1908)은 증동 마을의 임노복을 비롯해 여러 주민의 도움으로 천연 요새나 다름없는 마을 뒷산에 막사를 짓고, 의병에 가담하기 위해 몰려든 장정 수백 명을 이곳에서 훈련을 시켰다. 마을 주민들은 오래 전부터 지금의 계당산 일대를 '쌍산' 또는 '쌍봉', '쌍치'라고 불러 왔다. 그래서 이곳에 모인 의병 부대를 '쌍산의소'라고 한다.

1907년 4월 하순부터 이곳에서 훈련을 하며 주둔하고 있던 쌍산의소 의병들은 양회일을 중심으로 본격적으로 의병 투쟁을 벌였다. 먼저 능주와 화순의 관아를 점령하며 의병의 기세를 올렸다.

쌍산 항일 의병 유적지는 양회일이 가산을 털어 의병을 모으고 훈련하던 곳으로, 막사 터는 물론 무기 제작소와 유황 저장 굴, 방어 시설인 성 같은 다양한 유적으로 보아 의병들이 스스로 무기를 만들어 일본군에 맞섰음을 알 수 있어 그 의미가 더욱 크다.

'쌍산의소'는 양회일 · 임창모 · 임노복 · 안찬재 · 신재의 · 이광선 등이 화순군 증리에서 조직한 의병 부대로, 능주와 화순 관아를 점령하고 나서 광주를 거쳐 북상할 계획이었다.

1907년 봄, 쌍산의소는 예정대로 능주와 화순을 점령하여 무기와 군자금을 노획하고, 우편소 · 경무서 · 일본인 상가 등을 불태웠다. 또한, 일제의 통신 시설인 전주와 전선을 절단하였다. 하지만 양회일 등이 이끄는 의병 부대가 광주를 공격하기 위해 판치를 넘으려는 순간에 일본군의 기습을 받아 패하고 말았다. 이 전투에서 양회일을 비롯해 주요 인물이 체포되어 유배형을 받았는데, 그해 12월에 석방되었다. 하지만 양회일은 다시 호남창의소에 참가하였다가 1908년에 장흥 헌병대에 체포되어 15년형을 선고 받고 감옥에서 단식 투쟁을 벌여 7일 만에 숨을 거두었다.

이곳은 지금 4차선 왕복 도로와 터널이 뚫려 있어서 옛 자취를 짐작하기가 쉽지 않다.

지역사 탐구 일제가 호남 의병을 탄압하기 위해 벌인 '남한 대토벌' 작전의 실상은 어떠하였을까?

일제가 대한 제국의 의병을 완전히 진압하려고 펼친 '남한 대토벌' 작전은 1909년 9월 1일부터 10월 30일까지 2개월에 걸쳐 의병의 주요 근거지인 전라남도와 그 외곽 지대에서 이루어졌다.

일제의 추산에 따르면, '남한 대토벌 작전' 이전의 호남 의병은 의병장 약 50명을 포함해 약 4천여 명에 달하였다. 일제는 2천여 명의 군대를 동원하여 3단계에 걸친 작전으로 의병을 진압하기 시작하였다. 제1단계 작전은 남원을 기점으로 고흥 · 광주 · 영광으로 이어지는 지역이었고, 제2단계는 고흥 · 광주 · 영광 근처를 기점으로 남서해안에 이르는 지역이었으며, 제3단계는 섬으로 탈출한 의병을 섬멸하기 위해 무인도 지역까지를 대상으로 한 초토화 작전이었다.

남한 대토벌 작전 결과, 토벌대는 사망자 136명과 부상자 277명이었지만 의병은 사망자 17,779명, 부상자가 376명, 포로가 2,139명이었다.

▲ '남한 대토벌' 작전의 포위 계획을 보도한 「대한매일신보」(1909. 9. 22.)

고광순 생가터
📍 전남 담양군 창평면 유천리 산 26-3

창평 · 장성 · 지리산 등지를 중심으로 활동한
고광순 의병장이 살았던 곳

08 담양 금성산성
📍 전남 담양군 금성면 금성리 대성리 일대

기삼연이 이끄는 호남창의회맹소의 본진이
일본군과 맞서 싸운 최후의 격전지

고광순(1848~1907)은 임진왜란 때 금산 전투에서 순절한 고경명 의병장의 12세손이다. 명성 황후 시해 사건과 단발령, 아관 파천을 계기로 기우만이 장성에서 의병을 일으키자 함께하였다. 하지만 고종의 선유를 받고 의병을 해산하였다.

이후 1905년에 을사늑약이 체결되자, 고광순은 창평에서 의병을 모집해 의병장으로 추대되었다. 1906년 12월에 대장기를 앞세우고 의병 항쟁을 준비하는데, 고종이 은밀히 조서를 보내 독려하자 남원으로 진격해 양한규와 합동 작전을 시도하였다. 1907년 8월에는 고광순이 이끄는 의병 부대가 동복에서 승리하고, 지리산 연곡사로 들어가 영호남에 격문을 발송하니 각처에서 군사들이 모여들었다. 그러나 일본군의 포위 공격으로 고광순은 부하들과 함께 전사하였다.

지금 이곳에는 고광순의 집이 남아 있지 않고 야산으로 변한 채 '의병 대장 녹천 고광순공 사적비'가 세워져 있다.

1908년 1월 말, 기삼연이 이끄는 호남창의회맹소의 본진은 혹한을 피하고 진영을 정비하기 위해 담양의 금성산성으로 이동하였다. 그런데 이들을 추격한 일분군의 기습 공격으로 약 30명의 의병이 전사하고, 부상한 의병도 30여 명이나 되었다.

이때 기삼연은 발에 지병이 있어서 행군에 어려움이 있었기 때문에 금성산성에서 가까운 순창의 복흥에 있는 친지 집에 몸을 숨겼다. 하지만 일본군 추격대가 이곳까지 쫓아와 집안을 포위한 끝에 체포되고 말았다.

기삼연은 곧장 광주로 압송되었는데, 이 소식을 들은 김태원 의병 부대가 기삼연을 구출하려고 추격대를 편성해 뒤쫓았으나 이미 지나간 후여서 수포로 돌아갔다. 의병들의 구출 작전을 두려워한 일제는 기삼연을 재판도 거치지 않은 채 광주 천변에서 총살하였다.

지역사 탐구 '불원복' 태극기에 숨은 뜻과 사연은 무엇일까?

▲ '불원복' 태극기 고광순 의병장의 동생이 챙겨 보관해 오던 것을 종손 고영준이 전달받아 소장하다가 1987년에 독립기념관 개관에 때맞춰 이 태극기를 위탁하였다.

1907년 9월, 고광순 의병장은 지리산을 장기 항전의 근거지로 삼아 피아골 연곡사에 의병 부대의 군영을 차렸다. 이때 '머지않아 국권을 회복한다.'는 뜻으로 '불원복(不遠復)'이라는 글자를 수놓은 태극기를 내걸었다고 한다. 태극 문양과 괘는 천을 오려서 두 줄로 박음질을 했는데, 태극 문양의 위쪽은 홍색이고 아래는 흑색이다. 그리고 깃대에 고정하는 끈이 세 개 달려 있다. 이 태극기는 고광순이 이끄는 의병 부대가 지리산에서 일본군과 싸울 때 나라를 곧 다시 찾을 수 있다는 결사 항전의 의지를 드날리는 상징이었다.

이후 오랫동안 태극기를 보관해 오던 고광순의 증손 고영준이 1986년에 독립 기념관에 위탁하였고, 2008년 8월 12일에는 등록 문화재 제394호로 지정되었다.

함께 갈 만한 곳

01 고광순선생기념관

전라남도 담양군 창평면 경동길 54(유천리)

의병장 고광순을 기리고자 2004년부터 2006년까지 3년 동안 추진해 건립한 기념관에는 전시관과 함께 사당 등이 있다. 또한, 이 기념관 위쪽에는 임진왜란, 병자호란, 이괄의 난, 정묘호란, 정희량·이인좌의 난에 공을 세운 광주 전남의 충의 인물을 추모하기 위한 광주 전남 오란 충의사 호국 충혼탑이 있다. 광주 전남 충의사 현창회가 2013년 6월부터 2015년 3월에 걸쳐 세운 것이다.

이곳에서는 고경명 장군 등 6천여 명의 의병이 1592년 음력 5월 29일에 호남에서 처음으로 봉기한 날을 기념해 '호국 충의사의 날' 추도식이 매년 열리고 있다.

02 영학숙

전라남도 담양군 창평면 용운길 142-1(용수리)

을사늑약 후 창평으로 낙향한 고정주가 1906년 4월 1일에 국권을 회복하려는 염원으로 영학숙과 창흥의숙을 세웠다. 그중 영학숙은 집안사람을 해외에 유학시키기 위한 예비 영어 학교였다. 고정주의 아들인 고광훈, 사위 김성수, 송진우 등이 이곳에서 수학하였다.

원래 영학숙 터는 고려 시대인 916년에 창건된 대자암이 있던 곳이다. 1437년 김자수가 벼슬을 사임하고 고향인 이곳에 돌아와 대자암 터에 상월정을 지었는데, 손자사위인 덕봉 이경에게 양도하였다. 그리고 이경은 다시 사위 고인후에게 양도해 이후부터는 고씨 가문의 소유로 지금에 이르고 있다.

03 장성 황룡 전투 승전 전적지

전라남도 장성군 황룡면 까치산

동학 농민 혁명 때 황토현에서 지방군을 격파한 동학 농민군이 중앙에서 파견한 정규군과 싸워 처음으로 승리한 곳으로, 동학 황룡 전투 승전 전적지라 부른다. 당시 동학 농민군은 장태라는 신무기를 굴려 총알을 막으면서 관군에 육박해 선봉장 이학승을 죽이고 관군의 무기를 빼앗았다. 이를 계기로 동학 농민군은 파죽지세로 전라도 감영을 점령하였다.

죽창과 장태 모형의 이 탑은 1994년 12월에 황룡촌 전투 승리 100주년을 기념하기 위해 만들었다. 국가 사적 406호로 지정되었다.

04 옛 나주역사와 나주학생독립운동기념관

전라남도 나주시 죽림길 26

1920년대 말에 전국에서 일어난 최대의 민족 운동인 광주 학생 항일 운동이 처음 불붙었던 곳이다. 1929년 10월 30일 오후, 나주역에 도착한 열차에서 내리는 한국인 여학생을 일본인 학생이 희롱하였다. 이에 분노한 한국인 학생이 항의한 것을 일본인 순사와 학교 당국이 편파적으로 처리하였다. 이에 11월 1일 광주역 앞에서는 한·일 학생들이 대치하는 상황이 벌어졌고, 이 같은 분위기 속에 11월 3일 광주 학생 항일 운동이 촉발되어 전국으로 확대되었다. 이를 기념하기 위해 2008년 7월에 나주학생독립운동기념관을 세웠다. 철도 노선이 바뀌면서 나주역사는 새로 옮겨 갔다.

05 궁삼면 항일농민운동기념공원

전라남도 나주시 왕곡면 장사리 산27-5

대한 제국 말에 탐관오리들의 횡포와 일제 강점기에 동양 척식 주식회사의 토지 수탈에 저항하여 투쟁을 벌인 궁삼면 농민들의 항일 운동을 기념하려고 1991년 11월 5일에 조성한 공원이다. 나주시 왕곡면 장산리의 나주~영암 간 국도 13호선 도로변에 있다.

공원에는 '나주 궁삼면 항일농민운동기념비'라 새겨진 높이 3.3m의 기념비와 농민 운동을 형상화한 부조물 2기, 그리고 농민들의 토지를 수탈하는 데 앞장섰던 전성창의 행적을 기록한 비석이 함께 세워져 있다.

163

06 너릿재공원

전라남도 화순군 화순읍 이십곡리

너릿재공원은 화순과 광주광역시를 연결하는 너릿재 터널 입구에서 화순 쪽 도로변에 자리하고 있다. 공원에는 6·25 전쟁 때 순국한 무명용사 묘와 순국 경찰 묘지, 5·18 사적지 표지가 있다.

너릿재는 1971년 터널이 개통되기 전까지만 해도 큰 눈이 오면 한 달이 넘게 길이 끊기곤 하였다. 한편, 동학 농민 혁명 때는 농민군이 무더기로 처형되었고, 1946년 8월 15일에는 화순 탄광 노동자가 미군에게 학살되었다. 6·25 전쟁 때는 국군과 빨치산이 대치하였으며, 5·18 민주화 운동 때는 시민군이 공수 부대에게 총격을 받은 곳이다.

19 동학 농민 혁명의 마지막 격전지

동학 농민 혁명 최후의 격전지, 장흥 석대들

[답사 목적] 일본과 청의 침입을 막아 내고, 봉건 체제의 억압과 수탈에 저항했던 동학 농민 혁명의 마지막 격전지인 전라남도의 서남부를 답사하며 역사적인 사건의 내용과 의미를 이해한다.

▲ 장흥 석대들 전적지

▲ **장흥 동학농민혁명기념관의 옆 도로에서 바라본 깃발** 공주 우금티(우금치) 전투에서 패한 농민군이 관군과 일본군에 맞서 마지막 격전을 벌였지만, 2천여 명이 죽으면서 또다시 패하고 말았다. 동학 농민군이 깃발을 꽂았다고 전해지는 석대와 그 전투 현장인 주변의 들판이 모두 국가 사적지이다.

◆ **답사 지역 개요** ◆

조선 말 삼정의 문란에 항거하였던 농민들에게 동학의 평등사상이 들불처럼 번져 나갔다. 이곳 농민들도 1893년 충청도 보은 집회에 참여할 만큼 동학의 교세는 대단하였다.

조병갑의 수탈과 억압에 분노하여 고부의 농민들이 들고일어난 1차 봉기 때는 영광과 함평을 비롯한 전라도 서부 지역 농민들이 적극적으로 호응하였다. 특히 황토현에서 전라도 감영군을 격파한 농민군이 장성 황룡촌에서도 홍계훈이 이끄는 관군을 대나무로 만든 장태를 활용하여 격파하였다. 그 결과, 전주 화약 이후에는 나주를 제외한 전라도 전 지역에서 농민들이 바라는 개혁을 추진할 수 있었다.

이후 일본군이 경복궁을 불법으로 점령하고 친일 정권

을 세우자, 농민들이 다시 들고일어나 한성으로 진격하려 하였을 때 전라도 곳곳의 농민들도 함께하였다. 하지만 공주 우금티(우금치) 전투에서 패배한 농민군이 마지막 전투를 치른 곳은 바로 지금의 전라남도였다.

특히 장흥에 모인 농민군은 1894년 12월 4일에 벽사도 역을 점령하고, 다음 날에는 장흥 읍성, 7일에는 강진 읍성, 10일에는 강진 병영마저 점령하였다. 이에 관군과 일본군은 12월 15일에 장흥 석대들에서 우세한 화력과 유인 전술로 농민군을 격파하였다. 수많은 농민군이 죽거나 붙잡혔지만, 일부는 해남과 진도로 쫓겨 가면서도 마지막 저항을 이어 갔다.

학교   학년   반   이름:

01 장흥 동학농민혁명기념관

02 장흥 석대들과 동학농민혁명기념탑

03 영회당

05 이방언 묘

04 벽사도역 터

08 진도 솔계치 집단 매장지

06 강진 전라병영성

07 장흥 옥산리 전투지

165

❶ 동학 농민 혁명의 마지막 격전지를 돌아보며 가 본 곳을 체크해 봅시다.

❷ 답사 코스 중 가장 인상 깊었던 장소는 어디였나요?

장소	까닭

❸ 답사 · 체험 활동 중 새로 알게 된 내용과 궁금한 점은 어떤 것인가요?

새로 알게 된 점	궁금한 점

❹ 답사 · 체험 활동을 마치고 느낀 점을 간략하게 써 봅시다.

01 장흥 동학농민혁명기념관
📍 전라남도 장흥군 장흥읍 남외리 164-5

동학 농민 혁명의 마지막 전투지인
석대들 옆에 세운 기념관

02 장흥 석대들과 동학농민혁명기념탑
📍 전라남도 장흥군 장흥읍 남외리

석대들과 자울재가 한눈에 보이고, 이름을 알 수 없는
농민군의 무덤 위쪽에 세운 기념탑

전라남도는 장흥 석대들 전적지 일대에 지난 2012년부터 2014년까지 동학농민혁명기념공원 및 기념관을 건립하였으며, 홍보 영상실·기획 전시실·체험 전시실 등을 갖추었다. 그리고 바깥에는 상징 조형물과 깃발 광장을 조성하였다.

전시실에는 동학 농민 운동 관련 고문서와 책을 전시하고 있으며, 동학 농민군과 일본군이 사용한 무기도 볼 수 있다. 특히 '세계 속의 동학 농민 혁명' '최후의 항쟁, 석대들 전투' 같은 전시는 입체적인 영상물을 활용하여 관람자가 마치 역사의 현장에 있는 듯한 생동감을 느낄 수 있다. 또한, 동학 농민 혁명 때 활약한 '장태' 장군 이방언은 물론 이인환, 이사경, 구교철, 문남택 대접주를 비롯하여 소년 뱃사공 윤성도, 여장군 이소사, 열세 살 소년 장수 최동린 같은 역사 속의 수많은 인물도 만나 볼 수 있다.

장흥 석대들 일대는 정읍 황토현, 공주 우금티(우금치), 장성 황룡촌과 함께 동학 농민 혁명의 4대 전적지이다. 특히 대규모 동학 농민군이 참여한 마지막 격전지로, 그 중요성을 인정받아 국가 사적 제498호로 지정되었다.

이방언이 이끄는 동학 농민군은 추격해 오는 관군과 일본군 본대에 맞서 이곳 장흥 석대들에서 전면적인 전투를 벌였다. 하지만 이곳에서 동학 농민군은 수백 명의 희생자를 내며 패하고 말았다.

1992년에 무명 동학 농민군의 유해가 묻힌 공설 운동장 뒤편에 기념탑을 세웠으나 제막식은 2004년에야 하게 되는 어려움을 겪었다. 이 기념탑의 글은 장흥 출신 소설가이자, 장편 소설 『녹두 장군』을 쓴 송기숙이 지었다.

166

지역사 탐구 일본군에 맞선 농민군의 무기는 어땠을까?

▲ 동학농민혁명기념관의 전시실 모습과 장태

'장태'란 대나무를 타원형의 큰 항아리 모양으로 엮어서 그 안에 닭과 병아리를 키우는 도구이다. 동학 농민군은 이 안에 볏짚을 넣고 공격과 방어를 할 때 사용했다. 장성 황룡촌 전투 때 장흥 출신 이방언이 이끄는 동학 농민군이 처음으로 사용했다고 전한다. 이 밖에도 동학 농민군은 화승총과 창칼로 무장하여 일본군과 관군에 맞서 싸웠다.

한편, 장흥 석대들 전투에서 동학 농민군은 우수한 무기를 가진 일본군과 관군의 화력에 맞서 2시간 가까이 저항하였지만 끝내 견디지 못하고 패하고 말았다. 일본군과 관군은 동학 농민군이 갖고 있던 대포 4문과 회룡창 1자루를 회수하고, 활과 화살, 총탄, 화약 등을 모두 불태웠다.

03 영회당
📍 전라남도 장흥군 장흥읍 예양리 78

동학 농민 혁명 때 장흥성을 지키다가
순절한 관군의 위패를 모신 사당

04 벽사도역 터
📍 전라남도 장흥군 장흥읍 관덕리

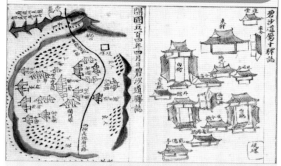
농민군의 원성을 샀던 벽사도역의 자취를 알 수 있는
『호남역지』(1895, 좌)와 『호남읍지』(1871, 우)

장흥 남산 공원 동사면의 양지바른 곳에 있는데, 동학 농민 혁명 때 관군으로서 농민군을 막다가 순절한 장흥 부사 박헌양을 비롯한 장졸 95인을 추모하기 위하여 세운 사우(사당)이다. 당시 죽산 부사 겸 양호도순무영 우선봉인 이두황이 성을 지키다가 순절한 부사와 장졸에 대한 공을 찬양하고 포상을 내렸다. 그러고 나서 순절한 장졸의 후손들이 계를 결성하여 사우(사당)를 짓자, 순무사 이도재가 '영회'라는 당호를 내렸다.

이곳에는 정면 4칸에다 팔각지붕의 당이 있고, 뒤편에는 순절비각이 있다. 해마다 음력 3월 15일이면 이곳에서 후손들이 제사를 지낸다. 한편, 영회당 입구의 장흥서초등학교는 당시 장대(장수의 지휘소)가 있던 자리였는데, 이방언 장군을 비롯한 농민군이 처형된 곳이다.

조선 시대의 역원제에 따라 설치된 벽사도역은 10개의 속역을 맡아 다스리는 찰방이 파견된 역으로, 많은 관아 건물이 장흥읍 원도리 일대에 있었다.

고부 봉기가 일어나자, 조정은 장흥 부사 이용태를 안핵사로 임명하여 사태를 해결하려 하였다. 하지만 고부 봉기는 후임 군수인 박원명이 원만히 해결하여 진정되었는데도 이용태가 벽사도 역졸 800여 명을 이끌고 가서 횡포를 부리자 농민군이 다시 봉기하는 원인을 만들었다.

결국 11월 7일경 동학 농민군 김방서 부대 1천여 명이 지원군으로 합류하여 12월 4일 오전 8시에 벽사도역을 공격해 관아와 일부 민가를 불태웠다. 벽사도역 찰방 김일원은 가족과 함께 장흥 읍성으로 피신하고, 전라도 병영으로 달려가 구원을 요청하여 동학 농민군을 진압하였다.

지역사 탐구   1894년 장흥 지역의 동학 교세는 어떠하였을까?

▲ 천도교 장흥 교당 전경

장흥의 동학 교세가 막강하였음을 보여 주는 유적이다. 장흥에 동학이 들어온 것은 1891년경이며, 용산면과 부산면 등에 '접'이 있었다. 본 건물은 원래 1906년 4월에 강봉수 교구장이 중심이 되어 처음 지었는데, 1907년~1908년에 다시 새로 지었다는 관련 기록이 남아 있다.

1894년에 일곱 살로 아버지를 따라 동학 농민 혁명에 참여하였다가 3·1 독립운동을 주도하였던 김재계는 어린 시절에 겪었던 1894년 봄 장흥의 동학 열기를 다음과 같이 술회하였다.

"그해 봄부터 우리 마을에는 더욱 동학 열이 심하여 집집마다 청수단을 만들고 낮이나 밤이나 주문 소리가 흡사 글방에서 글 읽는 소리 같았다. 우리 어린 사람들도 삼삼오오 작반(作伴)하여 들로 산으로 다니면서 노래 부르는 것 같이 외우고 다녔다."

- 『천도교회월보』(1934년)

05 이방언 묘
♀ 전라남도 장흥군 용산면 묵촌리

동학 농민군을 이끌다 처형되어 고향 마을에 묻힌
'남도 장군' 이방언의 묘

06 강진 전라병영성
♀ 전라남도 강진군 병영면 병영성로 175

동학 농민군의 마지막 전투 때 함락된
전라도 육군의 주둔지

장흥 출신의 대표적인 동학 지도자인 이방언은 유학자였지만 동학에 들어가 장흥 대접주가 되었다. 이후 동학 농민군을 이끌고 무장 기포에 참여하였으며, 장성 황룡촌 전투에서 장태를 이용하여 관군에 대승을 거두어 농민군이 전주성으로 입성하는 데 큰 공을 세웠다. 이방언은 황룡촌 전투의 승리로 '남도 장군', '장태 장군'이라는 별명을 얻었다.

이후 이방언은 장흥 동학 농민군 총대장이 되어 장흥 전투를 지휘하였으며, 석대들 전투 후에는 남면에서 체포되어 한성으로 압송되었다가 풀려났다. 하지만 1895년 4월에 또다시 체포돼 아들 이성호와 함께 지금의 장흥서초등학교에 있던 장대(장수의 지휘소)에서 처형되었다.

묵촌 마을 앞뜰을 도르뫼 들판이라고 하는데, 이곳은 동학 농민군이 집결하여 훈련을 했던 곳이라고 전해진다.

조선 500여 년간 전라도 육군의 총지휘부였던 곳으로, 왜구의 침략이 심해지자 광산현(현 광주광역시)에 설치된 것을 1417년(태종 17년)에 지금의 위치로 옮겼다. 초대 병사인 마천목 장군이 쌓은 것이며, 병영성은 평지성으로 근래에 옛 모습을 거의 찾아볼 수 없게 된 것을 복원하였다. 이 병영성은 제주도에서 난파되었다가 구조된 하멜 등 네덜란드 선원 33명이 7년간 머물렀던 곳이기도 하다.

동학 농민 혁명 때 이방언이 지휘한 장흥·강진 일대의 동학 농민군은 벽사도역·장흥부성을 점령한 후 강진현과 이곳 강진의 전라병영마저 점령하였다. 그 결과 병영성이 막대한 피해를 입었으며, 이듬해인 1895년(고종 32)에도 복구되지 못하고 결국은 폐영되고 말았다.

168

지역사 탐구   여성 동학 혁명가, 이소사를 아십니까?

▲ **장흥 석대들 전투에서 동학 농민군을 진두지휘하고 있는 이소사의 모습을 그린 상상도** 1897년 12월 17일 옥산촌 전투 이후 관군에 체포된 후 혹독한 고문을 받았으며, 나주로 압송된 후 그 후유증으로 감옥에서 숨졌을 것으로 짐작하고 있다.

"동학의 역사 속에서 유일한 여성 전사로 등장하는 이소사, 장녕성(장흥읍성) 전투에서 부사를 직접 처형하였다는 소문이 돌 정도로 당차고 직관력이 뛰어났다는 미모의 여동학군의 삶을 재현하는 길은 어렵고 힘들었지만 손을 놓을 수는 없었다. 팔순 노인으로 전주성 전투에서 젊은이들을 이끌고 당당히 그 힘을 발휘한 이야 접주, 그리고 그의 아들과 손자로 이어지는 접주들의 활동 상황, 한 집안에서 아들 셋이 고스란히 효수를 당하고도 양자로 이어지는 가풍을 사료에서 확인하였다. …… 이 모든 사료들은 사람의 뜻이란 함부로 사라지지 않는다는 것을 깨닫게 했다. 뜻이 있는 한 사람의 삶이 역사에서 어떤 역할을 하는지, 푸른 탐진강의 강물이 쉼 없이 흐르는 까닭은 알 것도 같았다."

– 『깊은 강은 소리 없이 흐르고』 작가 머리말 중에서

07 장흥 옥산리 전투지
📍 전라남도 장흥군 관산읍 옥산리

장흥 석대들에서 패한 농민군이 최후의 항쟁을
벌였던 관산읍 옥산리 들판

08 진도 솔계치 집단 매장지
📍 전라남도 진도군 진도읍 송현리 683-3

육지에서 패배한 농민군이 진도로 후퇴하였지만
일본군에 처형되고, 유해의 일부가 반출되었던 곳

동학 농민군은 장흥 석대들에서 관군과 일본군에게 패한 뒤 이곳 옥산리에서 항쟁을 벌였으나, 여기서도 1백여 명의 희생자를 내며 또다시 패하고 말았다. 이 옥산리 전투를 끝으로 장흥과 강진 일대 동학 농민군도 해산하고야 말았다. 전라도 일대 동학 농민군의 조직적인 저항은 이렇게 끝이 난 것이다. 현재 이곳 옥산리 전투지에는 당시의 상황을 알 수 있는 흔적을 찾아보기조차 어렵다.

이 밖에도 이인환 대접주와 소년 장군 최동린이 살던 대덕읍 연지리, 농민군 주둔지인 장평면 흑석장터와 사창터, 도망가는 농민군을 소년 뱃사공 윤성도가 실어 날랐다는 죽도 포구, 동학 농민군이 많이 나온 회진면 신상리와 신덕리 등이 있다.

진도의 솔계치(송현리) 일대는 1894년 12월에 장흥 전투에서 패배한 동학 농민군이 해남과 진도 등으로 후퇴하자, 12월 말에 진도에 상륙한 일본군이 수많은 동학 농민군을 처형한 곳이다. 이때 최소한 수십 명에서 최대 수백 명에 이르는 동학 농민군이 처형되었다고 하는데, 이들의 시신은 1906년까지 임시 매장 형태로 버려진 채 전혀 관리가 되지 않았다.

그런데 지난 1995년에 일본 홋카이도대학교에서 동학 농민군의 지도자로 추정되는 두개골이 발견되었다. 이듬해 국내로 봉환된 이 두개골은 진도 출신의 동학 농민군 지도자 박중진으로 추정되는데, 이 유골이 반출된 곳이 바로 솔계치라고 한다. 현재 진도군과 지역 내 관련자들의 관심 속에서 기념사업이 추진되고 있다.

169

지역사 탐구 **소년 뱃사공 윤성도, 동학 농민군을 살리다**

▲ 장흥동학농민혁명기념관의 전시실에 설치된 '소년 사공 윤성도가 되어 보아요' 체험 코너

석대들 전투에서 패한 농민군은 강진과 석대들 인근 자울재 쪽으로 뿔뿔이 흩어졌다. 관군과 일본군은 농민군을 쫓아 한반도 최남단까지 내려왔다.

동학군은 몸을 숨겼고, 관군의 수색은 집요하였다. 500명의 동학군이 좁은 섬 덕도에 숨었다. 관군의 수색망은 좁혀졌고, 농민군들은 생사의 기로에 섰다. 그때 소년 뱃사공이 돛배를 몰고 와 밤마다 조금씩 수를 나눠 동학군을 인근의 다른 섬으로 피신시켰다.

윤성도의 손자 윤병추씨(80)는 "어릴 때 할아버지로부터 당시 이야기를 전해 들었다. 목숨을 내걸고 쫓기던 농민군을 하루가 멀다 하고 배에 태워 인근 섬으로 피신시킨 것으로 알고 있다."라고 하였다. 또 윤병추씨는 "남도 끝까지 쫓긴 농민군의 절박한 마음을 외면할 수 없었던 할아버지의 숭고한 정신을 존경한다."고 말하였다.

– 『전북일보』(2014. 7. 23.)

함께 갈 만한 곳

01 장흥 안중근 의사 사당(해동사)

전라남도 장흥군 장동면 만수길 25-121

안중근 의사의 영정과 위패를 모시고 매년 음력 3월 12일에 추모 제향을 드리는 국내 최초의 유일한 사당이다. 안중근 의사의 후손이 제사를 지내지 못하고 있는 상황을 안타까워하여, 장흥군을 비롯한 도내 향교의 유림과 죽산 안씨 문중의 발의로 1955년 만수사 부지 내에 건립되었다.

이후 유림 안홍천은 이승만 대통령으로부터 '해동명월'이라는 휘호를 받아 현판을 걸고 해동사라 하였다. 해동사는 1칸짜리 사당으로 너무 비좁아서 2000년에 3칸 건물로 신축하였다.

02 장흥 천관산문학공원

전라남도 장흥군 대덕읍 연지리

723m 높이의 천관산은 국토 남단에 우뚝 솟은 명산인데, 동종으로 유명한 탑산사을 비롯하여 많은 절이 있다. 대덕읍 주민들은 매년 단풍나무를 수천 그루씩 심고, 등산로 3킬로미터에 저마다 다른 모양의 돌탑을 400여 개나 쌓았다.

또한, 국내 유명 문인들의 육필과 메시지를 소장한 문탑을 15미터로 쌓아, 캡슐에 담은 문인들의 기록을 보관하였다. 그리고 아름다운 자연석에 메시지를 음각하고 약력을 동판에 새긴 50여 개의 문학비도 세웠다. 이곳의 대표적인 문인 송기숙, 이청준, 한승원, 김녹촌은 물론 구상, 문병란, 양귀자의 이름도 찾아볼 수 있다.

03 강진 3·1운동기념비

전라남도 강진군 강진읍 서성리 산10

3·1 만세 운동이 한창 전국으로 확산되어 가던 1919년 4월 4일, 강진읍 장날에 이기성·오승남·황호경 등의 사전 준비로 1천여 명이 장터에 모여 태극기를 흔들면서 독립 만세를 외치는 시위를 벌였다.

이 시위로 강주형, 김후식, 오승남, 오웅추, 이기성 등이 체포되어 재판을 받고는 옥고를 치렀다. 강진 3·1 운동기념비 건립 위원회와 동아일보사는 이를 기념하기 위해서 1976년 5월 9일에 이 비를 세웠다. 당시 시장이 있던 곳은 동성리 187-5번지이다.

04 금릉학교 터

전라남도 강진군 영랑생가길 20-7

금릉학교는 1906년 9월 강진 군수 조중관과 강진 유지들의 후원으로 설립되었다. 설립 직후부터 학생이 100여 명에 이를 만큼 발전하여 강진 지역의 민족 교육을 이끌어 나갔다. 교과 과목은 윤리학, 국한문, 역사, 지리 등이었다.

1907년에 국채 보상 운동이 전국적으로 전개되자, 금릉학교 학생들도 '국채 보상 금릉 협성회'를 조직하고 국채 보상금을 모금하여 황성신문사에 기탁하였다. 또한, 금릉학교에서 민족 교육을 받던 학생들은 1919년 4월 4일 강진읍 만세 시위를 주도하였다.

05 해남 기미독립선언기념비

전라남도 해남군 해남읍 구교리 346(서림 공원 안)

1919년 4월 6일 해남에서 일어난 만세 시위는 김영휘의 주도로 벌어졌다. 김영휘는 사전에 해남공립보통학교 학생 김규수에게 학생들을 규합하여 시위에 참여하도록 하였다.

이에 김규수는 1919년 4월 1일 학교 기숙사에서 동료 학생인 김한식 · 임영식 등과 만세 시위를 논의하고, 김명곤 · 이재실 · 이준탁 등과 함께 기숙사에서 4월 6일까지 태극기와 선전문을 준비하였다. 이들은 그날 오후 해남시장으로 나아가 만세 시위를 벌였다. 이를 기념하고자 1946년 3월 1일 서림공원 안에 비를 세웠다.

06 5·18 민주 항쟁 사적지(우슬재)

전라남도 해남군 해남읍

5 · 18 민주화 운동은 광주는 물론 나주, 무안, 함평, 해남 등지로 확산되었다. 해남 우슬재는 옥천면에서 해남읍 사이에 있는 고개로, 5 · 18 민주화 운동 때 군인들이 우슬재에 바리케이드를 치고는 시민과 차량을 통제하였다. 이런 가운데 5월 23일 아침에 광주를 향해 가던 시민과 군인이 대치하다가 군인들의 총기 발포로 여러 명의 사상자가 발생하였다. 2019년 5월, 우슬재에서 사망한 시민을 군부대로 옮긴 다음에 피로 물든 옷을 군복으로 갈아입히고는 매장하였다는 증언이 텔레비전 방송의 시사 프로그램에서 공개되기도 하였다.

20 세계 민주 항쟁의 모범이 되다

영상으로 보는 한국사

5·18 광주 민주화 운동

[답사 목적] 5·18 민주화 운동 유적지를 돌아보면서 1980년 신군부에 맞선 광주 시민의 민주주의를 지키려는 의지와 이후 진실 규명 및 명예 회복을 위한 노력을 알아본다.

▲ 국립5·18민주묘지 항공 사진

▲ **국립5·18민주묘지** 무등산이 바라다 보이는 아늑한 곳에 터를 잡고 있으며, 이 땅에 불의와 독재가 더 이상 발붙이지 못하도록 하는 역사 교육의 장이자 세계 민주 항쟁의 요람으로 거듭나고 있다.

◆ 답사 지역 개요 ◆

1980년 5월은 민주주의에 대한 열망으로 가득한 때였다. 무려 18년 동안 군림하던 박정희 독재 정권이 무너진 이후에 대학생을 중심으로 민주주의를 향한 요구가 드높았다. 하지만 박정희 대통령의 총애를 받던 신군부 세력은 12·12 사태와 5·17 비상계엄 확대를 통해 권력을 장악하며 민주주의를 짓밟으려고 하였다.

서울을 비롯한 전국이 신군부의 무력 앞에 침묵하고 있을 때, 광주는 비상계엄 해제를 요구하며 평화 시위를 벌였다. 하지만 신군부는 나라를 지키려고 양성한 공수부대를 투입하여 광주 시민의 평화 시위를 잔인한 살상으로 진압하였다. 이에 대학생은 물론 수많은 시민이 예

비군 무기고를 열고 스스로 무장하면서 맞섰다. 이때 여학생들은 전남 도청을 점령한 시민군을 위해 밥을 짓거나 헌혈에 나섰고, 양동시장의 상인들은 반찬과 리본을 만들었다. 그런 가운데 왜곡 보도를 일삼던 방송국만 공격을 당했을 뿐, 공공 기관이나 금융 기관은 모두 안전하였다. 반면에 신군부는 군대의 힘으로 시위를 더욱더 강력히 진압하였다.

이후 광주 시민은 스스로 진실 규명과 명예 회복을 위한 노력을 계속하였다. 그 결과 5·18 기록물은 세계 기록 유산이 되어 아직까지 민주화를 이루지 못한 지구촌의 다른 나라에 민주 항쟁의 경험을 나누어 주는 소중한 자료가 되고 있다.

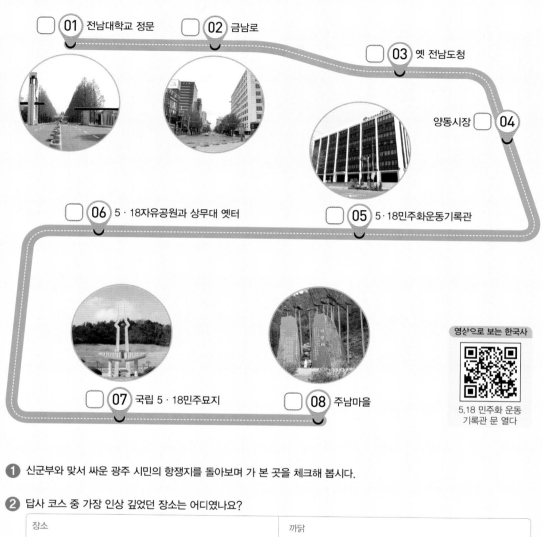

☐ 01 전남대학교 정문   ☐ 02 금남로

☐ 03 옛 전남도청

양동시장 ☐ 04

☐ 06 5 · 18자유공원과 상무대 옛터   ☐ 05 5 · 18민주화운동기록관

☐ 07 국립 5 · 18민주묘지   ☐ 08 주남마을

영상으로 보는 한국사

173

5.18 민주화 운동
기록관 문 열다

❶ 신군부와 맞서 싸운 광주 시민의 항쟁지를 돌아보며 가 본 곳을 체크해 봅시다.

❷ 답사 코스 중 가장 인상 깊었던 장소는 어디였나요?

장소	까닭

❸ 답사 · 체험 활동 중 새로 알게 된 내용과 궁금한 점은 어떤 것인가요?

새로 알게 된 점	궁금한 점

❹ 답사 · 체험 활동을 마치고 느낀 점을 간략하게 써 봅시다.

01 전남대학교 정문
📍 광주광역시 북구 용봉동

한국 민주주의 역사에 찬연히 빛나는
5·18 민주화 운동이 시작된 곳

02 금남로
📍 광주광역시 동구 금남로

5월 20일, 운전기사들이 계엄군에 맞서
바리케이드를 쳤던 현장

1980년 5월 17일 자정, 불법적인 비상계엄의 전국 확대로 전남대학교에 진주한 계엄군은 도서관 등에서 밤을 새워 공부하던 학생들을 무조건 구타하고 불법 구금하면서 5·18 민주화 운동의 불씨가 되었다. 다음 날 오전 10시경, 교문 앞에 모여든 학생들은 학교 출입을 막는 계엄군에게 항의하면서 첫 충돌이 있었다. 이후 학생들은 광주역과 금남로로 나아가 항의 시위를 벌였다.

한편, 계엄군은 시내에서 붙잡아 온 시민을 이곳 종합운동장과 이학부 건물에 수용하여 집단 구타하는 과정에서 사망자가 생기는 사고가 발생하였다. 주검은 학교 안에 매장되었다가 나중에야 발굴되었다.

5·18 민주화 운동 무렵, 전남대학교 정문 앞에는 용봉천이 흐르고 그 위에 다리가 놓여 있었으나 지금은 복개되었다. 학생과 시민을 불법 감금하였던 이학부 건물도 지금은 철거되었으며, 교문도 모양이 바뀌었다.

금남로는 광주 시민이 계엄군에 맞서 5·18 민주화 운동 때 날마다 격렬히 저항하였던 항쟁의 거리이다.

1980년 5월 18일, 광주가톨릭센터 앞에서는 처음으로 학생들의 연좌시위가 있었고, 5월 19일부터는 수많은 시민이 끊임없이 모여들어 항쟁의 의지를 불태웠다. 5월 20일 저녁에는 택시를 중심으로 100대 이상의 각종 차량이 참가한 대규모 시위가 이 거리를 누볐다. 그리고 이튿날 계엄군의 집단 발포가 있기 전까지 30여 만 명의 광주 시민이 모여들어 군사 독재 저지와 민주화를 촉구하면서 금남로는 5·18 민주화 운동을 상징하는 거리가 되었다.

5·18 민주화 운동 이후에는 항쟁의 진실을 밝히려는 투쟁이 금남로를 비롯하여 광주가톨릭센터에서도 계속 열렸다. 천주교 광주 대교구청에서는 5·18 민주화 운동의 진실을 전국과 세계에 계속 전파하면서 '5월 광주'의 불을 밝혀 왔다.

▲ 전남대학교 정문에서 시위를 벌이다가 경찰과 대치한 모습

▲ 1980년 5월 20일, 금남로에 모여든 차량 시위 행렬

03 옛 전남도청
📍 광주광역시 동구 문화전당로 38

광주와 전라남도의 행정 중심지였던 곳으로,
5·18 민주화 운동의 마지막 항쟁의 현장

04 양동시장
📍 광주광역시 서구 천변좌로 238

신군부에 맞서 싸우는 시민군을 아낌없이
성원하였던 이곳 시장 상인들의 일터

옛 전남도청은 5·18 광주 민주화 운동 본부가 있던 곳이며, 최후의 항전을 벌이다 수많은 시민군이 이곳에서 산화하였다. 이곳 도청은 5·18 민주화 운동 초기에 신군부의 독재에 맞선 광주 시민의 항의와 분노를 표출하는 장이었다. 그것은 "가자, 도청으로!"라는 짧은 구호 속에 잘 나타나 있다.

옛 전남도청은 불법적인 비상계엄이 전국으로 확대되면서 주둔한 계엄군의 집단 발포로 엄청난 희생을 치른 광주 시민이 결사 항전을 벌인 곳이다. 5월 21일 오후, 마침내 계엄군이 광주시 외곽으로 철수하였다. 이후 이곳에서는 시민군 지도부가 조직되고, 시민 수습 대책 위원회가 수습책을 논의하는 등 시민 공동체의 중심이 되었다. 하지만 5월 27일 새벽에 계엄군의 무력 진압에 맞서 싸운 시민군의 마지막 항전으로 수많은 시민군이 목숨을 잃은 곳이기도 하다.

옛 전남도청은 1930년에 건립되었는데, 광주와 전라남도가 분리되면서 2005년에 무안군 삼향면으로 이전하였다.

5·18 민주화 운동 때 양동시장 상인들은 시민군에게 주먹밥과 생필품을 제공하며 모든 시민이 하나가 되는 대동 정신을 앞장서서 발휘하였다. 이곳 상인들은 십시일반으로 돈은 물론 김밥, 떡, 음료수, 약품 따위를 모아 시민군을 지원하고 뜨겁게 격려하였다. 이러한 상인들의 활동은 양동시장뿐만 아니라 대인시장, 남광주시장을 비롯하여 곳곳에서 일어났다.

한편, 5월 23일에는 시민들이 이곳 양동시장에서 광목천을 사다가 수의를 만들어 희생자들에게 입혀서 입관을 하였다. 광목천은 플래카드를 만드는 데도 이용되었다. 또한, 희생자들을 묻기 위한 관도 양동시장 인근의 장의사한테서 구매하기도 하였다. 이처럼 시장 상인과 시민이 함께하던 모습은 지금도 사람들의 가슴을 훈훈하게 하고 있다.

175

▲ 해방 기간 동안 도청에서 열린 '민주수호범시민궐기대회'

▲ 시민군에게 나눠 줄 주먹밥을 만들고 있는 모습

05 5·18민주화운동기록관
📍 광주광역시 동구 금남로 221

옛 광주가톨릭센터에 들어선 기록관 전경
5·18 민주 운동을 기록을 통해 이해할 수 있는 곳

06 5·18자유공원과 상무대 옛터
📍 광주광역시 서구 상무평화로 13

옛 상무대 영창을 복원한 곳으로, 계엄군의 만행과
광주 시민의 수난을 실감할 수 있는 곳

5·18민주화운동기록관은 유네스코 세계기록유산인 5·18 민주화 운동 기록물을 체계적으로 보존·관리하기 위하여 2015년 5월 13일에 옛 광주가톨릭센터 건물에 세웠다.

5·18 민주화 운동 기록물의 유네스코 등재는 판소리를 무형 문화유산으로 등재하는데 앞장섰던 이태호 유네스코 순천 협회장의 적극적인 제안에 광주시와 전남대학교 5·18연구소가 협력하며 이루어졌다.

지하 1층부터 지상 7층의 규모로, 1층부터 3층까지는 '항쟁 5월의 기록, 인류의 유산'이라는 주제로 5·18 민주화 운동과 세계기록유산을 소개하는 상설 전시관을 운영하고 있다. 4층에는 작은 도서관이 있으며, 5층은 기록 보존을 위한 수장고로 활용하고, 6층은 윤공희 전 천주교 광주대교구장의 집무실을 재현해 놓았다.

이곳은 상무대(육군 전투 병과 교육 사령부)가 있던 자리로, 5·18 광주 민주화 운동 때는 계엄 사령부 전남북 계엄 분소가 설치되기도 했다. 그래서 계엄군 주요 지휘관 회의가 이곳에서 자주 열렸고, 시민 수습 위원이 몇 차례나 드나들며 군 수뇌부와 협상을 벌이기도 했다.

하지만 5·18 민주화 운동 후에는 시민 3천여 명이 붙잡혀 와 이곳 헌병대 영창에서 무자비한 고문과 구타를 당했다. 또한, 이곳 군사 법정에서는 시민에게 내란죄를 씌워 사형과 무기 징역 같은 중형을 선고했다.

이후 상무대 지구 택지 개발에 따라 군사 법정과 영창 건물이 옮겨져 복원되었다. 자유 공원 한쪽에는 5·18 민주화 운동에 앞장섰던 들불 야학 출신 일곱 명 열사의 얼굴을 넣은 추모비가 있다.

176

지역사 탐구 5·18 민주화 운동 관련 기록물이 유네스코 세계기록유산으로 등재된 까닭은 무엇일까?

▲ 연합통신 기자의 사진 필름 원본(좌)과 학생들의 성명서(우)

2011년 5월 25일, 유네스코는 5·18 민주화 운동의 역사성과 한국의 민주화 과정을 담고 있는 기록물이 '세계기록유산'으로 등재되었다고 발표하였다.

유네스코 세계기록유산이 된 5·18 민주화 운동 기록물은 자신과 가족의 생명을 지키려고 불의한 국가 권력에 맞섰던 광주 시민들의 희생정신을 국제 사회가 인권과 민주주의에 대한 확고한 신념으로 공인한 것이다. 따라서 5·18 민주화 운동 기록물은 인류의 보편 가치인 인권, 민주, 평화의 정신을 지구촌 사람들과 공유할 수 있다는 데 큰 의의가 있다.

또한, 분단국가 대한민국에서 군사 정권의 폭압에 저항한 시민들의 분노, 눈물, 용기가 전 세계 사람들에게 전해져 정의를 향한 인권 교육의 중요한 자료가 될 것이다.

07 국립5·18민주묘지
📍 광주광역시 북구 민주로 200

5·18 민주화 운동과 진실 규명을 위해
애쓰다 목숨을 잃은 사람들을 기리는 국립묘지

08 주남마을
📍 광주광역시 동구 월남동

5·18 민주화 운동 때 비무장 버스에 총격을 가한
계엄군의 폭력성을 보여 주는 위령비

1993년 5월 13일, 김영삼 대통령은 특별 담화를 발표하였다. 5·18 민주화 운동 기념사업은 문민정부의 공약 가운데 하나였는데, 망월동 묘지의 확장과 성역화를 약속하였다. 이후 국가와 지방 정부, 그리고 시민 단체 사이에 무수한 논쟁과 갈등을 빚었지만, 1997년 5월에 국립5·18민주묘지가 마침내 완공되었다.

국립5·18민주묘지는 민주의 문, 연못 및 석교, 추념문, 민주 광장, 유영 봉안소, 참배 광장, 참배단, 추모탑, 묘역, 역사의 문, 부조 7마당, 야외 공연장, 민주 동산, 숭모루, 헌수 기념비 등으로 이루어졌으며, 2007년에는 5·18 추모관을 세웠다. 묘역은 제1묘역부터 제10묘역까지 총 10개로 구분되어 있으며, 784기를 안장할 수 있다. 특히 제10묘역은 행방불명자를 안장한 곳으로, 봉분이 없는 비석만 있다. 옛 묘역에는 이장하기 전의 모습이 보존되고 있으며, 5·18 민주화 운동 이후의 민주 열사 묘소가 있다.

1980년 5월 21일, 광주 시내에서 조선대학교 뒷산을 넘어 퇴각하여 인근 주남마을에 주둔하고 있던 계엄군이 광주·화순 간 도로를 오가는 차량에 무차별 총격을 가한 곳이다. 광주와 화순은 하나의 생활권이나 마찬가지라서 속수무책으로 피해를 당할 수밖에 없었다.

또한, 계엄군은 5월 23일에도 승객 18명을 실은 미니버스에 무차별 사격을 가해, 15명이 사망하고 부상을 입은 남성 2명과 여고생 1명은 계엄군에 체포되었다. 그런데 여고생은 헬기로 후송되어 살아남았지만 부상한 두 명의 남성은 계엄군이 주남마을 뒷산으로 끌고 가서 살해한 후 암매장하였다. 한동안 이곳에 묻힌 두 시신은 5·18 민주화 운동이 끝난 후에야 주민의 신고로 발굴되었다. 발굴된 시신은 망월동의 5·18 옛 묘지에 묻혔다가 2002년에 국립5·18민주묘지로 이장하면서 실시한 유전자 감식으로 신원이 확인되었다.

177

지역사 탐구   민주화 운동의 대표곡, 「님을 위한 행진곡」은 어떻게 만들어졌을까?

▲ 윤상원 묘비(좌)와 「임을 위한 행진곡」 악보(우)

「님을 위한 행진곡」은 5·18 민주화 운동 때 시민군 대변인인 윤상원이 1980년 5월 27일 전남도청에서 최후를 맞자, 노동 운동·야학 운동을 하다가 1978년에 이미 죽은 박기순과 영혼결혼식을 위해 만든 노래이다.

1981년, 광주 운암동에 있는 소설가 황석영의 집에 황석영, 김종률, 전용호, 오정묵 등이 모여 5월 항쟁을 추모하고 윤상원과 박기순의 영혼을 기리기 위한 창작 노래극을 만들기로 하였다. 그래서 황석영이 백기완의 시 「묏비나리」를 개작하여 노랫말을 만들고, 김종률이 곡을 붙이면서 1982년에 이 노래가 완성되었다. 그리고 나서 노래극 「넋풀이」에 실린 「님을 위한 행진곡」은 1982년부터 테이프로 녹음되어 대중에게 배포되면서 5·18 민주화 운동의 상징적인 노래일 뿐만 아니라 온 국민이 애창하는 노래가 되었다.

함께 갈 만한 곳

영상으로 보는 한국사
광주에서 타오른 항일 운동의
불꽃, 광주 학생 항일 운동

01 광주학생독립운동기념탑

광주광역시 북구 누문동

일제의 식민 통치에 저항하여 광주 학생 항일 운동에 참여한 학생들의 독립 정신과 희생을 기리기 위하여 건립한 탑이다. 이 기념탑은 1953년 9월 10일에 광주제일고등학교 교정에서 기공하여 1954년 6월 10일에 제막하였다. 사각형의 1층 기단 앞면에는 궐기하는 남녀 학생들의 모습을 새겨 넣었으며, 2층 기단의 앞면에는 "우리는 피 끓는 학생이다. 오직 바른 길만이 우리의 생명이다."라는 글귀가 있다. 한편, 탑신 앞면에는 '광주학생독립운동기념탑(光州學生獨立運動記念塔)'이라고 쓴 이승만 대통령의 친필 휘호가 있다. 이 기념탑 가까이에는 광주학생독립운동기념역사관도 있다.

02 광주학생독립운동기념회관

광주광역시 서구 학생독립로 30(화정동)

1929년 11월 3일 광주에서 일어나 전국으로 확산된 광주 학생 항일 운동의 정신이 깃든 곳이다. 이곳에서는 광주 학생 독립운동사를 정리·연구하고, 사료를 보관·전시하며, 당시 희생자를 추모하는 참배실을 운영한다.

1967년 광주광역시 동구 황금동에 있던 것을 2004년에 지금의 위치에 기념관 신축을 시작하여 2005년 11월에 새롭게 문을 열었다. 1층은 참배실·(사)광주학생독립운동동지회·회의실, 2층은 전시실·영상실·인터넷 검색대·휴게실을 갖추고 있다.

03 광주학생독립운동여학도기념비와 역사관

광주광역시 동구 제봉로 158번길 8(장동)

광주 학생 항일 운동에 참여한 광주여자고등보통학교 학생들의 독립 정신과 희생을 기리기 위하여 전남여고 동창회가 중심이 되어 건립한 기념비이다.

광주 학생 항일 운동 30주년인 1959년 11월 3일 정문 왼쪽에 세운 비석의 앞면에는 '광주학생독립운동여학도기념비(光州學生獨立運動女學徒紀念碑記念碑)'라고 쓴 이승만 대통령의 친필 휘호가 있다. 또 뒷면에는 국어학자 최현배가 지은 비문을 새겼다. 2011년 5월 25일에는 광주공립여자고등학교 본관 건물 안에 역사관을 만들었다.

04 4·19혁명기념관

광주광역시 동구 무등로 328

민주주의를 지키기 위해 불의에 항거한 4·19 혁명 정신을 기리고, 자유·민주·정의의 이념을 계승 발전시키고자 광주광역시에서 세운 기념관이다.

기념관의 1층은 전시 공간과 봉안실로, 2층은 관련 단체 사무실로 사용되고 있다. 1층 전시 공간은 4·19 혁명의 배경과 전개, 결과를 정리한 내용과 추모 영상실, 체험 코너, 정보 검색, 영정 봉안실로 이루어졌다. 특히 광주 지역의 학생들이 4·19 혁명 전에 금남로에서 3·15 부정 선거 규탄 시위에 나섰던 상황도 알려 주고 있다. 2019년 3월 20일에는 광주고등학교에 4·19민주혁명역사관을 만들었다.

05 어등산 의병 전적지

광주광역시 광산구 운수동

1905년 을사늑약과 1907년 군대 해산 등 대한 제국이 굴욕의 늪에서 허우적거릴 때 어등산은 항일 투쟁의 무대가 되었다.

1908년 4월 25일 박산 마을 뒷산의 석굴과 토굴에서 격전 끝에 의병장을 비롯한 23명이 전사하였고, 1909년 1월 10일 운수동 절골에서 조경환 의병장을 비롯하여 30여 명이 전사, 10여 명이 체포되고, 9월 26일에는 80여 명이 싸우다가 10명이 전사했다. 김태원 장군이 이끈 의병 부대는 주재소를 습격하고 일본군 토벌대와 교전을 벌이다가 1908년에 어등산 전투에서 전사하였다.

06 친일 단죄문

광주광역시 남구 중앙로 107번길 15(구동)

광주광역시에서는 친일 역사 잔재물 가운데 비석이나 현판 등의 연원을 기록한 '단죄문'를 설치하기로 하였다. 시민들에게 일제 강점기의 역사적인 사실을 잊지 않고 바르게 기억하도록 하기 위한 것이다. 2019년 8월 8일 11시, 광주광역시는 광주공원 계단 앞에서 '친일 잔재 청산, 일제 식민 통치 잔재물에 대한 단죄문 제막식'을 갖고 윤웅렬·이근호·홍난유의 선정비를 뽑아서 한곳에 모아 눕혀 놓은 다음에 단죄문을 세웠다. 또한, 광주공원으로 올라가는 계단에는 '일제 식민 통치 잔재물인 광주신사 계단입니다.'라는 글귀를 붙였다.

21 평화와 인권, 통일을 꿈꾸다

제주 4.30이 뭐우꽝?

[답사 목적] 아름다운 화산섬 제주도의 4 · 3 사건 유적지를 돌아보면서 상처를 닫고 평화와 인권, 통일을 향한 제주 사람들의 의지를 되새겨 본다.

▲ 행방불명 희생자 표석

▲ **제주4·3평화기념관** 해마다 30여 만 명의 방문객이 찾아와 제주 4 · 3 사건의 진실과 과거사 청산의 교훈을 직접 확인하고 있다. 기념관이 자리한 제주 4 · 3 평화공원의 행방불명자 추모원에는 사건 당시 행방불명 희생자 표석 3,913기(2018년 3월 기준)가 있다.

◆ 답사 지역 개요 ◆

"1947년 3월 1일을 기점으로 하여 1948년 4월 3일 발생한 무장 봉기 및 1954년 9월 21일까지 발생한 무력 충돌과 진압 과정에서 주민들이 희생된 사건으로, 미군정기에 발생하여 대한민국 정부 수립 이후에 이르기까지 7년여에 걸쳐 지속된, 한국 현대사에서 6 · 25 전쟁 다음으로 인명 피해가 극심했던 비극적인 사건이었다."

– 「제주 4 · 3 사건 진상 조사 보고서」

1947년 3월 1일, 제28주년 3 · 1절 행사에서 기마경찰의 말발굽에 어린 아이가 다친 사고가 제주 도민을 2만 5천 명~3만 명이나 희생된 사건으로 될 줄 누가 알았을까. 경찰은 항의하는 제주 도민에게 발포를 하였고, 주민

은 민관 합동 총파업으로 맞섰다. 미군정은 제주도를 '붉은섬'으로 지목하고, 경찰과 극우 청년들을 동원하여 제압하였다. 게다가 5 · 10 총선거로 통일 정부의 꿈이 무너지자, 제주 도민은 1948년 4월 3일에 또다시 항쟁을 벌였다. 한때 평화적인 해결의 기미가 보였지만, 미군정이 무력에 의한 강경 진압 작전을 선택하면서 대한민국 정부 수립까지 제주도를 탄압하였다.

대한민국 정부는 한때 공산 폭동으로 매도하였으나 제주 도민의 노력으로 2003년에 대통령의 사과를 받고, 일부나마 진실 규명과 명예 회복으로 아픈 상처를 조금씩 치유하기 시작하였다. 아름다운 섬, 제주도는 이제 평화의 섬으로 탈바꿈하여 화해와 상생, 통일을 꿈꾸고 있다.

01 제주 4·3평화공원과 기념관

02 너븐숭이4·3기념관

03 낙성동 4·3성

05 백조일손지묘

04 다랑쉬마을과 다랑쉬굴

08 정방폭포

06 섯알오름 학살 터

07 큰넓궤

❶ 제주 4 · 3 사건과 관련된 유적지를 돌아보고 가 본 곳을 체크해 봅시다.

❷ 답사 코스 중 가장 인상 깊었던 장소는 어디였나요?

장소	까닭

❸ 답사 · 체험 활동 중 새로 알게 된 내용과 궁금한 점은 어떤 것인가요?

새로 알게 된 점	궁금한 점

❹ 답사 · 체험 활동을 마치고 느낀 점을 간략하게 써 봅시다.

01 제주 4·3평화공원과 기념관
⊙ 제주특별자치도 제주시 봉개동 237-2번지, 명림로 430

제주 4·3 사건의 역사와 의미를 되새기며, 희생자를 추모하고
평화로운 세상을 위한 다짐의 공간

02 너븐숭이 4·3기념관
⊙ 제주특별자치도 제주시 조천면 북촌리 1599번지, 북촌3길3

소설 「순이 삼촌」을 통해 세상에 알려진 북촌리 학살 사건,
기념관과 조형물이 그 진실을 들려주는 곳

제주4·3평화공원은 4·3 사건 희생자의 넋을 위령하고, 유족의 아픈 마음을 위로하는 위령과 추모의 장이다. 아울러 평화·인권·교육의 장으로서 후세에 역사적인 교훈을 물려주기 위한 목적으로 조성되었다.

2000년에 제주 4·3 사건 관련 특별법이 제정되고 나서 제주4·3평화공원은 2008년 3월 28일에 준공되었다. 이 공원 안에는 기념관과 위령제단, 추념 광장, 위령탑, 각명비, 봉안관, 행방불명 희생자 표석 등이 있다.

한편, 2008년 3월 28일 건립된 제주4·3평화기념관은 4·3 사건과 같은 비극이 다시는 일어나지 않도록 후세에 교훈을 줌은 물론 평화와 인권의 소중함을 일깨워 주는 '역사 교육의 장'이다. 또한, 이를 계기로 한반도의 평화, 나아가 세계 평화에 기여하는 '평화·인권의 장'이기도 하다. 이 기념관 지하 1층에 마련된 상설 전시실은 제주 4·3 사건의 역사를 한눈에 볼 수 있도록 꾸며졌다.

제주시 북촌리는 일제 강점기에 독립운동가가 많이 살았고, 해방 후에는 인민 위원회를 중심으로 자치 활동이 활발하였던 곳이다.

1947년 3·1절 행사 이후 북촌리 청년들이 8월에 경찰관 폭행 사건과 이듬해 6월에도 우도 지서장 살해와 납치 사건을 벌이면서부터 늘 토벌대의 주목을 받았다. 이에 민보단을 조직해 마을을 지키고 토벌대에 협조하던 24명의 주민이 1948년 12월 16일에 느닷없이 군인들에 끌려가 동복리 지경 '낸시빌레'에서 집단 총살을 당하였다.

또한, 1949년 1월 17일에는 함덕 주둔 제2연대 군인들이 4백여 명의 북촌리 주민을 한날한시에 학살하였는데, 4·3 희생자의 무고함을 상징하는 사건이다. 소설가 현기영은 이 사건을 소설로 썼다가 큰 고초를 겪어야만 하였다.

기념관 주변에 「순이 삼촌」 문학기념비, 위령비, 방사탑이 있고, 북촌초등학교에 참사비가 세워져 있다.

182

지역사 탐구 소설가 현기영의 「순이 삼촌」은 어떤 내용을 담고 있을까?

▲ 「순이 삼촌」 문학기념비

1978년 소설가 현기영이 계간 「창작과비평」에 발표한 작품으로, 「순이 삼촌」은 제주 4·3 사건 그 자체라고 할 만큼 큰 반향을 불러일으켜 한국 현대사와 문학사에서 길이 남을 작품으로 손꼽을 만하다.

소설가 현기영은 이 작품집에서 북촌리 학살 현장에서 기적적으로 살아남았지만 신경쇠약과 환청에 시달리다가 결국 자살하는 순이 삼촌의 삶을 표현하면서 "그러나 누가 뭐래도 그건 명백한 죄악이었다. 그런데도 그 죄악은 삼십 년 동안 여태단 한 번도 고발되어 본 적이 없었다."고 밝혔다.

03 낙선동 4·3성
📍 제주특별도 제주시 조천읍 선흘리 2720번지, 선흘서5길7

선흘리 마을에서 쫓겨 나온 주민들이
성을 쌓고 일군 새로운 삶터

04 다랑쉬마을과 다랑쉬굴
📍 제주특별자치도 제주시 구좌읍 세화리 2668번지 일대

아름다운 오름 아래에 있던 마을은 사라지고, 부근 동굴에
살던 구좌읍 주민들이 떼죽음을 당한 곳

1948년 11월 20일, 선흘리 마을이 토벌대의 초토화 작전으로 불타 버리자, 마을 주민들은 선흘곶의 자연 동굴이나 들판에 움막을 짓고 살았다. 한편, 해변 마을로 내려간 주민이나 야산에 은신하였다가 붙잡혀 온 주민 가운데는 '도피자 가족'이라는 이유로 희생을 치르기도 하였다.

1949년 봄이 되자, 그런 상처를 딛고 살아남은 주민들이 낙선동에 성을 쌓고 집단 거주하였다. 이러한 돌성은 당시 무장대의 습격을 방비한다는 명분으로 재건한 산간 마을은 물론 해변 마을까지 대부분 곳곳에 쌓았다. 다시 말해 주민과 유격대의 연계를 차단하고 주민을 효율적으로 감시하거나 통제하려고 만든 일종의 전략촌이었다.

이곳 낙선동 4·3성은 당시 주민의 애환을 보여 주려고 복원하였으나 고증이 미흡하다는 지적도 있다. 성의 규모는 대략 가로 150m, 세로 100m, 높이 3m로, 총 500m의 직사각형이다.

다랑쉬오름을 등진 채 자리한 이 마을은 해발 170미터 중산간에 있었다. 하지만 제주 4·3 사건 당시 초토화되어 터만 남아 있는 마을이다. 2001년에 세운 마을 표석에는 다음과 같이 마을 이름의 유래가 적혀 있다.

"…… '다랑쉬'라는 이름의 유래에 대해서는 여러 가지 설이 있으나 '마을의 북사면을 차지하고 앉아 하늬바람을 막아 주는 다랑쉬오름(높이 382m)의 분화구가 마치 달처럼 둥글게 보인다.' 하여 다랑쉬라 붙여졌다는 설이 가장 정겹다."

다랑쉬마을이 세간의 주목을 받은 것은 1992년 4월에 이곳 팽나무에서 동남쪽으로 약 300미터 떨어진 다랑쉬굴에서 11구의 시신이 발굴되어 제주 4·3 사건의 아픔을 사람들에게 다시 한 번 새겨 주었기 때문이다. 이때 발굴된 시신은 인근 마을 사람들로, 4·3 사건의 화를 피해 숨어 다니다가 1948년 11월 18일에 희생되었다고 한다.

지역사 탐구　제주 중산간 마을에 살던 '도피자 가족'들의 실상은 어떠하였을까?

▲ 1948년 6월, 공중에 떠 있는 미군 작전기를 쳐다보는 아이

"진압군은 소개령에 따라 중산간 마을에서 해변 마을로 내려온 사람들이라 할지라도 가족 중 청년이 한 명이라도 사라졌다면 '도피자 가족'이라 하여 총살했다. …… 일부 지역에서는 주민들을 집결시킨 가운데 호적과 대조하며 도피자 가족을 찾아냈다. 이때 청년이 사라졌다는 이유로 나이 든 부모와 아내, 그리고 어린 아이 등 주로 노약자들이 희생됐다. 주민들은 이를 '대살(代殺)'이라고 불렀다."　ㅡ「제주 4·3 사건 진상 조사 보고서」

1948년 11월 중순부터 약 4개월간 진압군은 중산간 마을에 불을 지르고 주민들을 집단으로 살상하였다. 군·경에 의한 주민 집단 희생의 실상은 14,000여 건에 이르는 피해 신고서 내용과 수천 명의 증언을 통해 밝혀지고 있다.

05 백조일손지묘
📍 제주특별자치도 서귀포시 대정읍 상모리 586-1번지 일대

6·25 전쟁 이후 4·3 사건 연루자 143명을 학살하고,
시신 수습마저 막았던 국가 폭력의 야만을 보여 주는 현장

06 섯알오름 학살 터
📍 제주특별자치도 서귀포시 대정읍 상모리 1597-3번지 일대

6·25 전쟁 이후 4·3 사건 연루자였다는 이유로
이루어진 학살의 실상을 보여 주는 곳

백조일손지묘는 1950년 8월 20일 송악산 섯알오름 자락 옛 일본군 탄약고 터에서 학살된 모슬포 경찰서 관내 주민 132명의 묘가 집단으로 있는 곳이다. 이곳은 현재 제주도 내 4·3 희생자 집단 묘지 세 군데 중에서 규모가 가장 크다.

이곳 집단 묘역은 주민이 학살된 6년 후인 1956년 5월 18일에 유족들이 만들었다. 당시 유족들은 6년간 시신 인도를 강력히 거부한 군 당국과 가까스로 타협한 후, 흙탕물 속에 뒤엉킨 시신을 구별하기가 어렵자 132개의 칠성판 위에 머리뼈 하나, 등뼈, 팔뼈, 다리뼈 등 큰 뼈를 대충 맞춘 채 132구를 구성하여 이장했다.

이런 이유로 유족회의 이름도 "서로 다른 132명의 조상이 한날, 한시, 한곳에서 죽어 뼈가 엉기어 하나가 되었으니, 그 후손은 이제 모두 한 자손이다."는 뜻으로 '백조일손(百祖一孫)유족회'로 정하였다. 그 후 유족회는 1959년 5월 8일, 묘역에 위령비도 건립하였다.

6·25 전쟁이 발발하자, 정부에서는 전국적으로 국민 보도 연맹원을 체포·구금하였다. 이때 제주 지구 계엄 당국에서도 많은 주민을 검속하였다. 당시 모슬포 경찰서 관내 한림·한경·대정·안덕 등지에서도 344명이 검속되었는데, 이들 중 149명을 대정 상모리 절간 고구마 창고에 수감하였다가 1950년 8월 20일 새벽 4~5시경 집단 학살하였다. 이날 새벽 2시경 한림 지서에 검속되었던 63명도 계엄 당국이 집단 총살을 하여 이곳의 희생자는 212명에 이른다.

한편, 모슬포에는 알뜨르 비행장에 설치된 비행기 격납고, 섯알오름 고사포 진지, 이교동 일제 군사 시설, 송악산 동굴 진지 등 태평양 전쟁과 관련된 국가 지정 등록 문화재가 무려 8개나 있다. 섯알오름 학살터를 비롯한 제주 4·3 사건 유적지와 6·25 전쟁 때 설치된 옛 육군 제1 훈련소, 강병대 교회, 해병 훈련 시설지 등을 보면 모슬포 마을 전체가 지붕 없는 역사 박물관이나 다름없다.

지역사 탐구 **땅에 남은 흔적, 가슴에 남은 상처를 어떻게 치유해야 할까?**

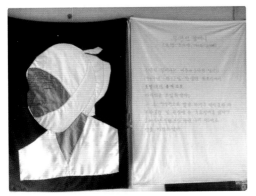

▲ **무명천 할머니, 진아영** 1949년 한경면 판포리에서 토벌대의 총격으로 턱을 잃은 진아영 할머니는 턱의 총상을 가리려고 무명천을 두르고 다녀 '무명천 할머니'라고도 불렸다.

제주 4·3 사건이 지나가자, 토벌의 피바람으로 온 동네가 같은 날 제사를 지내고 행방불명된 가족을 그리워하며 눈물을 짓기도 했다. 특히 제주도 여성의 절반은 '홀어멍(과부)'이 되어 홀로 자식을 키우면서 생계를 꾸려 나가야만 하였다. 이처럼 제주도 사람들은 "살암시민 살아진다(살다 보면 살아진다)."라는 말을 가슴속에 담고서 세월을 버텨 냈다.

제주 4·3 사건이 남긴 멍에 때문에 제주도 사람들은 피해자였지만 슬픔을 드러낼 수도, 기억을 말할 수도 없었다. 이를 테면 1954년 북촌리 마을에서는 6·25 전쟁 때 죽은 사람과 4·3 사건 때 희생된 사람을 함께 추모하다가 경찰에 알려져 마을 주민이 곤욕을 치르기도 하였다. 그래서 '바람, 돌, 여자'가 많다는 '삼다도'라는 말은 제주 4·3 사건이 남긴 또 하나의 상처이기도 하다.

07 큰넓궤
📍 제주특별자치도 서귀포시 안덕면 동광리 90번지 일대

제주 4·3 사건 때 군경 토벌 작전을 피해 동광리
주민들이 은신 생활을 하였던 용암 동굴

08 정방폭포
📍 제주특별자치도 서귀포시 칠십리로 214번길 37

붙잡힌 사람들을 끈으로 묶어 맨 앞사람에게 총을 쏘면
나머지도 함께 바다로 떨어졌던 비극의 현장

서귀포시 동광리의 큰넓궤와 도엣궤는 동광 목장 안에 있는 용암 동굴로, 1948년 11월 중순 이후 마을 주민이 2개월가량 집단으로 은신 생활을 하였던 곳이다.

동광리 마을 사람들이 대거 이 굴로 숨어든 것은 중산간 마을에 대한 초토화 작전이 11월 15일에 시행된 이후였다. 이날 토벌대는 무동이왓 주민을 전부 모이게 한 후 10명을 무자비하게 총살하고 간장리를 불태웠다. 그러자 동광리 마을 주민은 근처 여기저기에 숨어 살다가 큰넓궤를 발견하였는데, 폭설이 쏟아지자 이 굴로 들어갔던 것이다. 큰넓궤는 험했지만 넓었고, 사람들이 숨어 살기에 좋았기 때문이었다.

그 후 이 굴로 찾아든 사람은 120여 명이나 되었다. 당시 어린아이나 노인은 이 굴속에서 살았다. 청년들은 주변 야산이나 근처의 작은 굴에 숨어 토벌대의 갑작스런 습격에 대비하여 망을 보거나 식량이나 물을 나르는 일을 하였다.

서귀리는 서귀면뿐만 아니라 산남 지방의 중심지였다. 이곳에는 면사무소와 남제주군청이 있었고, 서귀포경찰서도 있었다. 그래서 토벌대의 주요 거점지가 되었다.

정방폭포 '소남머리'는 군부대 정보과에서 취조를 받은 주민 가운데 즉결 처형 대상자가 대부분 희생된 곳이다. 흔히 정방폭포에서 희생되었다고 하는 사람들은 대부분 정방폭포 상당과 이어지는 이곳에서 총살되었다.

당시 서귀중학교 학생이던 송세종씨는 "그때 당시 어디 여자인지는 모르지만, 도망가다가 절벽으로 떨어졌는데 노송에 걸렸어. 그 여자가 임신을 하고 있었지. 떨어지니까 군인들이 이건 하늘이 도운 사람이라 해서 살려줬어."라고 회고하였다. 서귀리 및 서귀면, 중문면 일대뿐만 아니라 남원면, 안덕면, 대정면, 표선면 주민에 이르기까지, 정방폭포 희생자들은 산남 지역 전체에 이른다.

지역사 탐구   아름다운 섬 제주도는 왜 '잠들지 않는 남도'일까?

▲ 세계자연유산으로 등재된 성산 일출봉 해안에는 일제가 파 놓은 동굴 진지가 줄지어 있다.

성산 일출봉으로 가는 길목인 '터진목'에서는 제주 4·3 사건 때 성산 마을 사람들이 집단으로 학살된 곳이다. 이처럼 제주 4·3 사건은 지난날의 아픈 상처를 여전히 보듬고 있다. 하지만 성산 일출봉은 오늘날 세계자연유산으로, 아름다운 섬 제주도의 대표적인 명소가 되었다.

제주 4·3 사건에 대한 역사적인 평가는 아직도 고통 받는 사람들이 있는 한 여전히 현대사이다. 그 동안 민주화의 진전에 따라 제주 4·3 사건에 대한 시각은 조금씩 변화해 왔다. 이제는 지난날의 아픈 상처가 치유되면서 인류의 보편 가치인 평화, 인권, 민주주의의 꽃을 피우고 있다

함께 갈 만한 곳

01 제주평화박물관

제주특별자치도 제주시 한경면 청수서5길 63

일제 때 진지 구축을 위한 강제 노역에 동원된 이성찬 (1921년생)의 증언에 따라 아들인 이영근이 1996년부터 역사적인 현장을 발굴하고, 아픈 역사를 평화의 현장으로 되살리려 애써 왔다. 그는 2004년에 대표적인 동굴 진지가 있는 가마오름 일대의 땅을 매입하여 평화박물관을 지었다.

이 박물관에는 동굴 진지에서 나온 각종 유물과 일제 관련 기록물 등을 모아 전시하고 있다. 또한, 태평양 전쟁 유적을 정리하여 소개하고 있다. 2006년 12월에는 가마오름 동굴진지가 등록문화재(제308호)로 등록되었다.

02 관덕정과 그 주변

제주특별자치도 제주시 삼도2동 1051-1번지 일대

관덕정과 그 주변은 제주도의 정치·행정·문화의 중심이었다. 제주도에서 최초로 5일장이 열린 곳도 바로 이곳이고, 조선 말의 빈번한 민란의 최종 종착지도 이곳이었다. 특히 이재수의 난 때에는 3백여 명의 교인 척살이 이루어진 피의 현장이기도 하다.

1947년에는 제주 4·3 사건의 도화선이 된 3·1발포 사건이 이곳에서 일어났다. 이후에는 무장대 사령관 이덕구의 시신이 전시되는 등 격동의 공간이었다. 4·3 사건 이후 제주 지역의 시민과 학생이 끊임없이 벌인 민주화 운동은 물론 4·3 진상 규명 운동도 관덕정 광장에서 시작되었다.

03 제주항일기념관

제주특별자치도 제주시 조천읍 신북로 303

1997년에 제주도의 항일 독립운동에 관한 역사 자료를 수집·보존·전시하고자 개관하였다. 2003년부터 애국선열의 위패를 모시고 추모 행사를 갖고 있다. 2011년에는 제주특별자치도 보훈청 항일 기념관으로 개편하였다.

제1전시실에는 연표와 상징 조형물, 탁본, 두루마기 체험 공간이 있다. 제2전시실에는 제주의 3·1 운동, 해녀 항일 운동 등이 잘 설명되어 있다. 또한, 디오라마·매직비전·종합 그래픽·복제 모형 등 다양한 방법으로 입체적인 전시를 하고 있다.

04 국립제주박물관

제주특별자치도 제주시 일주동로 17

2001년에 제주의 역사와 문화유산을 체계적으로 전시·보존·연구하는 고고·역사 박물관으로 개관하였다. 한반도와 중국, 일본을 잇는 동북아시아의 주요 문화 교류 거점인 제주도의 독특한 역사와 문화를 한눈에 만나볼 수 있다.

이곳 박물관은 상설 전시와 특별 전시, 야외 전시장으로 이루어져 있으며, 전시실 안에는 상설 체험 코너인 전통문화 체험실에서 '쓱삭쓱삭 무늬가 살아나요 – 대동여지도, 인왕상, 덧무늬 토기, 제주 읍성도'와 '꼼지락 꼼지락 점토놀이 – 연꽃무늬, 허벅, 돌하르방, 동자석'을 관람객이 점토로 직접 체험해 볼 수 있다.

05 추사 적거(謫居)지

제주특별자치도서귀포시 대정읍 추사로 44

'추사 적거지'는 조선 헌종 6년에 권력 싸움에서 밀려나 제주도로 유배된 추사 김정희가 9년 동안 적거하던 곳이다. 김정희의 글씨와 그림 복제품을 전시해 놓은 추사관은 김정희의 「세한도」를 모티브로 하여 지었다고 한다.

이곳에는 김정희가 머물러 살던 초가도 있는데, 1948년 제주 4·3 사건 때 불타 버린 채 빈터만 남았다가 1984년에 복원된 것이다. 김정희는 이곳에 머물면서 '추사체'를 완성하였다.

187

06 선녀와 나무꾼 – 근대생활사체험관

제주특별자치도 제주시 조천읍 선교로 267

1950~1980년대와 관련된 추억을 주제로 하는 사설 전시관으로, 오늘날 생활과 비교하며 할아버지 세대의 어려움과 추억을 짐작해 보기에 좋은 곳이다.

주요 시설로는 '서울역과 추억의 사진관', 지도관, 옛 장터거리, 영화 마을, 달동네 마을, 도심의 상가 거리, 추억의 학교관, 농업박물관, 민속박물관, 자수박물관, 억놀이 체험관 등이 있다.

야외에는 선사 시대 체험관, 연꽃 농원과 야생화 마을, 작은 동물원, 민속놀이 마당 등이 있다. 편의 시설로는 향토 음식점, 선물의 집 등이 있다.

영남권

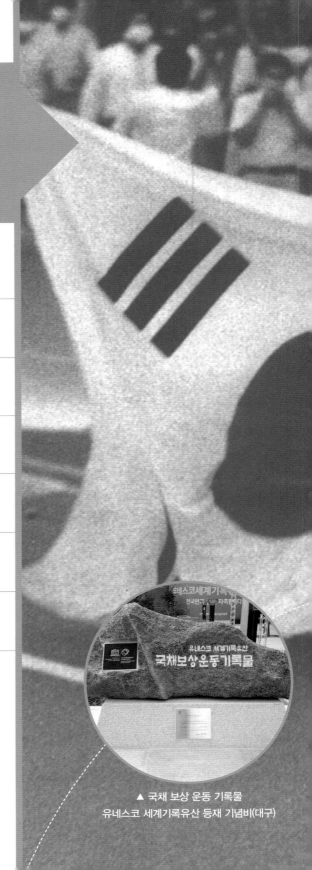

▲ 국채 보상 운동 기록물
유네스코 세계기록유산 등재 기념비(대구)

▲ 김주열 시신이
발견된 마산만의 모습(창원)

▲ 울산공업센터 건립 기념탑(울산)

22 달구벌, 저항과 민주화를 향해 가다

[답사 목적] '달구벌' 대구를 중심으로 일제의 침략에 맞선 저항의 물결을 찾아보고, 관련 사적지를 돌아보면서 저항과 민주화의 의지를 되새겨 보자.

▲ **국채 보상 운동 기록물 유네스코 세계기록유산 등재 기념비** 이 기념비는 2017년 10월 30일 2,475건의 국채 보상 운동 기록물의 성공적인 등재 사실을 널리 알리기 위해 국채 보상 운동 제112주년을 맞아 설치되었다.

◆ 답사 지역 개요 ◆

▲ 갑오개혁 직전 대구 지역 지도

대구는 조선 시대에 낙동강의 수운과 문경새재를 중심으로 한 수륙 교통의 중심지이자, 경상감영이 있던 영남 지방 행정의 중심지였다.

일본의 침략이 본격화되고 경부선 공사가 진행되면서 대구의 일본인 수가 급속히 증가하였다. 1907년에 대구읍성이 철거되면서 성벽이 헐린 자리에 도로가 생겼다. 또한, 경상감영의 주요 건물도 헐리거나 일본인의 차지가 되었다. 한편, 일제 강점기에는 대구에 복심법원이 설치되어 경상남도, 전라남도, 전라북도까지 관할하였다. 이에 따라 대구형무소도 설치되어 영남과 호남 지역의 독립지사들이 이곳에 수감되어 옥고를 치르기도 하였다.

대구는 1907년에 일본의 경제 침략에 맞서 국채 보상 운동이 시작된 곳이다. 일제 강점기에는 신간회의 활동, 이상화와 이육사 등의 항일 저항 문학, 1930년대 이후 학생들의 비밀결사 운동 등이 활발히 일어난 곳이기도 하다.

한편, 1946년 10월 1일에는 물가 폭등과 미곡 자유화 정책에 따른 식량난으로 이른바 '대구 10·1 사건'이 발생하였고, 1960년에는 3·15 선거를 앞두고 벌인 부정 관권 선거 운동을 규탄하는 2·28 대구 학생 의거가 일어나 4·19 혁명의 불길을 처음으로 당겼다. 아울러 최근에는 교원 노조 운동의 발상지이자 중심지 역할을 하였다.

☐ 01 대구 3 · 1 운동길   ☐ 02 대구 계산동 근대 골목   ☐ 03 대구경상감영공원

☐ 05 대구중부경찰서   ☐ 04 대구근대역사관

☐ 08 2 · 28민주운동 기념회관

☐ 06 희움 일본군 '위안부' 역사관   ☐ 07 국채보상운동기념관

영상으로 보는 한국사

함께 이겨낸 우리 국권,
국채 보상 운동

❶ 일제의 침략에 맞선 저항과 민주화를 위해 끊임없이 노력한 달구벌을 돌아보고 가 본 곳을 체크해 봅시다

❷ 답사 코스 중 가장 인상 깊었던 장소는 어디였나요?

장소	까닭

❸ 답사 · 체험 활동 중 새로 알게 된 내용과 궁금한 점은 어떤 것인가요?

새로 알게 된 점	궁금한 점

❹ 답사 · 체험 활동을 마치고 느낀 점을 간략하게 써 봅시다.

01 대구 3·1 운동길
📍 대구광역시 중구 동산로 일대

대구 지역 3·1 운동의 상징적인 장소이자
항일 운동의 새 이정표가 된 길

02 대구 계산동 근대 골목
📍 대구광역시 중구 서성로 6-1

일제 강점기 저항 시인 이상화의 고택과
독립지사 서상돈의 고택이 있는 골목

대구의 청라언덕에서 도심 방향으로 내려오는 이 길은 3·1 운동 당시 만세 시위를 준비하던 계성학교와 신명학교, 대구고보 학생들이 일본 경찰의 감시를 피해 도심으로 모이기 위해 지나다녔던 솔밭 길이었다. 당시 계성학교 학생들은 흰 두루마기를 입고 장꾼 행세를 하였고, 신명학교 학생들은 빨래 바구니를 들고 동산 의료원 옆 솔밭을 지나 서문시장의 집결지로 향하였다. 그리고 대구고보 학생들은 일본인 교장과 교사들을 피해 시위에 참가하느라 신작로 대신 이 솔밭 길을 지나 집결지로 향하였다. 그래서 평소 잘 이용하지 않던 동산의료원 옆 솔밭 길은 3·1 운동의 중요한 통로가 되었다.

이곳이 '대구 3·1 운동길'로 지정된 것은 지난 2003년이다. 역사적인 의미조차 찾지 못한 채 80년이 넘게 잊혔던 이곳은 동산병원 전재규 교수를 비롯한 일부 향토 사학자들이 대구시에 건의해 제 이름을 찾은 것이다. 현재 계단으로 바뀐 이 길에는 3·1 운동 당시의 모습이 담긴 사진이 전시되어 그 의미를 더하고 있다.

대구 계산동 근대 골목에는 저항 시인 이상화의 고택과 그 맞은편에는 대구에서 국채 보상 운동을 일으킨 서상돈의 고택이 있다. 이상화의 고택은 1939년부터 1943년까지 이상화가 살던 집이라고 알려져 있다. 이 집에서 이상화는 시조 「기미년」과 수필 「나의 어머니」, 시 「서러운 해조」 등의 작품을 쓴 것으로 알려져 있다. 1970~1980년대 서울의 문인들이 찾아오면서 이상화 고택임을 알게 되었다. 이상화의 후손은 보수 공사를 크게 하지 않았고, 현재의 모습으로 복원하여 일반에 공개하고 있다.

서상돈의 고택은 이상화의 집과 이웃하고 있다. 서상돈은 서울에서 태어나 1871년 대구에서 지물 행상과 포목상 등을 하여 많은 재산을 모았다. 1898년 독립 협회와 만민 공동회의 간부로 활동하면서 러시아의 내정 간섭을 규탄하고 민권 보장 및 참정권 획득 운동을 하였다. 1907년 대구의 광문사 부사장으로 재직하다가 국채 보상 운동을 벌일 것을 제의하고, 「국채 보상 취지서」를 작성하여 발표하였다.

▲ 대구 두류공원에 있는 이상화 시비

▲ 국채보상운동기념공원에 있는 서상돈 흉상

03 대구경상감영공원
📍 대구광역시 중구 경상감영길 99

일본의 대구 침략 거점이었으나 중앙공원으로
거듭난 옛 경상감영 터

04 대구근대역사관
📍 대구광역시 중구 경상감영길 67

1932년에 지은 조선식산은행 대구지점을 활용해
일제의 침략을 보여 주는 역사박물관

대구의 경상감영공원에 가면 관찰사의 집무실이었던 선화당과 처소로 사용된 징청각 건물을 통해 1601년 이곳에 처음 자리 잡은 경상감영의 위상을 엿볼 수 있다.

현재 다른 건물은 대부분 사라지고 관찰사와 판관의 선정을 기리는 총 27개의 선정비와 불망비, 관리들이 말에서 내려 감영에 들어가라는 하마비가 공원 입구에 있다.

1899년 9월, 대구 최초의 근대 학교인 달성학교가 대구에서 점포를 경영하던 일본인과 대구 지역 유지들의 협력으로 경상감영 안에 세워졌다. 1905년 러·일 전쟁에서 승리한 일본이 을사늑약을 체결하고 통감부와 그 산하 단체인 이사청을 두면서 대구이사청이 1906년에 개청하여, 처음엔 선화당을 사무소로 사용하다가 1909년에 지금의 대구시청 자리로 옮겼다.

대구 중심부의 옛 경상감영 관아가 있던 감영공원 주변에는 일제 강점기에 옛 관아 건물을 허물고 조선식산은행을 비롯한 근대적인 관공서와 공공기관 건물이 들어섰다. 특히 지금의 대구근대역사관은 1932년에 조선식산은행 대구지점으로 건립되었다가 1954년부터 한국산업은행 대구지점으로 이용된 근대 문화유산이다. 르네상스 양식으로 조형미가 뛰어난 역사관 건물은 원형이 잘 보존되어 2003년 대구시 유형 문화재 제49호로 지정되었다.

2008년 대구도시공사가 이 건물을 사들여 대구시에 기증하였고, 이후 대구근대역사관으로 새롭게 단장되어 2011년 문을 열었다. 지상 2층과 지하 1층의 박물관에는 근대기 대구의 모습과 선조들의 생활상을 알 수 있는 상설 전시장과 기획 전시실, 체험실, 문화 강좌실 등을 갖추고 있다.

▲ 대구경상감영공원

1946년 대구 10·1 사건 당시 시민과 학생들이
집결하였던 옛 대구경찰서

일본군 '위안부' 피해자들의 고통을 잊지 않고
나아가 '위안부' 문제 해결을 위해 만든 장소

1946년 전국에서 9월 총파업이 진행되는 가운데 10월 1일 대구에서는 군중과 경찰이 충돌하면서 경찰의 발포로 노동자가 사망하는 사건이 일어났다. 다음 날 시민들이 부청과 경찰서를 포위하고 경찰의 사과와 책임자 처벌을 요구하였다. 이후 학생과 시민이 대구 전역에서 경찰과 우익 인사를 공격하여 사망자와 부상자가 많이 발생하였다.

2010년 3월, 대한민국진실화해위원회는 「대구 10·1 사건 관련 진실 규명 결정서」에서 해당 사건을 "식량난이 심각한 상태에서 미군정이 친일 관리를 고용하고 토지 개혁을 지연하며 식량 공출 정책을 강압적으로 시행하자 불만을 가진 민간인과 일부 좌익 세력이 경찰과 행정 당국에 맞서 발생한 사건"이라고 규정하고, 국가의 책임을 인정해 유족들에 대한 사과와 위령 사업을 지원하도록 권고하는 결정을 내렸다.

희움 일본군 '위안부' 역사관은 일본군 '위안부' 피해자들이 겪었던 고통의 역사를 잊지 않고 기억하며, 일본군 '위안부' 문제를 해결하기 위해 활동하는 공간이며, 더 나아가 문제 해결을 통하여 평화와 여성 인권을 존중하는 사회를 만들기 위한 역사관이다.

1997년 발족한 '정신대 할머니와 함께하는 시민 모임'은 그동안의 활동을 밑거름으로 하여 2009년 평화와 인권을 위한 일본군 '위안부' 역사관 건립 추진 위원회를 결성하였다. 2010년에 고 김순악 할머니가 "내가 죽어도 나를 잊지 말아 달라."라는 유언과 함께 5천여 만 원을 기탁하였고, 다른 할머니들도 그 뜻을 함께하면서 역사관 건립을 위한 씨앗 기금이 마련되었다. 이후 2015년 12월 5일에 희움 일본군 '위안부' 역사관을 개관하였다.

지역사 탐구 / 대구 10·1 사건은 어떤 배경에서 일어난 시민 항쟁일까?

▲ **대구경찰서 앞 발포 사건** 1946년 10월 2일 오전, 수천 명의 시민이 식량 공출과 경찰의 시위대 사살 등에 항의하며 대구경찰서(현 대구중부경찰서)로 향하고 있다.

미군정기인 1946년 9월 23일 부산에서 철도 파업이 시작된 뒤 전국에서 노동자 총파업이 일어났다. 대구에서는 10월 1일 총파업 시위 도중 경찰이 발포하여 노동자가 사망하였다. 이 사건으로 삽시간에 노동자 총파업이 시민 항쟁으로 확대되었다. 시민 항쟁에는 청년과 학생들이 앞장을 섰다. 미군이 계엄령을 선포하고 무력으로 진압하였지만 대구뿐 아니라 영천, 선산을 포함한 대부분의 농촌에도 항쟁이 들불처럼 번졌다.

1946년 10월부터 12월 중순까지 남한 전역 73개 시군에서 일어난 시민 항쟁은 해방 직후 미군정이 친일 관리를 고용하고 토지 개혁을 지연하면서 식량 공출을 강압적으로 시행한 데 대한 반발이었다. 대구 10·1 사건으로 촉발된 이 항쟁은 해방 후 친일파 처단과 토지 개혁, 쌀 배급과 잘못된 공권력 행사 중단을 요구하며 시작되었고, 해방 직후 새로운 국가 건설을 위한 이 땅의 민중들의 아우성이자 격렬한 몸부림이었다. 저항의 과정에서 많은 사람들이 희생되었다. 선산 인민위원회 간부였던 박상희(박정희 대통령의 형)도 항쟁이 진압되는 과정에서 경찰에게 살해되었다.

1907년 국채 보상 운동의 정신을
기리기 위해 만들어진 기념관

4 · 19 혁명의 도화선이 된 2 · 28 대구 학생 의거를
기념하는 장소에 세운 민주운동기념회관

국채보상운동기념관은 대구시가 1907년 거국적으로 전개된 국채 보상 운동의 발상지를 기념하는 곳이다. 국채 보상 운동의 숭고한 구국 정신과 뜻을 기념하고 계승·발전하는 교육의 장으로 활용하기 위해 2011년 10월 개관하였다.

지하 1층의 제1전시실에서는 국채 보상 운동의 시작과 전개에 대하여, 지상 1층의 제2전시실에서는 국채 보상 운동의 결과와 미래에 대한 전시를 하고 있다. 영상실에서는 국채 보상 운동에 대한 영상을 상영하여 관람객의 이해를 돕고 있다. 국채보상운동기념관은 국비와 시비 그리고 시민들의 모금으로 지어져 2011년 10월 5일 '한국기부 문화 일번지'로 명명되었다. 주요 전시물로는 『대한매일신보』(449호), 「국채 보상 기성회 취지서」, (국채 보상) 영수증, 「국채 보상 지원금 총합 소규정」 등이 있다.

"백만 학도여, 피가 있거든 우리의 신성한 권리를 위하여 서슴지 말고 일어서라."

경북고 학생부 위원장 이대우 등이 낭독한 결의문이다.

1960년 학생들은 자유당 정권의 부정 선거 획책을 규탄하며 일제히 궐기하였고, 교사들의 만류에도 불구하고 학교를 뛰쳐나왔다. 마침내 대한민국 정부 수립 이후 최초의 반독재 민주화 운동의 횃불이 되었다.

이승만 독재에 움츠렸던 대구 지역 언론은 어린 고등학생들의 용기에 힘을 얻어 '2 · 28 대구 학생 의거'를 대대적으로 보도함으로써 마산 · 대전 · 부산 · 서울 등으로 학생 시위를 확산시키는 계기를 만들었다. 그리하여 마침내 2 · 28의 함성은 3 · 15 마산 의거와 4 · 19 혁명으로 이어졌고, 대한민국 민주주의 역사에 큰 이정표가 되었다.

195

▲ 1960년 2월 28일, 이승만 정부의 부정 관권 선거 운동에 항의하며 거리로 나선 대구 경북고등학교 학생들

◀ 경북고등학교역사관 옆 2 · 28 대구 학생 의거 조형물

함께 갈 만한 곳

01 대구사범학교 학생 비밀결사 운동지

대구광역시 중구 달구벌대로 2178

대구사범학교는 대구 지역 학생 항일 운동의 선봉이었다. 1932년에는 '교유 및 생도의 비밀결사 사건(대구 사범 R·S 사건)'으로 37명이 구속되었다. 이후 1939년 대구사범학교 학생들은 강제로 동원된 경부선 철도 공사(왜관 사건)에서 민족 차별을 받자 비밀결사 백의단을 결성하였다.

한편, 평소 독서 모임을 가졌던 박효준 등은 1940년 1월에 비밀 잡지 『반딧불』을 제작하였다. 문예부와 연구회에 참여한 학생들이 졸업함에 따라 1941년 2월에 두 조직을 확대·개편한 다혁당을 결성하는 등 대구 학생 운동의 요람이 되었다.

02 동산의료원교육역사박물관

대구광역시 중구 달구벌대로 2029

동산의료원교육역사박물관은 청라언덕에 있는 선교사 블레어와 라이스가 살던 집으로, 1910년경에 지은 건물이다. 붉은 벽돌로 지은 2층 건물로, 일부를 교체한 것을 제외하고는 건물 구조와 형태가 잘 남아 있다.

이곳에는 다양한 민속 자료와 조선 시대 이후부터 1차~6차 교육 과정까지 각 시대별 교육 서적과 교과서, 서당, 초등학교 교실을 볼 수 있는 교육 역사관과 함께 대구 3·1 운동의 발자취와 일제 만행을 있는 그대로 보여 주는 사진 자료 등이 전시되어 있는 대구 3·1 독립운동 역사관이 있다.

03 조양회관 터

대구광역시 중구 달성동 5-2

서상일을 비롯한 대구 지역 독립운동가들은 1922년에 대구부 신정에다가 2층 건물로 조양회관을 세웠다. 조양회관을 설립한 목적은 청년들을 교육하고 민족 사상을 고취하는 데 있었다. 이후 서상일은 1923년 7월에 대구구락부를 조직하였다.

1920년대 많은 사회·문화 운동 단체가 이곳 조양회관에 둥지를 틀었다. 1927년 9월에는 신간회 대구지회, 1928년 2월에는 근우회 대구지회가 이곳에서 창립 대회를 열었다. 이후 1941년 폐쇄될 때까지 대구 지역 사회 운동의 거점으로써 중요한 역할을 하였다. 본래 건물은 지금의 망우당 공원 안에 이전하여 복원하였다.

04 칠곡현대공원(인혁당 재건위 사건)

경상북도 칠곡군 지천면 낙산로3길 34-22

인민혁명당 재건 사건은 중앙정보부의 조작에 의해 도예종을 비롯한 여러 인물이 기소되어 선고 18시간 만에 사형이 집행된 사건이다. 이들은 1974년 국가 보안법·대통령 긴급 조치 4호 위반 등에 따라 기소되었다. 그리고 나서 1975년 4월 8일에 대법원이 사형을 선고한 후, 불과 18시간 만에 사형이 집행되었다.

인민혁명당 재건 사건은 국가가 법을 이용해 무고한 국민을 살해한 사법 살인 사건이자, 박정희 정부 때 일어난 대표적인 인권 탄압의 사례로 알려져 있다. 이 사건 관련자들은 칠곡현대공원에 안장되었다. 이들은 2007년에 재심을 통해 무죄를 선고받았다.

05 대구화교협회

대구광역시 중구 종로 34

중국인들의 대구 진출을 알 수 있는 유적지이다. 화교는 근대에 들어 이곳 종로에서 포목업, 건축업, 요식업 등을 하며 경제적으로 정착했고, 학교를 세우고 협회를 창설하며 이곳에 화교 사회를 만들었다.

1929년에 지은 대구 갑부 서병국의 저택을 화교협회에서 매입하여 현재까지 협회 건물로 쓰고 있고, 부지 내에 화교 소학교도 들어서 있다. 지금의 화교협회 건물은 80년이 넘었지만 보존 상태가 좋아 문화유산의 가치가 크며 근대 건축물 등록 문화재 제252호로 지정되었다.

06 경산코발트광산(민간인 학살)

경상북도 경산시 평산동 652-9

경산코발트광산 학살 사건은 6·25 전쟁 기간 중에 경산코발트광산에서 국민 보도 연맹원들을 학살한 사건이다. 주민의 증언에 따르면, 학살은 1950년 7월 20일경부터 9월 20일경까지 계속되었을 것으로 추정된다.

광산 갱도는 폐쇄된 상태로 있었는데, 이후 2005년 진실·화해를 위한 과거사 정리 기본법이 국회를 통과해 진실 화해를 위한 과거사 정리 위원회가 설치되어 2006년 4월 25일 정부 주도로 조사가 시작되었다. 이 위원회는 2009년 11월 17일에 경산코발트광산 등지에서 발생한 민간인 희생 사건을 군경에 의한 집단 학살이라고 판정했다.

23 양반의 고장에서 독립운동의 성지로

[답사 목적] 일제의 침략에 맞서 싸운 안동과 영양, 그리고 영덕의 독립운동가와 유적지를
찾아보면서 독립을 위한 저항과 광복의 의미를 되새겨 본다.

▲ **경상북도독립운동기념관** 유교 문화와 경상북도 독립운동의 역사를 교육하고 나라 사랑의 정신을 배우는 교육의 장으로, 독립운동의 요람인 안동의 내
앞 마을에 자리하고 있다.

◆ 답사 지역 개요 ◆

▲ 신간회 안동지회의 제2회 정기 대회(1928. 1. 29.)

경상북도의 항일 운동은 양반의 고장답게 1894년 이래
유림이 이끈 의병 투쟁에서 비롯되었다. 특히 안동은 전국
에서 가장 많은 독립운동 유공자와 순국자를 배출한 곳으

로, 독립운동사의 핵심 인물이 여럿 나온 "한국 독립운동
의 요람이자 성지"라고 할 수 있다. 대표적인 인물로는 '노
블레스 오블리주(가진 자의 도덕적인 책무)'의 상징 이상
룡과 김대락 · 김동삼을 비롯해 사회주의자 김재봉 · 권오
설 · 이효정은 물론 저항 시인 이육사 등을 꼽을 수 있다.

한편, 영양과 영덕의 독립운동도 한국 독립운동사에 큰
족적을 남겼다. 남자현으로 대변되는 영양과 신돌석으로
대변되는 영덕의 독립운동은 여성 독립운동사와 의병 운
동사에 한 획을 그었다.

이처럼 경상북도의 독립운동은 나라를 잃은 힘든 시기에
도 혁신적인 자기반성과 성찰을 통해 책임 있는 행동을 한
혁신 유림의 애국 계몽 운동, 만주 독립운동 기지 개척, 3 · 1
운동과 대한민국 임시 정부 활동, 의열 투쟁, 신간회 활동, 사
회주의 운동까지 다양한 독립운동을 줄기차게 이어 나갔다.

학교　　　　학년　　　반　　이름:

① 독립을 위해 일제에 다양한 방식으로 끊임없이 저항한 안동, 영양, 영덕을 돌아보며 가 본 곳을 체크해 봅시다.

② 답사 코스 중 가장 인상 깊었던 장소는 어디였나요?

장소	까닭

③ 답사 · 체험 활동 중 새로 알게 된 내용과 궁금한 점은 어떤 것인가요?

새로 알게 된 점	궁금한 점

④ 답사 · 체험 활동을 마치고 느낀 점을 간략하게 써 봅시다.

01 오미마을과 김재봉
📍 경상북도 안동시 풍산읍 오미리

이념보다는 민족 문제를 우선시한
조선공산당 초대 책임비서 김재봉의 생가

02 가일마을과 권오설
📍 경상북도 안동시 풍천면 가곡리 가일선원길

민족의 독립과 신사회 건설을 위해
불꽃처럼 살다 간 가일마을의 권오설기적비

오미마을은 독립투사의 마을이다. 마을 한편에 있는 오미광복운동기념공원에 가면 이 마을 출신의 수많은 독립투사를 만날 수 있다. 서로 군정서에서 활약한 김만수, 단식 순절한 김순흠, 임시 정부와 만주에서 활약한 김응섭, 조선공산당 초대 책임 비서 김재봉, 도쿄 니주바시(이중교)에 폭탄을 투척한 의열 투쟁의 표상 김지섭 등이 바로 그들이다.

'조선의 독립을 목적하고 공산주의를 희망함.'

이 글은 1922년에 소련 모스크바에서 열린 극동민족대회에 참가한 김재봉이 자신의 경력과 회의 참석 목적을 밝힌 자필 조사서의 한 부분으로 이념보다 민족을 앞세우고 있다.

김재봉(1891~1944)은 1925년에 경성(서울)에서 조선공산당을 창당하고 초대 책임비서로 선출돼 활동을 하다가 그해 12월에 경찰에 체포됐다. 1931년에 6년의 형기를 채우고 출옥한 김재봉은 가정사와 지병 등으로 뚜렷한 행적을 남기지 못한 채 1944년에 세상을 떠났다.

가일마을은 '모스크바 동네'로 불릴 만큼 사회주의 운동가들이 많았다. 권오설을 따른 권오상과 권오운, 조선노동동맹 중앙집행위원을 지낸 안기성, 그리고 권오설의 막냇동생이며 『해방일보』 사장을 지내다 월북한 권오직 등이 대표적인 인물이다.

특히 권오설(1897~1930)은 사회주의를 받아들이면서 1925년에 조선공산당을 이끈 핵심 인물로, 그해 12월에 제2차 고려공산청년회 책임비서와 조직부 책임자로 선출되었다.

이듬해 권오설은 6·10 만세 운동을 준비하면서 천도교, 조선공산당, 학생 등 다양한 주체들이 정치적인 이념을 초월해 통일 전선을 형성하는 데 주도적인 역할을 맡았다. 하지만 6월 7일에 일본 경찰에게 체포돼 6·10 만세 운동에 참여하지는 못했다. 권오설은 서대문형무소에서 옥고를 치르다가 1930년에 순국하였다.

지역사 탐구 '일제 주요 감시 대상 인물 카드'가 문화재로 등록된 까닭은 무엇일까?

일제 강점기에 조선총독부의 감시 대상인 주요 인물 4,857명의 신상 카드가 2018년에 등록 문화재로 지정되었다. 이 카드에는 사진과 함께 출생일·출생지·주소지·신장 같은 기본 신상 정보와 함께 활동·검거·수형에 대한 사실이 기록되어 있다.

일제 주요 감시 대상 인물 카드는 1920~1940년대에 일제 경찰이 만든 것으로 짐작되며, 안창호·이봉창·윤봉길·김마리아·유관순·여운형·박헌영 같은 독립운동가들이 포함되어 있다. 특히 안동 출신의 김재봉·권오설·이효정의 인물 카드도 있다. 또한 독립운동에 한때 매진했지만 나중에 친일 활동에 적극적으로 나선 이광수·최린·주요한 같은 인물의 카드도 있다. 따라서 일제 강점기의 민족 운동이나 독립운동을 조사할 때 가장 신빙성 있는 1차 자료로서 중요한 가치를 지닌다.

▲ 일제 주요 감시 대상 인물 카드 속의 권오설(왼쪽)과 이효정(오른쪽)

200

문학을 꿈꾸다가 노동 운동가로 변신해
일제에 저항했던 이효정의 고향

대한민국 임시 정부의 국무령을 지낸
이상룡 생가의 별당 '군자정'

"옳지 않은 것은 옳지 않다고 해야 한다고 배웠고, 또 그렇게 했다."

2009년 3·1절 기념 다큐멘터리에서 이효정이 죽기 1년 전에 남긴 한마디이다. 이효정(1913~2010)은 노동 운동으로 일제에 저항했던 여성 독립운동가이다. 1933년에 조직된 사회주의 운동 단체 '경성 트로이카'의 구성원이기도 하다.

이효정의 조상은 대대로 안동시 예안면 부포리에 살다가 조부 때 한성(서울)으로 갔다. 그녀는 증조부 이규락, 종조부 이동하와 이경식, 숙부 이병기, 고모 이병희 등이 모두 독립운동을 한 독립운동가 집안 출신이다.

1933년 9월, 이효정은 턱없이 적은 임금을 이유로 종연방적 경성제사공장의 여성 직공 파업을 이끌다가 체포돼 경찰의 모진 고초를 겪었다. 한동안 잊혔던 이효정은 2006년에 새롭게 평가되면서 독립 유공자로 포상을 받았다.

임청각은 '대한민국 노블레스 오블리주(가진 자의 도덕적인 책무)'를 상징하는 공간'이다.

1911년에 이상룡은 문중 사람들을 데리고 만주로 망명해 독립군을 기르기 위한 기지 건설 운동을 서간도 지역에서 벌였다. 1925년에는 대한민국 임시 정부 국무령이 되어 민족 운동을 이끌었다. 그 뒤 1932년에 중국 길림성 서란현 소과전자촌에서 죽을 때까지 독립운동 단체를 통합시키는 일에 온 힘을 쏟았다.

이상룡의 후손들도 "나라를 찾기 전에는 내 유골을 고국으로 이장하지 말라."는 그의 뜻을 받들어 광복을 맞을 때까지 온갖 어려움을 견뎌 내고 만주와 국내를 오가면서 끈질긴 항일 운동을 펼쳤다. 특히 김우락, 이중숙, 허은으로 이어지는 임청각 종가의 맏며느리 3대의 노력은 이상룡의 독립운동을 든든하게 뒷받침해 주었다.

201

지역사 탐구   일제는 왜 임청각 바로 옆으로 중앙선 철도를 부설하였을까?

임청각은 영남산 동쪽 기슭에 자리 잡고서 낙동강을 바라보는 배산임수의 명당이다. 하지만 일제는 '불령선인(불온하고 불량한 조선 사람)'이 많이 나온 집안이라고 해서 중앙선 철로를 부설할 때 50여 칸의 행랑채와 부속 건물을 헐어 버렸다.

1913년에 이상룡이 "조선으로 들어가 임청각을 처분하라."고 아들에게 말하자, 아들 이준형은 국내로 들어와서 "임청각을 팔겠다."고 하였다. 그러자 문중에서는 이를 말리면서 독립운동 자금으로 5백원을 만들어 주었다. 이처럼 이상룡 일가가 만주로 떠난 뒤에도 임청각은 여전히 그 자리를 굳건히 지키고 있었다.

하지만 중앙선 철도 부설로 임청각의 건물이 많이 헐리면서 지금처럼 규모가 줄어들 수밖에 없었다. 지금도 길가에서 보면 여전히 담 너머로 보이는 웅장한 건물은 이상룡 일가의 꺾이지 않은 독립 정신을 웅변해 주고 있다.

▲ 이상룡 일가의 독립 정신을 훼손하려고 중앙선 철도를 부설하여 반토막이 된 임청각

05 내앞마을
📍 경상북도 안동시 임하면 천전리

의성 김씨 집안의 독립운동 정신이 살아 있는
내앞마을을 하늘에서 바라본 전경

06 풍산장터(풍산소작인회대회 개최지)
📍 경상북도 안동시 풍산읍 안교리 235-16 일대

풍산소작인회 정기 대회가
열렸던 풍산장터 풍경

내앞마을의 독립운동은 1895년 의병 항쟁에서 시작되었다. 이 무렵 내앞마을 사람들은 의병을 주도적으로 이끌지는 못했으나 재정적으로는 큰 몫을 담당하였다.

이후 1904년을 전후로 의병 항쟁을 이끈 유림들 가운데는 새로운 길을 모색하는 혁신 유림이 등장하였다. 유인식 · 김동삼 · 김대락이 바로 그들이다. 이들은 앞서 벌인 위정척사 의병 운동에 대한 자기 성찰을 통해 애국 계몽 운동을 지향하면서 내앞마을에 협동학교를 세우고 민족의 앞날을 이끌 인재를 길러 내기 위해 노력하였다.

하지만 1910년에 일제에 국권을 빼앗기자 혁신 유림은 일대 전환점을 맞게 되었다. 특히 이들 가운데 김대락이 고민 끝에 만주로 망명을 선택하자, 내앞마을의 의성 김씨 문중 인사 150여 명도 망명에 동참하여 독립운동을 이어 나갔다.

1923년 11월 11일, 양반 집안 출신의 청년 지식인 이준태 · 권오설 · 김남수 등이 풍산학술강습회 사무실에서 풍산소작인회를 조직하였다. 처음에는 회원이 2백여 명이었으나 이듬해에는 5천여 명으로 늘어났다.

풍산소작인회가 창립되자, 강경옥(1850~1927)은 집행 위원으로 활약했다. 강경옥은 농민 운동의 현장에서 불의에 당당히 맞선 70대 투사였다. 풍산소작인회는 1924년 봄에 수확 작물의 소작료 내리기 운동을 시작으로, 1927년에는 신간회 안동지회가 창립되자 소작 쟁의를 함께 벌여 나갔다. 그러면서 안동 지역의 사회 운동을 이끌어 나가는 데 중요한 역할을 하였다. 지금은 풍산소작인회의 정기 대회가 열렸던 시장이 다른 곳으로 옮겨 가고, 주위에는 새 건물이 들어선 채 '풍산장터 표지석'이 있다.

지역사 탐구 안동 지역의 양반들이 근대식 중등학교인 협동학교를 세운 까닭은 무엇일까?

▲ 김대락이 협동학교 건물로 제공한 백하구려

1907년 봄, 안동 지역의 내로라하는 양반들이 여강서원의 재산을 기금으로 내앞마을에 근대식 중등학교인 협동학교를 세웠다. 유인식이 김병후 · 하중환 · 김동삼 등과 상의하여 기성회를 조직해서 학교를 세웠는데, 교사는 주로 한성사범학교 출신의 청년들이었다. 그러나 유림의 신식 교육에 대한 완고한 반대로 유인식이 사문난적으로 지목되기도 했지만, 이에 굴하지 않고 교장에 취임해 유학이 아닌 신학을 가르치면서 혁신의 바람을 불러일으켰다.

그러나 1910년 일제에 국권을 빼앗기자 협동학교도 새로운 국면을 맞았다. 내앞마을의 김대락 · 김동삼을 비롯한 협동학교의 주역이 만주로 망명을 떠났다. 이들은 그곳에서 협동학교를 계승한 신흥무관학교를 설립해 무장 투쟁을 이어 갔다.

07 남자현 생가터
📍 경상북도 영양군 석보면 석보로 208(지경리 394)

'여성 안중근'으로 불리며 한국 독립운동의
어머니 역할을 도맡았던 남자현의 생가

08 신돌석 장군 생가터
📍 경상북도 영덕군 축산면 도곡리 528-1

'태백산 호랑이'로 불리며 일본군을 떨게 한
평민 의병장 신돌석의 생가

남자현(1872~1933)은 한국 독립군의 어머니로 불린다. 평범한 여성이던 남자현은 남편이 의병 항쟁으로 죽자, 나라를 되찾는데 힘을 보태고자 하였다. 그러다가 3·1 만세 운동에 참여한 후 만주로 망명하여 서로군정서에 참가했으며, 사이토 마코토 조선 총독의 암살을 기도하는 등 독립운동을 펼쳤다.

특히 1932년 만주국 수립으로 영국인 리튼이 이끄는 국제연맹의 조사단이 하얼빈에 오자, 손가락을 잘라 흰 수건에 '한국 독립원'이라는 혈서를 써서 조사단에 보낸 일화가 널리 알려져 있다. 이 일로 남자현은 이토 히로부미를 저격한 안중근에 비견되기도 한다.

1933년 2월 27일, 남자현은 밀정의 밀고로 하얼빈에서 일본 경찰에 붙잡혔다. 남자현은 6개월 동안 갖은 고문을 받다가 단식 투쟁을 벌여 석방되었으나, "독립은 정신으로 이루어진다."라는 말을 남기고 하얼빈에서 세상을 떠났다.

신돌석(1878~1908)은 최초의 평민 의병장이었다. 19세의 어린 나이에도 불구하고 영덕 지역에서 의병을 처음으로 일으켰다. 1907년에는 영덕의 관공서가 일본군 편을 들자 의병을 모아 공격했으며, 영양에서는 일본군과 격전을 벌인 끝에 물리쳤다. 그 밖에 경주 대산성과 영덕 조현에서도 싸워 크게 이겼고, 10월에는 영해경무서를 습격하였다.

이 무렵 연합 의병 부대인 13도창의군이 서울 진공 작전을 펴자, 신돌석은 1천여 명을 이끌고 상경했다. 하지만 평민 의병장 신돌석과 홍범도 등이 제외된 채 양반과 유생 중심으로 의병 부대가 편성되자, 신돌석은 영해로 되돌아와 1908년 1월에 평해의 독곡에서 일본군을 격파했다. 3월에는 안동·울진·삼척·강릉 등지의 의병과 연합하고, 춘양·황지·소봉동 등지에서 일본군을 물리쳤다. 이후 신돌석은 만주로 가려고 준비하다가 눌곡에서 김상렬 형제의 계략으로 암살되고 말았다.

203

지역사 탐구 **독립군의 어머니, 남자현이 남긴 마지막 유언의 뜻은 무엇일까?**

斷食한지九日만에
人事不省되여出監
保釋出監한武藤大將謀殺犯
新京南慈賢의近況
波瀾重疊한過去와

▲ 남자현의 석방 소식을 전한 『조선중앙일보』
(1933. 8. 26.)

1933년, 남자현은 만주국 주재 일본전권대사 처단 계획을 세우고는 폭탄까지 준비했으나 체포되고 말았다. 이때 벌써 60세였던 남자현은 하얼빈 주재 일본 총영사관 감옥에서 6개월 동안 가혹한 고문에 시달렸다. 하지만 남자현은 차라리 죽음으로 항거하자는 결단으로 단식 투쟁을 벌였다.

결국 남자현은 단식 투쟁을 벌인 지 9일 만에 인사불성이 되어 풀려났다. 하지만 감옥을 나온 남자현은 한 여관에서 죽음이 다가오고 있음을 깨닫고는 유복자인 아들에게 중국 돈으로 248원을 내놓으면서 이렇게 말했다.

"사람이 죽고 사는 것이 먹는 데 있는 것이 아니고 정신에 있다. 독립은 정신으로 이루어진다."

남자현은 죽는 순간까지도 독립에 대한 염원의 끈을 놓지 않은 채 마지막 말을 남겼다.

함께 갈 만한 곳

01 경상북도독립운동기념관

경상북도 안동시 임하면 독립기념관길 2

안동은 "한국 독립운동의 성지"라고 일컫는다. 이러한 역사성을 기반으로 2007년에 독립운동기념관이 건립되었다. 이후 2014년에는 '안동독립운동기념관'에서 '경상북도독립운동기념관'으로 확대·승격되었다.

이 기념관은 안동 지역의 독립운동가를 중심으로 경상북도 전 지역의 독립운동가 자료를 수집·전시하고 있다. 1894년에 일어난 의병부터 1945년 안동농림학교 학생 항일 운동에 이르기까지 쉼 없이 전개된 경상북도의 항일 투쟁을 기리고 교육하는 장으로, 후세에 독립 정신을 이어 주는 역할을 맡고 있다.

02 김남수선생기적비

경상북도 안동시 와룡면 오천리 산27-1

김남수(1899~1945)는 안동이 낳은 걸출한 사회주의 계열의 독립운동가이다. 군자리 탁청정 종손의 차남으로 태어난 김남수는 3·1 운동 후 1920년부터 사회 운동에 뛰어들어 동향의 김재봉·권오설·이준태 등과 함께 무산자동맹에서 활동했다.

김남수는 풍산소작인회를 조직하여 지역 사회 운동을 주도했다. 그 밖에도 형평사 운동과 노동 운동 등 종횡무진으로 활동한 김남수는 (3차)조선공산당의 핵심 간부로 활동하다가 투옥되었다. 이후 김남수는 옥중 투쟁의 영향으로 1945년 3월에 세상을 떠났다.

03 하계마을독립운동기적비

경상북도 안동시 도산면 토계리

450년 전통을 지켜 온 진성 이씨의 집성촌인 하계마을은 1895년에 이만도와 이중언의 의병 항쟁을 시작으로 유림단 의거를 주도한 이중업, 군자금 모집에 앞장섰던 이동흠과 이종흠 형제, 만주에서 항일 운동을 펼친 이원일, 창씨개명에 반대하여 자결한 이현구 같은 수많은 독립운동가를 배출한 동네이다.

특히 예안에서 의병장으로 활동하다 순국한 이만도와 아들 이중업은 독립 청원 운동을 주도했다. 또 며느리 김락은 3·1 만세 운동 때 일본 경찰에 붙잡혀 갖은 고문으로 실명한 여성 운동가로 이름이 높다. 그래서 2004년에 하계마을독립운동기적비가 이곳에 세워졌다.

04 | 이육사문학관

경상북도 안동시 도산면 백운로 525

이육사는 짧은 인생을 불꽃처럼 살다 간 독립운동가이다. 1924년 일본으로 유학을 떠났다가 이듬해 귀국한 이육사는 대구의 조양회관을 중심으로 활동을 벌였다. 하지만 1926년 장진홍의 조선은행 대구지점 폭파사건에 연루돼 1년 7개월 동안 옥살이를 하였다.

1932년, 이육사는 베이징에서 의열단원 윤세주를 만나 조선혁명군사정치간부학교 1기생이 되었다. 이듬해 국내에 잠입했다가 또다시 구속되었으나, 출옥한 후 다시 베이징에서 독립운동을 하였다. 하지만 1943년 귀국했다가 체포되었고, 이후 베이징으로 압송되어 1944년에 순국하였다.

05 | 독립투사 엄순봉 의사 생가터

경상북도 영양군 영양읍 대천리 942

중국 상하이에서 의열 투쟁을 벌인 아나키스트 엄순봉의 생가가 있던 곳으로, 옛 흔적은 사라진 채 표지석만 빈터에 있다. 엄순봉은 일찍이 만주로 망명하여 1933년에 한족총연합회를 조직하고 청년 부장에 임명돼 활동하였다. 그러다가 그해 8월 상하이에서 흑색공포단에 가입해 옥관빈의 변절 행위를 묵과할 수 없어서 처단하였다.

또한, 1935년에는 상하이 한국인 거류민 회장인 이용로의 악질적인 밀정 행위를 참을 수 없어 총살하고는 일본 경찰에 체포되었다. 엄순봉은 1936년 경성 복심법원에서 사형이 확정되어 1938년에 순국하였다.

06 | 도해단

경상북도 영덕군 영해면 대진리 278-1

김도현은 경상북도 영양 출신의 의병장으로, 을미사변 직후에 의병을 모집해 경상북도 동북부에서 각종 전투를 이끌었다. 이후 김도현은 학교를 세워 인재 양성에 힘쓰다가 1905년 을사늑약이 체결되자 영남의 선비들과 함께 상경하여 반대 상소를 올리려고 하였다. 그러나 뜻을 이루지 못한 김도현은 자결하려고 했으나 주위의 만류로 귀향하였다.

하지만 1910년에 국권을 빼앗기고 1914년에는 어머니마저 돌아가시자, 영덕 대진리 관어대에서 바다에 몸을 던져 순국했다. 1971년에 김도현의 활동을 기리는 도해단이 지금의 자리에 건립되었다.

24 독립을 향한 다채로운 발걸음

[답사 목적] 일제의 침략에 맞서 분연히 떨쳐 일어났던 저항 운동을 찾아보고, 독립을 이루기 위하여 투쟁한 인물과 사적지를 통해 그 의지를 되새겨 본다.

▲ **새로 복원한 박열의 생가와 기념관** 3·1 운동에 참여한 후 일본으로 건너가 아나키즘(무정부주의)을 받아들이면서 일제의 식민 지배와 천황제, 간토 대학살을 법정에서 비판한 박열의 항일 투쟁 정신을 기리기 위해 복원한 생가와 기념관의 모습이다.

◆ **답사 지역 개요** ◆

▲ **의병장 허위 생가터에 자리 잡은 기념공원**

경상북도의 독립운동은 의병 운동과 애국 계몽 운동, 그리고 의열 투쟁까지 매우 다채롭게 전개되었다. 1907년 이강년과 허위가 일으킨 의병은 무너지는 국권을 지키기 위한 항일 운동이었다. 또한 의열 투쟁은 자신의 생명을 바쳐 옳고 그름을 알리는 투쟁으로, 자유와 정의라는 중요한 메시지를 세상에 던졌다.

경상북도 지역은 유학에 바탕을 둔 사회 질서가 강하게 뿌리내린 곳이었다. 하지만 나라가 무너져 내리자 이곳 사람들은 '혁신 유림'으로 거듭나 다양한 이념과 사상을 수용하여 민족이 처한 현실을 극복하고자 노력하였다.

특히 문경, 상주, 김천, 구미의 독립운동사를 살펴보면서 일제의 침략이 쓰나미처럼 밀려오던 시대를 헤쳐 나온 독립운동가들의 별처럼 빛나는 삶을 엿볼 수 있다. 나아가 이들의 모습에서 미국, 중국, 일본, 러시아로 둘러싸여 있는 오늘날의 현실을 슬기롭게 대처할 지혜도 얻을 수 있을 것이다.

206

영상으로 보는 한국사

22년간 일본 교도소에 투옥되었던 독립운동가, 박열

1 일제의 침략에 끊임없이 노력한 경북인들의 길을 돌아보고 가 본 곳을 체크해 봅시다.

2 답사 코스 중 가장 인상 깊었던 장소는 어디였나요?

장소	까닭

3 답사 · 체험 활동 중 새로 알게 된 내용과 궁금한 점은 어떤 것인가요?

새로 알게 된 점	궁금한 점

4 답사 · 체험 활동을 마치고 느낀 점을 간략하게 써 봅시다.

01 박열의사기념관
♀ 경상북도 문경시 마성면 샘골길 44

3 · 1 운동에 참여한 후 일본으로 건너가
아나키스트가 된 박열의 기념관

02 운강이강년기념관
♀ 경상북도 문경시 가은읍 대야로 1683 재실

일제에 격렬히 저항한
의병 대장 이강년을 기념하는 장소

박열(1902~1974)은 문경 모전동에서 태어났으나 얼마 후 가족과 함께 지금의 복원된 생가와 기념관이 있는 마성면 오천리 샘골로 이사했다. 박열은 경성고등보통학교에 다닐 때 3 · 1 운동에 참여한 후, 일본으로 건너가 아나키즘을 접하고 흑도회와 흑우회를 조직해 일제에 맞서는 저항을 하였다.

1923년 간토 대지진이 일어나자, 일제는 한국인과 사회주의자를 체포하거나 학살하는 만행을 저질렀다. 이때 체포된 박열은 황태자를 암살하기 위해 폭탄을 들여오려는 계획을 이야기하면서 아내 가네코 후미코와 함께 대역죄와 폭발물 취체 규칙 위반으로 사형을 언도받았다.

이후 아내 가네코 후미코는 옥중에서 의문의 죽음을 맞았지만, 박열은 무기 징역으로 감해져 1945년 10월 27일에 석방될 때까지 22년 2개월이라는 긴 옥고를 치러야만 하였다.

이강년(1858~1908)은 동학 농민 운동 때 농민군을 지휘했으며, 을미사변 후에는 도태장터에서 의병을 일으켰다. 하지만 마고성 전투에서 패하자 유인석 의병 부대에 합세해 유격장이 되어 문경과 조령 등지에서 활약하였다.

이후 이강년은 1907년 4월에 다시 의병을 일으켜 민긍호 의병 부대와 함께 충주를 공격하였고, 이듬해에는 봉화의 서벽에서 일본군 영천수비대와 격전을 벌인 끝에 승리를 거두었다. 하지만 청풍 까치성에서 일본군과 싸우다가 부상을 입은 채 붙잡혀 서대문형무소에서 처형되었다.

국가보훈처는 2003년 2월에 유물 전시관, 사당 등을 갖춘 운강이강년기념관을 현충 시설로 지정했다.

"한평생 이 목숨 아껴 본 바 없었거늘 죽음을 앞둔 지금에서야 삶을 어찌 구하려 하나만 오랑캐 쳐부술 길 다시 찾기 어렵구나. 이 몸 비록 간다고 해서 넋마저 사라지랴."
– 이강년이 옥중에서 남긴 글

208

지역사 탐구   일본 여성 가네코 후미코의 무덤이 문경에 있는 까닭은 무엇일까?

▲ 「동아일보」에서 보도한 박열 의사와 가네코 후미코의 법정 사진 기사(1927. 1. 21)

가네코 후미코는 일본 가나가와현 요코하마 출생이다. 1922년 박열과 만나 동거를 시작하였고 아나키즘 단체였던 흑도회와 흑우회에 가입해 박열과 함께 활동을 하였다.

1923년 간토 대지진 때, 가네코 후미코는 박열과 함께 천황가를 암살하려 한 대역죄로 연행되었다. 이후 1926년에 사형 판결을 받고 우쓰노미야 형무소에서 의문의 죽음을 맞았다. 그러자 박열과 이미 옥중 결혼을 했던 가네코 후미코의 유골을 박열의 형이 찾으러 갔으나, 일제의 방해로 상주 경찰서가 인수하여 팔령산 밑에 가매장하고는 제사도 지내지 못하게 했다. 이후 가네코 후미코의 묘소는 그렇게 철저히 잊혀졌다. 하지만 2003년 박열의사기념공원 조성과 함께 지금의 자리인 박열의사기념관 안에 이장하게 됐다. 가네코 후미코는 당시 변호를 맡은 일본인 후세 다츠지에 이어 2018년에 건국훈장 애국장을 받았다.

03 채기중 생가터
📍 경상북도 상주시 이안면 소암2길 25-50(소암리 290-1)

군자금을 모으고 친일 부호 처단에 앞장선
채기중이 태어나 살던 곳

04 의병장 노병대 생가터
📍 경상북도 상주시 화동면 이소2리 산24

의병 투쟁을 벌이다가 붙잡혀 옥중에서
단식 투쟁으로 순국한 노병대가 태어난 곳

채기중(1873~1921)은 1913년에 풍기광복단을 조직해 단장으로 활약하다가 1915년 초에 박상진이 대구에서 결성한 조선국권회복단과 협의하여 7월에 대한 광복회를 조직하였다.

대한 광복회는 박상진을 총사령으로, 채기중을 경상도 책임자로 뽑았다. 채기중은 대한 광복회의 포고문을 작성하고, 전라도 조직에도 힘을 쏟았다. 특히 1917년에는 칠곡의 친일 부호 장승원 처단 공작을 직접 지휘하고 실행하였다. 이 일로 이듬해에 대한 광복회가 일본 경찰에 발각되고, 채기중도 체포되어 끝내 서대문형무소에서 순국하였다.

"옛 왕국을 회복하기 위해 의로운 사람들과 사귀어 왔네. 죽겠노라는 맹세가 하늘과 해를 뚫나니 오만 가지 형벌인들 몸을 사리랴." — 채기중이 옥중에서 남긴 시

노병대(1856~1913)는 을사늑약이 체결되자 궁중에서 일본 세력을 몰아내야 한다는 상소를 올렸다. 이에 고종이 벼슬과 함께 밀지를 내리자, 노병대는 고향으로 내려와 의병을 모았다. 1907년 8월에 노병대는 속리산에서 의병을 일으켰는데, 마침 해산된 군인들이 의병에 합류하면서 1천여 명이 넘는 의병 부대를 조직했다. 노병대가 이끄는 의병 부대는 충청도와 경상도는 물론 전라도 일대까지 원정해 일본군과 싸우면서 명성을 크게 떨쳤다.

하지만 1908년 보은에서 붙잡힌 의병장 노병대는 일본군의 고문으로 한쪽 눈을 잃고, 공주 재판소에서 10년형을 선고 받았다. 이후 은사령으로 풀려나와 다시 항전을 계획하였다. 그러던 중 또다시 붙잡힌 노병대는 자결을 결심하고 28일간의 단식 투쟁 끝에 순국하였다.

지역사 탐구 대한 광복회는 경주 우편 마차를 왜 습격하였을까?

▲ 경주 우편 마차 습격 사건을 보도한 『매일신보』(1915. 12. 26.)

"24일 오전 인시 사십분에 경주를 출발하여 대구로 배송될 관금 팔천칠백 원의 행낭이 경주 아화 간에서 분실된 대 사건이 있더라." — 『매일신보』(1915. 12. 26.)

1915년 12월 24일 새벽, 대한 광복회원 권영만과 우재룡이 경주의 소태고개에서 대구로 수송하는 우편 마차를 습격하는 사건이 일어났다. 이 우편 마차에는 일제가 경주·영일·영덕 등지에서 거둔 세금 8,700원이 든 행낭이 있었는데, 대한 광복회원들이 군자금 모집을 위해 탈취한 것이다.

대한 광복회는 군자금 모집과 혁명 기지 건설, 친일 부호 처단, 무기 구입, 독립군 양성 등을 목적으로 한 국내 비밀결사 단체였다. 대한 광복회는 이를 실현하기 위해 전국에 혁명 기지를 건설하고 적당한 시기에 독립 전쟁을 벌여 독립을 달성한다는 투쟁 방략과 함께 '비밀·폭동·암살·명령' 등 4대 행동 강령을 채택하여 활동을 벌여 나갔다. 따라서 경주 우편 마차 습격 사건은 대한 광복회의 목적과 성격을 드러낸 상징적인 사건이었다.

05 김태연(김단야) 집터
📍 경상북도 김천시 개령면 동부길 155-33(동부리 68)

국내에서 3·1 운동에 앞장서고
해외에서 사회주의 운동을 벌인 김태연의 집터

06 금릉향교
📍 경상북도 김천시 교동 437

김천 인근의 의병들이 모여
김산의진으로 창의를 모의했던 곳

김태연(1899~1938)이 태어나 살던 곳으로, 지금은 집이 없어진 채 창고로 사용되고 있다. 김태연은 어린 시절에 서당과 보통학교 세 군데를 옮겨 다니다가 대구의 계성학교 고등 보통과에 입학했다. 하지만 김태연은 일제의 식민 지배를 정당하게 여기는 미국 선교사 교장과 일본인 교사를 몰아내자는 동맹 휴학을 주도하다가 퇴학을 당했다.

이후 김태연은 우여곡절 끝에 경성(서울)의 배재학교에 입학하여 비밀결사에 가담해 지하 신문 『반도의 목탁』을 만들기도 했다. 1919년 3·1 운동 때는 고향 김천으로 내려와서 만세 운동에 앞장서다가 체포돼 대구 지방법원 김천지회에서 태형 90대를 맞고 나왔다. 그러고 나서 비밀결사 적성단에서 활동하다가 12월에 상하이로 망명해 이르쿠츠크파 고려공산청년회 간부로 활동했다. 이때부터 김태연은 주로 해외에서 사회주의 운동을 벌이며 김단야로 널리 알려졌다.

명성 황후 시해 사건과 단발령에 격분한 유생들이 전국 곳곳에서 의병을 일으키자, 1896년 김산 지역에서도 유생 여영소와 여중룡 등이 의병을 일으킬 것을 계획하였다. 이들은 금릉향교에 모여 향회를 열고 통문을 띄웠다. 그러자 때마침 상주의 이기찬과 선산(구미)의 허위도 김산으로 모여 금릉향교에서 연합 의병 부대인 김산의진을 일으켰다.

김산의진은 상주의 이기찬을 대장으로 추대하였다. 이후 대구부로 진격하려고 지례현에 이르렀을 때, 군량과 군병을 모집했는데 그곳 현감의 도움으로 의병 부대의 진용을 갖추었다. 하지만 대구에서 파견된 경상감영의 관군을 만나 제대로 싸워 보지도 못한 채 패하여 각처로 흩어졌다.

이후 김산의진은 직지사에 모여 통문을 돌리며 군량과 병사를 모집하여 의병 투쟁을 다시 이어 나갔다.

210

지역사 탐구   사회주의자 김단야의 삶은 어떻게 되었을까?

▲ **1929년 모스크바 국제레닌학교 재학 시절** 앞줄 왼쪽에서 두 번째부터 김단야, 박헌영이 나란히 앉아 있다. 두 번째 줄 왼쪽에서 첫 번째가 박헌영의 아내였다가 나중에 김단야와 재혼한 주세죽이다.

김단야(김태연)는 상하이에서 고려공산청년회 활동을 하며 박헌영과 임원근을 만나 '상하이 트로이카'로 불리면서 평생 동지가 되었다. 그런데 이들의 아내인 고명자·주세죽·허정숙 또한 '삼두마차'로 불렸다고 한다.

1925년 조선공산당 1차 검거 사건이 일어나자, 김단야는 조선공산당 기관지 『불꽃』의 주필로 활약하였다. 또한, 이듬해에는 순종이 세상을 떠나자 안동에서 권오설을 만나 6·10 만세 운동을 계획하고 자금을 지원하였다.

이후 김단야는 1929년에 조선공산당 재건 운동을 지도하였고, 1934년에는 모스크바 동방노력자공산대학에서 조선 민족부 책임자가 되었다. 이때 김단야는 소련에 사는 한국인을 대상으로 『사회주의의 위대한 승리』와 『어떻게 콜호즈원은 유족하게 되었는가』 같은 팸플릿을 만들었다. 그러나 1937년 소련의 스탈린 정부는 김단야를 일제의 밀정이라는 혐의로 체포해 이듬해에 처형하였다.

13도창의군을 일으켜 서울 진공 작전을 펼친
왕산 허위가 태어난 집이 있던 곳

1927년 조선은행 대구지점에
폭탄을 터뜨린 장진홍이 태어난 곳

허위(1854~1908)가 태어나 벼슬살이를 하기 전까지 살던 곳으로, 옛 흔적은 찾아볼 수 없지만 지금은 '왕산허위선생기념공원'이 자리하고 있다.

허위는 1896년에 의병을 일으켜 김산의진에 참여했다가 고종의 부름으로 벼슬살이를 하였다. 하지만 벼슬에서 물러난 뒤 고종의 밀지를 받은 허위는 1907년 8월에 경기도에서 다시 의병을 일으켰다. 때마침 해산된 군인들을 모으고, 곳곳의 의병 부대를 연합하여 경기도 연천을 본거지로 의병 항쟁을 이어 갔다. 허위는 전국 의병 연합 부대인 13도창의대진소를 설치한 후 이인영을 총대장에, 자신은 군사장이 되어 서울 진공 작전을 벌였으나 실패하였다.

이후 허위는 임진강 유역에서 의병 연합 부대를 다시 일으켰지만, 경기도의 한 농가에서 일본군에 체포돼 1908년에 서대문형무소에서 첫 번째 사형수로 순국하였다.

1927년에 장진홍은 일제의 고관과 중요 시설을 파괴할 목적으로 폭탄 제조법을 배운 후 직접 폭탄을 만들었다. 장진홍은 대구에서 거사하기로 하고, 도지사와 경찰부장은 물론 조선은행 대구지점·조선식산은행 대구지점을 목표로 정했다. 그러고 나서 먼저 조선은행 대구지점으로 폭탄을 배달했는데, 거사에 쓸 폭탄의 일부가 폭발하면서 일본 경찰 몇 명에게 중상을 입히고 은행 건물 유리창이 깨졌다.

장진홍은 1928년에 안동과 영천에서 또다시 거사를 도모하였으나 뜻을 이루지 못하였다. 이후 경찰의 경계망을 뚫고 일본 오사카에 사는 동생 집으로 은신하였으나, 이듬해 은신처가 발각되면서 체포되고 말았다. 1930년 4월에 장진홍은 대구복심법원에서 사형 선고를 받고 상고하였으나 기각되자, 같은 해 6월 5일에 서대문형무소에서 자결하였다.

211

지역사 탐구 장진홍은 조선은행 대구지점에 폭탄을 어떻게 터트렸을까?

▲ 대구 폭탄 사건을 일으킨 장진홍에게 사형을 판결했다는 소식을 보도한 『동아일보』(1930. 2. 18.)

1927년 10월 18일, 장진홍은 폭탄이 든 나무 상자 네 개를 신문지로 포장해 덕흥여관 종업원 박노선에게 조선은행 지점을 시작으로 경상북도 지사와 경찰부장, 조선식산은행지점 순으로 한 상자씩 배달해 달라고 부탁하였다.

이에 박노선은 부탁대로 먼저 조선은행 대구지점으로 폭탄을 배달하였다. 그런데 나무 상자를 확인한 은행 직원이 도화선을 끊어 길거리에 내놓았으나, 거기에 있던 나머지 폭탄이 차례로 터져 버렸다. 이 폭발로 일본 경찰과 은행원 여럿이 중상을 입었고, 폭음과 함께 유리창이 70여 장이나 깨져 버렸다. 장진홍은 이 거사가 터진 지 1년 4개월이 지난 1929년 2월에 일본 오사카에서 체포되었다.

함께 갈 만한 곳

01 천세헌 생가터

경상북도 문경시 산양면 부암길 39-40

천세헌의 옛집은 사라지고, 지금은 다른 주택이 들어서 있다. 천세헌(1881~1945)은 1902년 한성에서 외국어 학교에 다니다가 이듬해 하와이로 이주하여 미국에서 주로 독립운동을 벌였다. 대한인국민회와 흥사단에서 활동하면서 1919년 4월에 자유한인대회에 참가해 대한민국 임시 정부 후원 등을 결의하였다. 이후에는 서재필 등과 함께 뉴욕에서 대한 민족 대표단 후원회를 조직해 활동을 펼쳤다.

이후 천세헌은 1940년 7월에 강영승과 함께 조선의용대 미주 후원회를 조직하고, 1942년부터는 독립금과 기성금을 모아서 독립 전쟁을 지원하였다.

02 안동 연합 의병 전투지(태봉)

경상북도 상주시 함창읍 태봉리 109-1 일대

산봉우리만 남은 채 주위가 온통 논으로 변한 함창 태봉은 1894년에는 안동 의병이, 1896년에 안동 · 호좌 의진 등 7개 연합 의병 부대가 일본군과 전투를 벌인 곳이다. 이처럼 의병 부대가 두 차례나 이곳에서 전투를 벌인 것은 일본군 병참 부대가 주둔한 전략적인 요충지였기 때문이다.

특히 1896년 3월 29일에 벌어진 연합 의병 부대의 전투 상황은 김도현의 「벽산 선생 창의 전말」에 잘 기록되어 있다. 아침부터 시작된 이 전투는 저녁 무렵 일본군의 총공격에 밀려 의병의 패배로 끝났다. 이후 연합 의병 부대는 예천으로 후퇴했다가 결국 흩어지고 말았다.

03 권준 집터

경상북도 상주시 함창읍 관암길 109

권준(1895~1959)이 살던 곳으로, 지금은 새집이 들어서 옛 모습을 찾아볼 수 없다. 권준은 1917년에 대한광복회에 참여해 항일 투쟁을 벌이다가 1919년 3 · 1 운동 직후에는 중국 만주로 망명하였다.

권준은 신흥무관학교를 졸업하고, 1921년 베이징에서 의열단에 가입하였다. 권준은 군자금 조달과 폭탄 제조 같은 임무를 맡아 종로경찰서 · 조선총독부 · 동양척식주식회사는 물론 도쿄 니주바시(이중교) 폭탄 투척 등을 적극적으로 지원했다. 이후 권준은 1926년에 황푸군관학교를 졸업하고, 1944년에는 충칭에서 대한민국 임시 정부의 내무부 차장에 임명되었다.

04 상주향교 대성전(고려공산청년회 회의지)

경상북도 상주시 신봉동 203-1

1928년 조선공산당원인 강훈이 상주 출신의 강용수와 최상돈을 만나 고려공산청년회 가입을 권유하며 가입시켰다. 그리고 신영철을 책임자로 하는 고려공산청년회 상주 야체이카(공산당 조직의 기본 단위)를 조직했다.

이들은 강훈과 함께 상주향교 대성전에서 회의를 열어 고려공산청년회 상주 야체이카의 운동 방침에 대해 협의하였다. 하지만 경북 공산당 사건으로 1930년 1월에 체포돼, 대구 지방법원에서 최상돈은 징역 8월형을, 강용수와 신영철은 징역 8월에 집행 유예 3년을 언도받았다.

05 광흥학교 터

경상북도 김천시 남산공원3길 12

1907년 4월에 김천상업회의소 회원 안덕일·문하영·석태형 등이 세운 광흥학교가 있던 곳으로, 지금은 김천초등학교가 자리하고 있다. 광흥학교는 1908년에 학생 50여 명과 노동 야학생 40여 명이 다녔고, 1911년에 김천공립보통학교로 개편되었다.

한편, 김천상업회의소는 김천 시장의 상인들이 만든 단체로, 상업 발달을 도모하고 국민 계몽에도 관심을 두었다. 그래서 1907년 7월에는 대한협회 김천지회 설립 발기회를 광흥학교에서 열고, 이후 김천 지역의 계몽 운동을 이끌어 나갔다.

06 박희광 생가터

경상북도 구미시 봉곡동 171-1

박희광(1901~1970)은 1912년 만주로 망명한 후, 1922년에 대한통의부로 들어가 항일 운동을 펼쳤다. 당시 그곳에는 친일 단체 보민회와 일민단이 독립운동과 동포들의 단합을 방해하고 있었다. 그래서 박희광은 대한통의부의 명령에 따라 1923년에 친일파 정갑주 부자 처단과 보민회를 습격하고, 이듬해에도 보민회 회장 최정규를 암살하려고 시도하였다.

하지만 군자금을 마련하기 위해 김병현과 함께 활동하다가 중국 경찰에 붙잡혀 일본 경찰에 인도되었으며, 징역 20년을 선고 받고 뤼순 감옥에서 15년간 옥고를 치렀다.

25 임시 수도, 그리고 민주화의 도시

[답사 목적] 6 · 25 전쟁 때 임시 수도로 위기를 극복하고, 이후 민주화 운동의 중심으로 민주주의
확대에 큰 역할을 한 부산 일대를 돌아보며 부산의 역사적 위상을 살펴본다.

▲ **자갈치 시장에서 본 부산항** 부산은 한국인의 애환을 고스란히 담고 있는 곳이다. 일제 강점기에 고향을 등지고 멀리 타국으로 떠났던 장소이자, 6 · 25
전쟁으로 헤어진 가족이 만나거나 피란민들이 머물며 생계를 이어 가던 삶의 현장이었다.

◆ 답사 지역 개요 ◆

▲ **아! 나의 조국** 1987년 6월 민주 항쟁 당시 부산 문현동 로터리에서 한
시민이 다탄두 최루탄을 발사하는 경찰을 향해 "최루탄을 쏘지 말라."
라며 달려가고 있는 모습이다.

부산은 예로부터 외국의 다양한 물자와 많은 사람이
오가는 통로였다. 부산이 한국의 대표적인 항구 도시로
성장한 계기는 개항과 6 · 25 전쟁이었다.

1876년 개항 이후 부산에 개항장이 설치되었다. 또
1950년에는 6 · 25 전쟁 기간 동안 수많은 피란민들이 이
곳으로 밀려들었고, 부산은 이들에게 새로운 삶의 터전이
되었다. 이처럼 부산은 광복 후 귀환 동포와 전란을 피해
온 피란민들의 애환을 고스란히 느낄 수 있는 공간이었다.

부산은 6 · 25 전쟁 당시 임시 수도 역할을 하면서 국난
극복에 이바지하였고, 우리나라 민주화에도 큰 역할을 담
당하였다. 4 · 19 혁명과 부 · 마 민주 항쟁은 물론 6월 민
주 항쟁에서도 결정적인 기여를 하면서 민주주의 신장에
디딤돌 역할을 다하였다.

01 임시 수도 대통령 관저   02 임시 수도 정부 청사

03 아미동 비석문화마을

04 국제시장

08 유엔기념공원   07 부산시민공원   06 40계단   05 영도대교

12 비프(BIFF)광장

09 부산민주공원   10 부산대학교 10·16기념관   11 부산가톨릭 센터

영상으로 보는 한국사

"부마항쟁을 아시나요" 불씨 되살리는 부산대

❶ 전쟁 시기 피란지와 민주주의 발전에 기여했던 유적지를 돌아보고 가 본 곳을 체크해 봅시다.

❷ 답사 코스 중 가장 인상 깊었던 장소는 어디였나요?

장소	까닭

❸ 답사·체험 활동 중 새로 알게 된 내용과 궁금한 점은 어떤 것인가요?

새로 알게 된 점	궁금한 점

❹ 답사·체험 활동을 마치고 느낀 점을 간략하게 써 봅시다.

01 임시 수도 대통령 관저
📍 부산광역시 서구 임시수도기념로 45(부민동 3가 22)

6 · 25 전쟁이 일어나자 부산으로 내려온
이승만 대통령이 사용한 대통령 관저

02 임시 수도 정부 청사
📍 부산광역시 서구 구덕로 225(부민동 2가 1)

6 · 25 전쟁으로 부산이 임시 수도가 되면서
이곳에 자리한 대한민국 정부 청사와 국회

1950년 6 · 25 전쟁으로 3일만에 서울이 함락되자 이승만 대통령은 대전과 목포를 거쳐 부산으로 내려왔다. 이승만 대통령은 경상남도 도지사 관사였던 곳을 대통령 관저로 사용하면서 업무를 하였다. 이곳은 1950년 8월 18일부터 관저로 사용하다가 9 · 28 서울 수복 후 정부가 잠시 서울로 올라갔지만, 1 · 4 후퇴 이후부터 1953년 8월 15일까지 1,023일 동안 대통령 관저로 운영되었다.

1983년 경남도청이 창원으로 옮겨가면서 이듬해 임시 수도기념관으로 단장하여 일반인에게 공개되었다. 2000년에는 전쟁 당시 건물로 복원하였고, 거실 · 내실 · 응접실 · 서재 등을 당시 모습 그대로 재현하였다. 영상관으로 이용되던 건물은 2012년 임시수도기념관 전시관으로 정비하여 개관하였다. 임시 수도 대통령 관저는 2018년 11월에 사적 제546호로 지정되었다.

6 · 25 전쟁 중 부산은 대한민국 임시 수도의 기능을 하였다. 임시 수도 정부 청사는 원래 경남도청으로, 1925년 진주에서 부산으로 도청을 이전하면서 지은 건물이다. 6 · 25 전쟁으로 부산이 임시 수도가 되면서 정부 청사로 사용되었다.

국회는 원래 부산 문화극장이었으나, 나중에 경남도청 상무관으로 옮겼다. 이곳에서 화폐 개혁 조치가 이루어졌고, 국회의원을 억류하고 구속한 부산 정치 파동과 대통령 선거를 간선제에서 직선제로 바꾸는 발췌 개헌(제1차 헌법 개정)이 있었다. 임시 정부 종합 청사 뒤편으로 500m 떨어진 곳에 대통령 관저(현 임시수도기념관)가 자리하고 있다.

임시 정부 종합 청사는 1983년에 경남도청이 창원으로 이전하자, 부산 지방법원 및 지방검찰청으로 사용되다가 2002년 동아대학교가 매입하여 2009년부터 석당박물관으로 활용되고 있다.

지역사 탐구 6 · 25 전쟁 중 임시 수도였던 부산에서는 어떤 일이 일어났을까?

▲ **발췌 개헌** 국회의원들이 거수하는 방식으로 개헌안을 통과시키고 있다.

1950년 5월, 이승만 대통령은 제2대 국회의원 선거에서 자신을 지지하는 세력이 대거 낙선하자 재선이 어려울 것으로 보았다. 또한 6 · 25 전쟁이 일어나고 거창 양민 학살 사건과 국민 방위군 사건이 발생하면서 어려움에 처하자 1951년 11월에 직선제 개헌을 제안하였다.

하지만 국회는 1952년 1월에 이를 부결 처리하였다. 이에 이승만 대통령은 5월 25일 비상계엄령을 선포하고, 다음 날 국회의원들이 탄 통근 버스를 헌병들이 강제로 끌고 가 감금한 채 국제공산당 연루 혐의로 국회의원 12명을 구속하는 이른바 '부산 정치 파동'을 일으켰다.

또 1952년 7월 4일에는 군인과 경찰이 의사당을 포위한 가운데 국회의원들이 대통령 선거를 간선제에서 직선제로 바꾸는 제1차 헌법 개정, 즉 발췌 개헌을 통과시켰다. 그리고 이승만 대통령은 8월 5일 제2대 대통령에 또다시 당선되었다.

공동묘지였던 곳에 비석을 주춧돌 삼아 집을 지은 흔적

**죽은 이들이 묻힌 자리 위에 살아가야만 했던
사람들이 집을 지으면서 형성된 마을**

▲ 피란민들의 치열한 삶의 현장이었던 국제시장

**원조 물자와 미군 용품 등 각종 물건들을
거래하던 '도떼기시장'**

전쟁으로 많은 피란민이 부산으로 밀려들어 오자 우암동, 부민동, 영도, 괴정 등 40여 곳에 분산 수용하였다. 이곳에 수용되지 못한 피란민들은 공터에 판잣집을 짓고 살았다. 그들은 부산역 일대를 비롯한 일터인 국제시장과 부두 가까운 곳에 집을 지었다.

아미동은 일본인 공동묘지가 있던 곳으로 광복 이후 서둘러 돌아간 일본인들이 미처 수습하지 못한 무덤들이 있었다. 이곳에 사람들이 판잣집을 지으면서 묘지의 비석들을 건축 자재로 사용하였다. 지금도 아미동 일대의 계단이나 담장에는 당시 사람들이 집을 지을 때 사용한 비석들을 곳곳에서 볼 수 있다. 아미동 이외에도 피란민 마을로는 당감동 아바이마을, 우암동 피란민마을 등이 있다.

광복 이후 귀환 동포와 6·25 전쟁 당시 피란민들이 생계를 위해 좌판을 벌리고 장사를 하였던 곳으로, 1948년 자유시장, 1950년 이후 국제 시장으로 불렸다.

이곳은 미군의 원조 물자와 밀수품 등이 주로 유통되면서 발전한 시장으로, 미군 부대나 일본에서 들어온 물건들이 많아 '국제시장은 사람 빼고는 모두 외제'라는 말이 나올 정도였다. 1960년대 전성기를 누리다가 1980년대 이후 대형 유통업체들이 경쟁자로 시장에 진입하는 등 현대화의 흐름에 따라 상권이 약화되어 다른 전통 시장처럼 위축되었다.

최근에는 관광객이 찾는 부산의 명소로 자리매김되고, 2014년에 「국제시장」이란 제목의 영화가 개봉되어 더 유명한 곳이 되었다.

217

▲ **감천 문화마을**(부산광역시 사하구 감천2동 감내1로 200) 산비탈을 따라 집들이 빽빽히 들어선 이 마을은 오늘날 '한국의 산토리니'로 불리며 많은 사람이 찾는 명소가 되었다.

05 영도대교
📍 부산광역시 영도구 태종로 남포동–영도 사이 (대교동 1가)

6 · 25 전쟁 당시 피란 중에 헤어진 가족과
만나기로 한 만남의 장소 영도다리

06 40계단(기념비와 문화관)
📍 부산광역시 중구 동광길 49(동광동, 40계단문화관)

피란민들의 애환이 서려 있는 40계단

일터로 나가는 통행로이자 식수를 길어 나르던
40계단에 배어 난 고달픈 삶의 애환

영도대교는 6 · 25 전쟁으로 피란 중에 헤어진 가족을 만나는 장소였다. 가수 현인이 부른 「굳세어라 금순아」(1953년 작)에 나온 가사인 "영도다리 난간에 초생달만 외로이 떴다"처럼 당시 영도대교는 헤어진 가족을 애타게 찾으며 기다리는 사람들이 모였던 장소였다.

영도대교는 1934년에 완공된 다리로 국내 최초로 육지와 섬을 연결하는 연륙교이자 배가 지날 수 있도록 다리를 드는 도개교이다. 영도대교의 본래 명칭은 부산대교였고, '영도다리'라고도 불렸다. 1982년 부산대교가 새롭게 놓이면서 영도대교로 명칭이 바뀌었다.

1966년 8월 31일, 영도대교는 마지막으로 다리를 든 뒤에 2013년 11월부터 다시 다리를 들어 올리면서 새로운 관광 명소가 되었다. 오후 2시에 사이렌에 맞추어 다리를 드는 행사가 진행된다.

40계단은 6 · 25 전쟁 시기에 피란민들의 애환이 담긴 장소이다. 이곳은 1999년 영화 「인정사정 볼 것 없다」의 오프닝 장면에 등장하여 전국적으로 알려지게 되었다. 2003년 이곳에 개관한 문화관에는 1950년대 40계단을 중심으로 피란살이를 하였던 사람들의 힘겨웠던 생활상을 담은 사진과 생활용품 등이 전시되어 있다.

6 · 25 전쟁 당시 40계단의 위쪽은 피란민들이 판잣집을 짓고 모여 살던 곳이었다. 이곳 사람들은 40계단을 매일같이 수없이 오르내리며 일터로 나가고, 또 식수를 길어 날랐다. 또한 40계단은 영도대교와 함께 피란 중에 헤어진 가족을 만나는 상봉의 장소이며, 부두에서 들어오는 구호물자를 내다 파는 장터이기도 하였다. 피란민들은 이 40계단에 앉아 부산항을 바라보며 피란살이의 고달픔을 달래보곤 하였다.

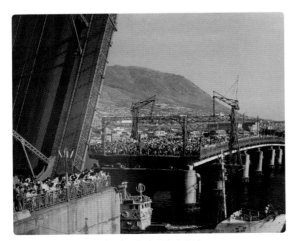

▲ 마지막으로 다리를 드는 영도대교(1966. 8. 31.)

▲ 6 · 25 전쟁 중의 부산 국제시장(1951)

07 부산시민공원(하야리아 부대 주둔지)
📍 부산광역시 부산진구 시민공원로 73(연지동 111)

외국군이 주둔하며 이방인의 영역이었으나
시민들의 휴식처로 돌아온 공원

08 유엔기념공원
📍 부산광역시 남구 유엔평화로 93(대연동)

6 · 25 전쟁 때 유엔군으로 참전한
전몰장병을 위해 만든 묘역

부산시민공원은 일제 강점기에 경마장이었으나 중 · 일 전쟁 이후에는 일본군의 훈련장과 전쟁 물자 야적장으로 사용되었다. 광복 직후에는 주한미군기지사령부로 사용되었다. 대한민국 정부 수립 이후 미군이 철수하면서 미국 영사관과 유엔 산하 기구가 있다가 6 · 25 전쟁의 발발로 다시 주한미군 부산기지사령부 산하 하야리아 부대가 자리를 잡았다. 하야리아는 초대 부산기지 사령관의 고향인 '베이스 하야리아'에서 따온 명칭이다.

1995년 '하야리아 땅 되찾기 운동'이 일어나 점차 범시민적 운동으로 발전하였고, 그 결과 2006년에 미국이 하야리아 부대 땅을 반환하였다. 부산시는 '부산 속 남의 땅'으로 인식되던 이곳에 시민공원을 조성하여 2014년에 일반 시민에게 개방하였다.

유엔기념공원은 세계 유일의 유엔군 묘지로, 6 · 25 전쟁이 일어난 이듬해인 1951년 1월에 전사자 매장을 위하여 유엔군사령부가 조성하였고, 같은 해 4월 묘지가 완공됨에 따라 개성, 인천, 대전, 대구, 밀양, 마산 등지에 가매장되어 있던 유엔군 전몰장병의 유해가 안장되기 시작하였다.

1955년 12월 15일, 한국 정부의 요청으로 이 묘지를 유엔이 영구적으로 관리하기로 유엔 총회에서 결의문 제977(X)호를 채택하였다. 이에 따라 1959년 11월 유엔과 대한민국 간에 '유엔 기념 묘지 설치 및 관리 유지를 위한 대한민국과 유엔 간의 협정'이 체결됨으로써 지금의 유엔 기념 묘지로 출발하게 되었다. 냉전 시대의 아픈 상처로 남아 있는 이곳은 남북 화해와 평화를 지향하는 오늘날 우리에게 많은 문제를 생각하게 한다.

(단위: 명)

국명	연파병 인원	전사자	국명	연파병 인원	전사자
그리스	4,440	186	영국	56,000	1,177
남아프리카공화국	900	37	오스트레일리아	8,407	346
네덜란드	5,320	124	캐나다	27,000	516
뉴질랜드	5,350	41	콜롬비아	5,100	213
룩셈부르크	89	2	태국	6,326	136
미국	1,600,000	36,492	터키	14,936	1,005
벨기에	3,590	106	프랑스	3,760	270
에티오피아	3,518	122	필리핀	7,500	120

의료 지원국: 노르웨이 623명(전사 3명), 스웨덴 1,164명, 덴마크 630명, 이탈리아 185명, 인도 346명

▲ 6 · 25 전쟁 당시 유엔군 참전국과 연파병 인원 · 전사자 수

▲ **유엔기념공원에 묻힌 한국 군인 36기** 이곳에 안장된 한국 군인(카투사)은 창녕 · 영산 전투에서 전사한 것으로 보인다. 카투사는 1950년 7월 이승만 대통령과 맥아더 사령관 사이에 구두 협정으로 창설되었다.

09 부산민주공원
📍 부산광역시 중구 민주공원길 19

4·19 혁명, 부·마 민주 항쟁, 6월 항쟁으로 이어지는
부산 민주화 운동의 상징적 공간

10 부산대학교 10.16기념관
📍 부산광역시 금정구 부산대학로 63번길 2(장전동)

부마 민중 항쟁 발원지 표지석(부산대학교 내)

유신 체제 철폐와 1980년대 민주화 운동을
견인한 부·마 민주 항쟁의 시발점

부산 민주화 운동의 상징적 공간으로 영주동 산마루에서 부산 앞바다를 바라보는 자리에 있다. 4·19 혁명과 부·마 민주 항쟁, 6월 항쟁으로 이어져 내려오는 부산 시민의 민주주의에 대한 숭고한 희생정신을 기리고 계승 발전시키기 위해 만들어졌다.

이 공원에는 민주화 운동의 역사를 보여 주는 민주항쟁기념관과 야생초와 꽃들이 아름답게 피는 야외 공간이 있다. 민주항쟁기념관에 게시된 지난 100년간의 자주독립과 민주주의를 위해 싸운 우리 민족의 모습을 담은 '민주 항쟁 기념도'가 인상적이고, 그 밖에 독재 시절 민주화 운동 관련 각종 도서, 인쇄물, 물품 전시는 물론 당시 수형 시설 등을 체험해 볼 수 있게 하였다.

부·마 민주 항쟁이 맨 처음 시작되었던 부산대학교에는 1979년 부·마 항쟁 당시의 의거를 기념하는 기념관과 비석들이 있다. 10·16 기념관은 항쟁의 발원지인 구 도서관(현 건설관)에 인접한 문화 시설물로 세워졌다. 현재 자율도서관 앞에는 부·마 항쟁 발원지 표지석이 서 있다.

중앙도서관 앞에는 10·16 부·마민중항쟁탑이 서 있다. 이 탑은 부·마 항쟁 9주년을 맞아 부산대학교 총학생회가 재학생과 졸업생들의 성금으로 미술대학 학생들이 제작하여 세웠다. 불의에 항거한 부산대학교 학생들의 전통은 이후에도 1980년대와 1990년대까지 지속적인 민주화 운동으로 이어졌다.

220

지역사 탐구 부·마 민주 항쟁은 어디서 어떻게 시작되었을까?

▲ 10·16부·마민중항쟁탑(부산대학교 내)

▲ 「부산의 도심 시위」(곽영화)

부·마 민주 항쟁은 1979년 10월, 부산대 학생을 중심으로 한 부산·마산 시민이 전개한 반독재 민주화 항쟁이다. 이는 이후 유신 체제 철폐와 1980년대 민주화 운동을 견인하는 계기가 되었다.

1979년 8월에 YH 사건이 발생하고, 10월에는 당시 신민당 대표인 김영삼을 국회의원에서 제명하자, 10월 16일 부산대에서 학생 5천여 명이 유신 철폐와 정치 탄압 중단 구호를 외치며 시위를 시작하였다. 시민의 합세로 학생 시위가 확산되자, 10월 18일 부산에 계엄령을 선포하고 계엄군을 투입하였으며 20일에는 마산에 위수령을 선포하였다.

11 부산가톨릭센터
📍 부산광역시 중구 중구로 71(대청동 4가)

부산가톨릭센터와 그 앞에서 열린 시국 토론회(1987. 6. 28)

부산 지역 6월 민주 항쟁의 상징적 중심지이자
'부산의 명동성당'으로 불리는 부산가톨릭센터

12 비프(BIFF)광장
📍 부산광역시 중구 남포동 3가 15-1

민주화의 함성이 드높았던 곳으로
오늘날 영화의 거리로 거듭난 남포동 일대

1987년 6월 16일 오후 6시경 남포동, 대청동, 충무동 일대에서 1만여 명을 헤아리는 학생과 시민들이 시위를 하던 중 380여 명이 가톨릭센터 안에 남아 농성하기로 하였다.

이들은 죽음을 각오하고 7일간 '군사 독재 타도', '양심수 석방' 등을 요구하며 농성을 계속하였다. 이후 시민들은 농성이 벌어졌던 가톨릭회관 앞에서 시국 토론회 등을 열어 6월 민주 항쟁을 지속해 나갔다.

중구 남포동 일대는 일제 강점기부터 영화의 거리였다. 1914년에 영화 상설관 '욱관'이 문을 연 후에 보래관, 초량좌, 행좌, 부산극장 등이 들어섰다.

8·15 광복 이후에도 이곳에는 여러 극장이 자리를 잡아 1960년대에는 20여 개의 극장이 밀집되었다. 1996년부터 부산국제영화제가 개최되면서 극장가를 새롭게 단장하고 그 일대가 자연스럽게 비프(BIFF)광장이 되었다.

이와 함께 이곳을 포함한 남포동 일대는 1979년 부·마 민주 항쟁과 1987년 6월 민주 항쟁 때 민주주의를 열망하는 학생들은 물론 시민들의 함성과 시위로 가득찼던 곳이기도 하다.

221

▲ **부산 6월 민주 항쟁의 절정** 1987년 6월 18일 부산 서면에서 시민들이 '독재 타도'와 '호헌 철폐'를 외치고 있다.

함께 갈 만한 곳

01 복천동 고분군과 박물관

부산광역시 동래구 복천로 63(복천동 13)

　가야 시대를 대표하는 고분군이다. 덧널무덤과 돌덧널무덤이 대부분으로 토기류 2,500여 점, 철기류 2,700여 점, 장신구류 4,000여 점, 기타 골각기와 인골·말 이빨 등이 출토되었다. 대외 교역에서 중요한 거래 물품인 덩이쇠는 물론 화살촉·창·도끼·판갑옷·투구·말머리가리개 등 실용성이 강한 철제 무기류가 출토되었다.

　이외에도 지배자만이 가질 수 있는 환두대도·금동관과 금(동) 귀걸이 등의 장신구류, 통형동기, 미늘쇠, 청동제 칠두령도 출토되어 가야 사회의 성장 원인과 쇠퇴에 대한 여러 가지 자료를 제공하였다.

02 용두산공원(초량왜관 터)

부산광역시 중구 광복동 2가 1-2

　부산타워가 위치한 용두산공원과 주변은 원래 조선 후기 일본인이 거주하던 초량왜관이 있던 곳이다. 왜관은 조선과 일본이 외교와 무역을 하였던 장소였다. 조선 전기에 3포 개항으로 문을 연 이후로 부산에 왜관이 설치되었다. 양국 교류가 활발해지면서 일본 측의 요청으로 1678년 이곳에 초량왜관을 설치하였다.

　1876년 강화도 조약으로 부산이 개항되자 초량왜관은 일본인 전관거류지로 바뀌었다. 용두산공원에는 이순신 장군 동상(1956년 건립), 백산 안희제 선생 동상 등이 있고 주변에는 김옥균 등이 머물렀다는 대각사, 국제시장과 깡통시장, 자갈치시장 및 남포동 국제 영화 거리 등이 있다.

03 동래읍성

부산광역시 동래구 복천동 안락, 명륜, 칠산, 명장동 일대

　고려 말 왜구의 침략을 막기 위해 쌓은 성으로, 1592년 임진왜란이 일어나자 송상헌을 비롯한 관민이 합심하여 일본군에 항전하였던 곳이기도 하다. 일제 강점기에 대부분 철거되었고, 동쪽과 북쪽의 산등성이에 성벽이 남아 있다가 1979년부터 복원하고 있다.

　전체 둘레 1,962m, 높이 0.5~3m.의 성으로, 동래구청 부근에서 조선 전기의 성벽 기초가 발견되었고, 읍성 해자에서는 임진왜란 당시 전사한 사람들의 유골이 발굴되어 이곳이 격전지였음을 알 수 있다.

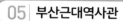
04 백산상회 터(백산기념관)

부산광역시 중구 백산길 11(동광동 3가 10-2)

백산상회는 의령 출신 백산 안희제가 국외 독립운동가와의 연락망을 확보하고 독립운동 자금을 전달하기 위한 목적으로 설립하였다. 실질적으로 대한민국 임시 정부 기관지인 『독립신문』을 국내로 보급하고 임시 정부로 자금이 전달하는 통로였다. 안희제는 자신의 토지를 팔아 1914년에 백산상회를 설립하였고, 1919년에 백산무역 주식회사로 발전하였다. 한때 회사가 경영상 어려움에 처하자 경주 최씨 종손인 사장 최준이 개인 재산 대부분을 투자하였다. 하지만 일제의 탄압으로 1928년에 결국 문을 닫게 되었다. 백산기념관은 백산상회 터에 지은 것으로 1995년에 개관하였다.

05 부산근대역사관

부산광역시 중구 대청로 104(대청동 2가 24-2)

부산근대역사관은 원래 동양척식주식회사 부산지점이 있던 곳이다. 부산지점은 원래 마산에 있었으나 1921년 부산 대청동으로 이전한 다음 1929년에 이 건물로 옮겼다. 동양척식주식회사는 한국에서 쌀을 안정적으로 공급받고, 몰락한 일본 농민의 한국 이민 정책을 맡았다. 따라서 부산지점은 경상도 일대의 토지 조사 및 각종 경제 침탈을 한 곳이다.

광복 이후인 1948년에 미문화원으로 사용되다가 1999년에 우리 정부에 반환되었고, 2003년에 부산근대역사관으로 조성되었다. 이곳 외에도 부산의 근대 거리에서 개항 이후 부산의 변화와 당시 부산의 모습을 경험할 수 있다.

06 국립일제강제동원역사관

부산광역시 남구 홍곡로 320번길 100(대연동 1147-3)

국립일제강제동원역사관은 2015년 개관하여 2016년 국립박물관으로 등재되었다. 이곳에서는 일본군 '위안부'를 비롯한 일제의 강제 동원 실상을 보여 주는 전시물을 볼 수 있다.

중·일 전쟁 이후 일제는 1938년에 '국가총동원법'을 제정하여 인적·물적 자원을 강제로 동원하기 시작하였다. 일제 강점기 강제 동원 피해자의 22%가 경상도 출신이었다고 하며, 이들은 부산항을 통해 일본 등으로 건너갔다. 1937년부터 매년 10~30만 명 정도가 강제 동원되어 일본으로 건너갔는데, 1944년에는 일본으로 강제 동원된 한국인 노동자가 37만여 명에 이를 정도였다고 한다.

26 산업화와 노동 운동의 메카

영상으로 보는 한국사

울산 노동 운동의 변화와 현재 모습

[답사 목적] 대한민국 경제 성장의 거점이 된 울산을 둘러보면서 산업화의 성과와 한계를 살펴보고, 광복 후 대한민국의 노동 운동이 어떤 배경에서 성장하였는지를 생각해 본다.

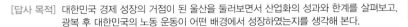

▲ **1960년대의 울산 석유화학단지 기공식과 오늘날의 울산 석유화학 단지 전경** 울산광역시 남구에 위치한 국가 산업단지로서, 중화학 공업 육성을 위해 석유화학 계열의 대규모 공장들이 입지하여 한국 석유화학 산업의 기반이 되었다.

◀ 울산 태화강 공원 십리대숲

◆ 답사 지역 개요 ◆

울산은 1960년대부터 산업화로 나아가는 출발선상에서 주력 산업인 석유화학, 자동차, 조선, 비철 금속 등의 산업을 육성하면서 산업 도시로 성장하였다. 울산이 단기간에 산업 도시로 성장할 수 있었던 것은 강력한 정부 정책이나 기업의 노력도 있지만, 드러나지 않는 곳에서 땀 흘린 노동자의 힘이 있었기에 가능한 일이었다. 하지만 급속한 산업화의 이면에는 환경오염이라는 심각한 부작용도 따랐다. 그 결과 울산의 태화강은 여러 공단에서 배출한 중금속 오폐수로 물고기가 떼죽음을 당하는 '죽음의 강'으로 한동안 불리기도 하였다.

오늘날 태화강 주변은 점차 인간과 자연, 산업과 환경이 공존하는 생태 공간으로 자리를 잡아가고 있다. 오늘날 산업 수도 울산이라 불리는 경제 성장과 함께 그 이면에 감춰진 노동자의 삶과 문화, 그리고 그들이 걸어온 길을 함께 살펴볼 때 울산의 참 모습에 접근할 수 있을 것이다.

☐ **01** 울산공업센터건립기념탑

☐ **02** 울산박물관

☐ **03** 울산대교 전망대

☐ **06** 울산노동역사관1987

☐ **05** 남목고개와 울산종합운동장

☐ **04** 신화마을

☐ **07** 현대중공업 미포조선

☐ **08** 현대자동차 울산 공장

❶ 울산 지역의 산업 발전과 노동 운동의 현장을 둘러보고 가 본 곳을 체크해 봅시다.

❷ 답사 코스 중 가장 인상 깊었던 장소는 어디였나요?

장소	까닭

❸ 답사·체험 활동 중 새로 알게 된 내용과 궁금한 점은 어떤 것인가요?

새로 알게 된 점	궁금한 점

❹ 답사·체험 활동을 마치고 느낀 점을 간략하게 써 봅시다.

01 울산공업센터건립기념탑
📍 울산광역시 남구 신정동 720-4

교통 요지인 공업탑 로터리 중심부에 위치하며
울산의 공업화를 상징하는 곳

02 울산박물관
📍 울산광역시 남구 두왕로 277

선사 시대부터 현대까지 울산의 역사와
문화 관련 유물을 전시하는 곳

울산공업센터건립기념탑은 흔히 '공업탑'으로 불리며 울산의 공업화를 상징한다. 이 탑은 울산공업센터 기공식과 제1차 경제 개발 5개년 계획을 기념하기 위해 세워졌다.

탑에는 청동 남성군상과 여성상에 울산공업센터 기공식 치사문, 울산공업센터 지정 선언문, 기념탑 건립 취지문 등이 새겨져 있다. 탑 주변은 분수대와 화단이 있다. 다섯 개의 탑 기둥과 기둥 위는 지구본, 월계수 잎, 톱니바퀴가 자리 잡고 있다. 지구본은 세계 평화, 월계수 잎은 승리, 톱니바퀴는 울산을 상징한다.

울산시는 2010년부터 약 1년여에 걸쳐 훼손된 공업탑을 보수하였다. 그리고 공업탑의 지구본과 여성상은 울산박물관 야외에 두었고, 명문들은 박물관 내에 옮겨 전시하고 있다.

울산박물관은 2011년 개관하여 선사 시대부터 현대까지 울산의 역사와 문화 관련 유물을 전시하고 있다. 건물 외벽은 울산의 대표적인 선사 시대 유적지인 울주 대곡리 반구대 바위그림을 음각하였는데, 박물관 내부에도 실물 크기의 반구대 바위그림의 모조품을 전시하고 있다.

전시실은 역사관과 산업사관으로 나뉘는데, 역사관은 선사 시대부터 1962년 울산 공업 지구 출범 이전까지의 자료와 유물을 전시하고 있다. 또한, 학성공원에 있던 태화사지 십이지상 사리탑도 이곳에 옮겨져 있다. 산업사관은 석유화학, 비철 금속, 자동차, 조선 해양 등의 산업 발달 과정과 그 속에서 함께하였던 사람들에 대한 자료를 전시하고 있다. 또한, 울산 공업 지구 지정 선언문도 보관되어 있다.

▲ **석유화학 공단 야경** 24시간 꺼지지 않는 공단의 불빛은 공업 도시, 산업 수도 울산의 자부심이다.

03 울산대교 전망대
📍 울산광역시 동구 봉수로 155-12

울산시 남구와 동구를 한눈에 조망할 수 있는
화정산 정상에 위치한 울산대교 전망대

04 신화마을
📍 울산광역시 남구 여천로 66번길7

1960년대 울산공단이 조성되면서 삶의 터전을 잃은
사람들을 위해 만든 공단 이주민촌

울산은 1962년 공업 특정 지구로 지정되면서 울산만을 중심으로 대규모의 자동차·조선·비료·정유 등 주요 산업 단지들이 입지해 한국을 대표하는 산업 도시로 성장하였다.

울산만을 가로지르는 울산대교는 2009년 착공하여 2015년 6월에 개통된 현수교이다. 다리 길이는 1.8km이며 남구 매암동과 동구 화정동을 연결하여 개통 전에 40분 걸리던 남구와 동구의 이동 시간을 20분으로 단축하였다.

울산대교 전망대는 높이 63m(해발 203m)로 화정산 정상에 위치해 있다. 이 전망대에서는 울산대교는 물론 남구의 석유화학단지, 동구의 현대중공업, 미포조선소, 북구의 현대자동차 공장은 물론 장생포 일대와 울산의 명산들을 조망할 수 있다.

신화마을은 일제 강점기에 동양척식주식회사가 소유한 임야였다. 이곳은 1960년대 울산공단 용지가 된 매암동의 대일마을과 양죽마을 주민들이 집단 이주하면서 조성되었고, 울산시는 무상 임대 조건으로 이주민을 정착시켰다. 1986년 특별 조치법 시행으로 마을 대부분이 국유화되었다.

최근 몇몇 미술 전문기관이 남구청의 협조로 마을 담벼락에 벽화를 그리는 작업을 하였다. 또 영화 촬영장으로도 활용되자 예술인들이 마을에 모여들기 시작하여 갤러리, 사진관 등 다양한 볼거리가 생겨났다.

삶의 터전을 잃은 이주민 정착촌에서 벽화마을로 다시 태어난 신화마을은 1960~70년대의 그 시절을 살았던 이들에게 진한 추억을 불러일으키는 명소가 되고 있다.

227

▲ **울산대교 전망대에서 바라 본 울산대교** 울산 남구와 동구를 연결하는 울산대교는 오늘날 울산의 랜드마크가 되었다.

1987년 현대그룹노조연합 노동자들이
가두시위를 벌이며 넘던 남목고개

일제 강점기부터 2000년대까지 노동 운동의 역사를
한눈에 볼 수 있는 전시관

1987년 여름 노동자대투쟁은 울산에서 시작되어 전국으로 확대되었다. 울산의 현대그룹노조연합이 결성된 후 노동자들은 가두시위를 벌이며 남목고개까지 행진을 이어 나갔다. 1987년 8월 18일은 남목고개를 넘어 울산공설운동장(현 울산종합운동장)에 이르러 집회를 열었고, 울산공설운동장에서 현대그룹노조협의회와 노동부는 노동자들의 요구를 받아들이는 내용의 합의문을 발표하였다.

남목고개는 동구 남목동에서 북구 염포동을 잇는 관문이자 동구에서 울산 시내로 가는 유일한 도로였다. 이곳에서 노동자들은 중장비와 지게차를 끌면서 노동자들의 자존감과 연대의 중요성을 경험하였다.

'울산노동역사관1987'은 1987년 노동자의 삶과 투쟁, 그 속의 문화를 경험할 수 있도록 한 노동 역사 기념관이다.

울산 북구청과 노동·시민 단체들이 역사관 건립에 뜻을 모아 2007년 울산 노동자대투쟁 20주년 기념물을 바탕으로 자료를 수집하여 개관하였다.

노동 역사 전시관에는 일제 강점기 울산의 노동자, 1987년 노동자대투쟁과 노동 역사 연표, 1987년 이후 노동 역사의 변화, 노동 역사 물품을 주제로 전시하고 있다.

'울산노동역사관1987'은 각종 노동 역사와 관련된 사료, 미디어 자료를 수집·분류하고 있으며, 노동 역사 데이터베이스 열람 서비스도 제공하고 있다.

228

지역사 탐구 1987년 울산에서 일어난 '노동자대투쟁'은 어떤 배경에서 시작되었을까?

▲ 울산공설운동장에서 열린 현대그룹노조연합의 노동자 집회(1987. 8. 18)

'공돌이, 공순이'라 불렸던 노동자들이 1987년 노동자대투쟁을 계기로 세상의 전면에 등장하였다. 1980년대 후반 3저 호황(유가 인하, 금리 인하, 달러 가치 인하) 속에서 기업은 막대한 이익을 누렸다. 당시 기업은 임금 인상 여력이 충분하였음에도 노동자의 임금을 억제하는 정책을 고수하였다. 이에 노동자의 불만은 날이 갈수록 쌓여 갔으나 정부의 노동 운동 탄압이 그들을 막아섰다.

6월 민주 항쟁은 민주주의의 열망을 전 사회적으로 확산하는 계기가 되었다. 6월 민주 항쟁 이후 노동 운동도 활기를 되찾기 시작하였다. 이러한 움직임에 울산 노동자대투쟁이 출발점이 되었다. 이후 민주화의 물결을 타고 전국 각지에서 3천여 개의 노동조합이 결성되었다.

07 현대중공업 미포조선
📍 울산광역시 동구 방어진 순환도로 1000

현대중공업의 핵심 사업장으로 1990년 골리앗 투쟁이
전개되었던 조선회사

08 현대자동차 울산공장
📍 울산광역시 북구 염포로 700

수출 선적을 기다리고 있는 현대자동차 공장에서
생산된 자동차들

1968년에 정부는 경제 개발 5개년 계획을 추진하면서 제철, 종합기계, 석유화학, 조선업을 국책 사업으로 결정 하였다. 1972년 정주영은 정부가 제시한 중점 육성 계획 을 바탕으로 미포만에 조선소를 설립하고 이듬해 현대조 선중공업을 세웠다. 이후 현대중공업으로 개칭하였다.

1987년 현대엔진노조 설립 이후 현대그룹 노동자들은 노조를 결성하고 연대 기구를 만들었다. 1987년 노동자 대투쟁의 핵심 사업장은 현대중공업이었으며, 중공업 노 동자들의 128일 투쟁과 골리앗 투쟁은 전국적으로 노동 운동이 확산되는 데 큰 영향을 끼쳤다.

현대자동차는 1967년에 설립된 자동차 회사로, 우리나 라 최초의 자동차 고유 모델인 포니를 생산하였다. 1980 년대 후반부터 자동차가 대중화되면서 현대자동차 울산 공장은 단일 공장으로는 가장 큰 시설을 갖추었다.

현대자동차노동조합은 1987년 노동자대투쟁과 1990 년 골리앗 투쟁으로 노동 운동을 선도하였던 현대중공업 노조와는 달리 신자유주의라는 분위기가 나타났던 1990 년대 중·후반부터 노동 운동의 중심으로 부상하였다. 양 봉수 분신 투쟁과 1996년~97년의 노동법 개악 저지 파 업 투쟁에서 핵심적인 노동조합으로 나서면서부터이다.

지역사 탐구   1990년 전국노동조합협의회(전노협)의 총파업 투쟁은 어떻게 시작되었을까?

▲ 골리앗크레인 위에서 농성하는 현대중공업 노동자들

1987년 노동자대투쟁의 선봉이었던 2만여 현대중 공업 노동자들이 계속되는 지도부 구속에 맞서 1990 년 4월 25일 노조 사수 투쟁을 벌였다. 이에 정부가 현대중공업에 공권력을 투입하자 노동자들은 '골리 앗크레인'에 올라 농성에 들어갔다.

4월 29일 전국노동조합협의회(약칭 전노협)는 정 부의 공권력 투입에 항의하며 5월 총파업을 결의하였 고, 각 지역 노조도 함께 항의 투쟁을 전개하였다. 4월 30일, 울산의 현대계열사 12곳의 동맹 파업을 필두로, 5월 1일 마산·창원·부산에서 시작된 총파업에는 전 국 노동자들이 전면 파업과 부분 파업 등 동원할 수 있는 모든 수단을 동원하여 투쟁에 참여하였다.

5월 1일 하루 동안 전국 155개 사업장에서 12만 명의 노동자들이 총파업에 참여하였고, 5월 3일부터는 수도권 지역 노동자들도 참여하면서 비로소 전국 단위의 총파업 투쟁으로 발전하였다. 이 투쟁은 1987년 이래 민주 노조 운동의 조 직적인 성과를 바탕으로 민주 노조들이 전국적으로 통일된 요구를 내걸고 투쟁을 전개한 조직적인 연대 파업이었다.

함께 갈 만한 곳

01 반구대 바위그림, 천전리 각석

울산광역시 울주군 언양읍 반구대 안길 285

바위그림은 태화강 지류인 대곡천변 절벽 수직 암면에 집중적으로 새겨져 있다. 바위그림은 주로 동물, 인물상, 도구 따위인데, 동물은 주로 고래가 가장 큰 비중을 차지하고 있다.

한편, 반구대에서 상류로 좀 더 올라가면 천전리 각석을 볼 수 있다. 전천리 각석은 위쪽이 앞으로 약간 기울어져 있는 형태를 하고 있다. 각석에는 동물과 사람, 추상적인 기호, 마름모, 동심원 등이 새겨져 있다. 또한 6세기 무렵 신라의 기록으로 짐작되는 명문이 새겨져 있어 선사 시대뿐 아니라 고대사를 연구하는 데 큰 의미를 지닌다.

02 울주 망해사지 승탑

울산광역시 울주군 청량면 망해2길 102

신라 헌강왕 때 창건한 것으로 보이는 망해사에는 처용에 관한 전설이 전해진다. 『삼국유사』에는 헌강왕이 개운포 바다가 보이는 이곳에 사찰을 짓자 동해 용왕이 일곱 아들과 함께 기뻐하였고, 그의 아들 중 하나가 왕을 도왔는데 이름을 '처용'이라 하였다고 전한다.

현재 이곳에는 동·서 승탑 2기와 석탑의 부재, 파편의 일부가 남아 있다. 동쪽에 있는 승탑은 몸돌과 지붕돌 부분이 파괴되었고 서쪽에 있는 승탑은 상륜부가 훼손되었다. 부도는 높이가 약 4m이며, 받침돌 부분에 연꽃 문양이 8면에 새겨져 있다. 승탑이 건립된 것은 9세기 후반경으로 추정되고, 장중한 아름다움을 지녔다.

03 울주 서생포 왜성

울산광역시 울주군 서생면 서생리 711

조선 시대 임진왜란 때 왜군이 쌓은 성곽으로, 일명 봉화성(烽火城)이라고도 한다. 이 성은 임진왜란 중 일본군 장수 가토 기요마사가 축조한 것으로, 남해안 각지에 산재하는 왜성 가운데 규모가 가장 웅장하다.

성곽은 산정 동서로 너비 15m, 길이 40m의 아성을 쌓고, 산의 경사면을 이용하여 복잡한 구조의 2단·3단의 부곽을 두었다. 또 그 아래로 해안까지 길고 넓은 외성을 배치하고 성벽 바깥 둘레에 해자를 팠다. 전쟁 중 이곳에서 세 차례나 강화 회담이 이루어졌으며, 전후에는 조선의 수군동첨절제사영으로 사용되었다.

04 박상진 의사 생가

울산광역시 북구 박상진 5로 10

박상진은 허위의 문하에 들어가 제자가 되었다. 이후 판사 임용시험에 합격하였으나 독립운동의 길을 걸었다. 그는 조선국권회복단과 대한독립의군부에서 활동하였고, 1915년 대구에서 결성한 대한 광복회의 총사령으로 활동하다가 1921년에 순국하였다.

대한 광복회는 주로 군자금 조달과 친일파 처단 등의 활동을 하였는데, 군자금을 모으기 위해 부자들에게 의연금을 거두고 일제의 세금 마차를 탈취하기도 하였다. 그의 생가는 2007년에 복원되었는데, 안채 왼쪽으로 자리한 전시관에는 박상진과 대한 광복회의 활동을 보여 주는 자료 등이 전시되어 있다.

05 울산 대왕암공원(울기등대)

울산광역시 동구 등대로 일대

울산 동구 방어진에 위치한 대왕암공원(옛 울기공원)은 푸른 동해와 기암괴석을 조망할 수 있는 곳이다. 이곳은 러·일 전쟁 중 일본군이 설치한 울기등대가 있어 울기공원이라고 불리다가 2004년 대왕암공원으로 명칭을 변경하였다.

1987년 새로 등탑을 세웠고, 옛 등탑은 등록 문화재로 지정하여 보존하고 있다. 울기등대를 지나 조금 걸어가면 대왕암공원을 만날 수 있는데, 이곳은 문무대왕의 왕비가 호국용이 되었다는 전설이 전해지고 있다. 넓은 소나무 숲과 기암절벽이 장관을 이루고 있으며, 공원 아래쪽은 일산해수욕장과 맞닿아 있다.

06 울산 장생포고래박물관

울산광역시 남구 장생포 고래로 244

1980년대까지 고래잡이가 성행하였던 장생포에 자리하고 있는 장생포고래박물관은 포경 관련 유물을 수집 · 전시하고 있다. 장생포 지역과 고래, 포경의 역사, 고래와 관련한 산업 자료가 전시되어 있고, 고래 해체장과 착유장 등이 복원되어 있다. 야외에는 포경선이던 제6진양호가 복원되어 자리하고 있는데, 이 배는 실제 1985년까지 고래잡이에 사용되었다. 배에는 조타실, 기관실, 선원실과 포경포, 작살, 포경 장비까지 있고, 실제로 승선해 볼 수 있다. 최근 고래박물관 주변으로 고래생태체험관과 고래마을 등이 조성되어 있다.

3·15 의거, 4·19 혁명의 불씨가 되다

영상으로 보는 한국사

민주화의 불꽃
3·15 의거

[답사 목적] 1960년 3·15 부정 선거에 항거하여 일어난 4·19 혁명의 첫 시작점인 마산 의거의 역사 현장을 돌아보면서 민주주의가 어떻게 지켜져 왔는지를 확인해 본다.

▲ **김주열의 시신이 발견된 마산만** 1960년 3월 15일 부정 선거의 무효를 외치던 시위 과정에서 실종된 김주열 학생은 4월 11일 오른쪽 눈에 최루탄이 박힌 채 싸늘한 시신이 되어 돌아왔고 그의 죽음은 4·19 혁명의 불씨가 되었다.

◆ 답사 지역 개요 ◆

▲ 3·15 부정 선거를 규탄하며 거리로 나선 마산 지역 학생들

마산은 경남 남해안에 위치하고 있는데, 이곳 사람들은 바다에 의지해 살아왔다. 고려 시대의 마산은 고려·원 연합군의 일본 원정 출발지였고, 조선 시대에는 조창이 설치되어 물자의 집산지로 상업이 발전하였다. 1919년 3·1 운동이 일어나자 마산에서도 시민과 학생이 참여한 대규모의 시위가 일어나 8명이 숨지고 수십여 명이 부상을 입었다.

1960년 3월 15일 이승만 정부가 장기 집권을 위해 부정 선거를 벌이자 마산 시민과 학생들은 선거 무효를 외쳤다. 경찰이 이를 무력으로 진압하는 과정에서 여러 명이 죽거나 다쳤다. 1960년 4월 11일 마산 앞바다에서 한 학생의 시신이 떠올랐다. 이 학생은 3월 15일에 실종된 김주열이었다. 이 소식을 들은 마산 시민과 학생들은 또다시 시위를 전개하였고, 이 일이 전국에 알려지면서 4·19 혁명의 도화선이 되었다.

학교   학년   반   이름:

☐ **01** 국립3·15민주묘지   ☐ **02** 3·15 의거 발원지

☐ **03** 마산 창동 거리

☐ **05** 무학초등학교 총탄 흔적 담장   ☐ **04** 3·15의거기념탑

☐ **06** 김주열 학생의 시신이 인양된 부두   ☐ **07** 마산의료원   ☐ **08** 구 마산시청

❶ 4 · 19 혁명의 도화선이 된 마산 3 · 15 의거의 현장을 돌아보고 가 본 곳을 체크해 봅시다.

❷ 답사 코스 중 가장 인상 깊었던 장소는 어디였나요?

장소	까닭

❸ 답사 · 체험 활동 중 새로 알게 된 내용과 궁금한 점은 어떤 것인가요?

새로 알게 된 점	궁금한 점

❹ 답사 · 체험 활동을 마치고 느낀 점을 간략하게 써 봅시다.

01 국립3·15민주묘지
📍 경남 창원시 마산회원구 3·15성역로 75(구암동 541)

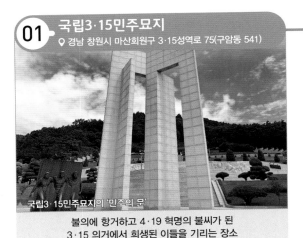

국립3·15민주묘지의 '민주의 문'

불의에 항거하고 4·19 혁명의 불씨가 된
3·15 의거에서 희생된 이들을 기리는 장소

02 3·15 의거 발원지
📍 경남 창원시 마산합포구 문화의 길 방면(오동동 164-2 주변)

1960년 3월 15일 부정 선거를 규탄하는
첫 외침이 울려 퍼진 3·15 의거 발원지

국립3·15민주묘지는 3월 15일과 4월 11일부터 13일까지 일어난 마산 3·15 의거 희생자들을 기리기 위한 곳이다. 1968년 마산 구암동 애기봉 산자락에 3·15 의거 희생자 묘역이 처음 조성되었다. 1998년부터 3·15성역공원 조성 공사를 하면서 묘역을 조성하고 유영 봉안소를 지었으며, 묘역 입구에는 민주의 문과 부조벽을 세웠다. 2002년 8월에 정부는 국립3·15민주묘지로 승격하였다.

유영 봉안소에는 3·15 의거 당시 희생자들의 영정을 모시고 있고, 묘역에는 현재 43기의 희생자 유해가 안장되어 있다. 기념관은 유품과 기록물 영상 자료 등을 전시하여 3·15 의거의 역사적 의의와 민주주의의 중요성을 일깨우는 교육의 장이 되고 있다. 3·15 의거는 2003년에 경상남도 기념일로 지정되었고, 2010년에 국가 기념일로 승격되었다.

1960년 3월 15일 마산 장군동 투표소에서 투표 용지를 미리 넣어 둔 투표함이 발각되었다. 9시에는 선거 번호표를 받지 못한 사람들이 민주당 마산시당 사무실로 몰려들었다.

민주당 마산시당 간부들은 긴급회의를 열고 오전 10시 30분에 선거 포기를 선언하였다. 민주당 간부들이 중심이 되어 당사 주변에서 부정 선거 무효 선언을 외쳤다. 이 소식을 들은 사람들이 모여들면서 시위 규모가 점차 커졌다.

3월 15일 오후 2시 30분, 민주당 마산시당에 모인 6백여 명의 시위대는 거리 시위를 행진하던 중 불종 거리에서 경찰과 대치하자 투석전을 전개하였다. 그 과정에서 민주당 간부 등 여러 사람이 경찰에게 연행되었다.

오후 5시에 남성동, 부림동, 창동 거리의 시위를 종결하고 마산시청 개표장으로 모일 것을 약속하였다.

▲ 1960년 3월 15일 민주당 마산시당에 모인 사람들(좌)과 현재의 모습(우) 민주당 마산시당이 있던 거리에는 '3·15 의거 발원지'라고 새긴 동판이 있다. 그리고 오른쪽에 '평화의 소녀상'이 자리하고 있다.

3·15 의거 당시 시위대의 집결지인 마산 창동 거리

3월 15일 격분한 학생과 시민들이 부정 선거를
규탄하는 시위를 전개한 창동 거리

마산 사람들의 의거를 기억하고 기념하려는
염원으로 1962년에 세운 기념탑

오후 6시 30분 마산 시민과 학생들은 창동 거리에 있는 남성동파출소 앞에 재집결하였고 일부는 마산시청과 북마산파출소로 분산하여 진출하였다. 사람들은 마산 시내 곳곳을 돌며 부정 선거를 규탄하는 구호를 외쳤다. 시간이 지나면서 시위 규모는 점차 커졌고 더욱 격렬해졌다. 특히 부정 선거 개표가 진행되고 있는 마산시청 앞 시위가 가장 격렬하였다.

오후 8시 10분 마산시청 앞, 남성동파출소, 북마산파출소 앞에서 경찰이 시위대를 향해 발포하였다. 경찰은 최루탄 발사에 이어 칼빈총을 난사하였다. 이 과정에서 김영호, 김효덕, 김영준 등은 경찰이 쏜 총탄에 맞아 사망하였고, 수십여 명이 다치거나 실종되었다. 실종자 중에는 김주열 학생도 포함되어 있었다.

3·15 의거를 기억하기 위한 기념탑으로, 박정희 군사 정부 시절에 세워졌다. 이곳은 창동 거리에 모인 시민과 학생들이 마산시청으로 향하는 길목인데, 경찰의 강경한 진압으로 피해가 컸던 장소였다. 기념탑에는 학생과 시민을 상징하는 동상이 세워져 있다.

기념탑 아래에는 이광석 시인이 쓴 시가 새겨져 있다. "저마다 뜨거운 가슴으로 민주의 깃발을 올리던 그날 1960년 3월 15일 더러는 독재의 총알에 꽃이슬이 되고 더러는 불구의 몸이 되었으나, 우리는 다하여 싸웠고 또한 싸워서 이겼다. 보라 우리 모두 손잡고 외치던 거리에 우뚝 솟은 마산의 얼을, 이 고장 3월에 빗발친 자유와 민권의 존엄이 여기 영글었노라."

235

▲ 3·15 의거 발원지 골목길의 전시물 1960년 3·15 의거 발원지라는 동판이 위치한 뒷골목은 통술 거리로 불린다. 이곳에는 3·15 의거를 알리는 사진과 당시 현장 모습을 담은 모형 등이 있다.

▲ 3·15의거기념비 마산에는 3·15 의거를 기억하는 세 개의 기념 공간이 있다. 3·15의거기념비(1961), 3·15의거기념탑(1962), 그리고 국립 3·15민주묘지에 세워진 민주의 문(2000)이다.

05 무학초등학교 총탄 흔적 담장

📍 경남 창원시 마산합포구 자산동8길 6(자산동 119-9)

부정 선거를 규탄하는 시민과 학생을 향해
경찰이 총을 쏜 역사 현장

06 김주열 학생의 시신이 인양된 부두

📍 경남 창원시 마산합포구 신포동 1가 47-6번지 일원

실종되었던 김주열 학생의
싸늘한 시신이 발견된 마산 앞바다

3·15 의거 당일 경찰이 시위대에 무차별 총격을 가했던 곳이다. 3월 15일 밤, 시내 곳곳에서 시위하고 있던 시위대는 무학초등학교 앞 도로에 집결해 시청으로 진입을 시도하였다. 그러자 경찰은 시위 군중을 향해 무차별 실탄 사격을 가했다. 당시 경찰은 공포탄을 쏘았다고는 하나 총탄 흔적을 보아 실탄 사격이 있었음을 알 수 있다. 당시 총탄 흔적은 초등학생 머리 쯤에 위치한다는 점에서 사람을 향해 조준했음을 짐작할 수 있다.

당시의 수많은 총탄 자국이 뚜렷이 남았던 학교 담장은 허물어지고 2014년 원래 위치에서 약간 옆으로 옮겨 담장을 복원하였다.

1960년 4월 11일 오전 11시, 마산 중앙 부두에서 한 시신이 인양되었다. 1960년 3월 15일 밤에 실종된 김주열 학생이었다. 김주열은 전북 남원 출신으로 마산상업고등학교(현 용마고등학교) 합격 발표를 확인하려고 형과 함께 마산에 와 있던 중 3·15 의거에 참여하였다. 그런데 그는 경찰이 쏜 최루탄에 맞아 숨졌다. 경찰은 이를 은폐하고자 시신을 돌멩이에 매달아 바다에 던졌다. 김주열이 실종되었다는 소식을 들은 그의 어머니는 직접 마산으로 와서 아들을 찾아 헤맸다. 실종된 지 27일 만에 김주열의 시신이 바다에서 떠올랐고, 이곳에서 작업하던 어부가 이를 발견하고 시신을 인양하였다.

지역사 탐구　3·15 의거 때 희생된 김주열의 묘는 어디에 있을까?

김주열의 묘는 고향인 남원(왼쪽), 3·15 의거 중 숨진 장소인 마산에 있는 국립 3·15 민주묘지(가운데), 그리고 4·19 혁명에서 희생된 이들을 안치한 서울 4·19 국립묘지에 있다.

▲ 세 곳에 조성된 김주열의 묘

236

▲ 김주열 학생의 시신이 안치되었던 도립 마산 병원(현 마산의료원)

**김주열 학생의 시신을 안치한 도립 마산병원에서
학생과 시민이 제2차 마산 의거를 일으킨 현장**

▲ 3·15 의거에서 시위가 가장 격렬했던 옛 마산시청(현 마산합포구청)

**3월 15일에 부정 선거 개표가 이루어졌던 마산시청은
학생과 시민들에게 분노 표출의 장소**

 사람들 사이에 김주열의 시신이 발견되었다는 소식이 전해지면서 수많은 사람이 도립 마산병원 앞으로 모였다. 사람들은 도립 마산병원 앞 나무 아래에 다시 모여 시위를 전개하였다. 제2차 마산 의거가 일어난 것이다. 오후 5시 김주열의 시신을 확인한 마산 시민과 학생들은 제2차 마산 의거를 일으켰다. 이들이 남성동과 오동동 등 시내 일원으로 나아가면서 시위는 확산되었다. 이에 경찰이 총을 쏘아 대자 김영길이 총에 맞아 사망하고 수십여 명이 다쳤다.

 3월 15일 마산시청에서 부정 선거로 얼룩진 투표함의 개표가 이루어진다는 소식에 마산 시민들이 시위를 벌였다. 이에 경찰이 총격을 가하면서 많은 사람이 죽거나 다쳤다.

 4월 11일에 김주열의 시신이 안치된 도립 마산병원에 다시 모인 사람들은 마산경찰서로 진출하여 경찰서장의 지프 차를 불태우기도 하였다. 제2차 마산 의거는 4월 13일까지 이어졌다. 이 일이 전국에 알려져 시위가 확산하면서 4·19 혁명이 일어나는 계기가 되었다.

지역사 탐구 3·15 의거 과정에서 희생된 12인은 누구일까?

1) 강융기(당시 20세) 마산공고 2학년 재학 중에 3월 15일 밤 남성동 파출소 앞에서 복부 관통상을 입고 치료받던 중 사망함.
2) 김상웅(당시 19세) 창신중학교를 졸업하였고 3월 15일 밤 북마산 파출소 앞에서 좌측 복부 관통 총상을 입고 사망함.
3) 김영길(당시 18세) 창신중학교를 졸업하고 향도철공소에게 일하던 중 4월 11일 제2차 의거 때 복부 관통을 총상을 입고 치료받던 중 사망함.
4) 김영준(당시 20세) 마산고등학교를 졸업하였고, 3월 15일 밤 마산시청 부근에서 좌측 둔부에서 우측 하복부의 관통 총상을 입고 치료받던 중 사망함.
5) 김영호(당시 19세) 마산공고 야간부 2학년에 재학 중에 3월 15일 마산시청 부근에서 후두부 관통 총상을 입고 사망함.
6) 김용실(당시 18세) 마산고등학교 1학년 재학 중에 3월 15일 북마산 파출소 앞에서 두부관통 총상을 입어 도립 마산병원으로 옮겼으나 사망함.
7) 김종술(당 17세) 마산동중학교에 재학 중에 4월 26일 부산에서 온 원정대와 함께 시위하다가 부상을 입고 사망함.
8) 김주열(당시 17세) 마산 상업고등학교에 합격한 상태에서 3월 15일 밤 마산시청 앞에서 시위하다가 경찰이 쏜 최루탄에 맞고 사망함.
9) 김평도(당시 39세) 부림시장에서 메리야스 판매상을 하던 중 4월 26일 부산에서 온 원정대와 함께 시위하다가 부상을 입고 사망함.
10) 김효덕(당시 19세) 마산 마포중학교를 졸업하고 공장 직공으로 근무하고 있던 중에 3월 15일 밤 좌측 부부 관통 총상을 입고 시청 부근에서 사망함.
11) 오성원(당시 20세) 국민학교를 졸업한 뒤 잡화행상을 하며 어렵게 살아가던 중 3월 15일 밤 시민극장 부근에서 우측 흉부 관통 총상을 입고 사망함.
12) 전의규(당시 18세) 창신중학교를 졸업하였고 3월 15일 밤 북마산 파출소 부근에서 귀 윗부분 관통 총상을 입고 사망함.

함께 갈 만한 곳

01 창원 다호리 유적

창원시 의창구 의창구 동읍 다호리 237-3

다호리 유적은 기원전 초기 철기 시대~삼국 시대에 이르는 유적으로, 70여 기의 무덤이 발견되었다. 무덤에서는 세형 동검, 덩이쇠 등이 출토되었다. 옻칠한 칼자루와 칼집, 원통형 화살통 등이 발견되어 당시 옻칠 기술도 발전하였던 것으로 보인다. 특히 붓, 오수전, 부채, 중국식 청동거울이 발견되어 이곳이 중국 지역과 교류가 활발했음을 말해 준다. 다호리 유적은 우수한 철기 문화와 옻칠 기술을 토대로 중국 지역과 교류하며 성장한 것이다. 다호리 유적은 사적 제327호이다.

주변에는 이 시기와 관련된 유적으로 성산패총, 창원 진동리 유적 등이 있다.

02 몽고정

창원시 마산합포구 자산동 342-2

몽고정은 여몽 연합군이 일본 원정을 위해 마산에서 준비한 장소에 있던 우물이었다. 원(몽골)은 고려를 항복시킨 후 일본에 항복을 요구하였지만, 일본은 이를 거부하였다. 1274년에 합포(현 창원 마산합포구)로 집결한 900여 척의 함선은 일본으로 출발하였으나 폭풍우를 만나 실패로 끝났다. 1280년에 마산 회원성에 정동행성을 설치하고 제2차 원정에 나섰으나 태풍을 만나 실패하였다. 결국 원의 쿠빌라이 칸이 사망하면서 일본 원정이 중단되었다.

몽고정의 물맛이 좋기로 소문이 나서 간장 제조 공장에서 이 명칭을 사용하고 있다. 주변에 3·15의거기념탑과 마산 임항선 옛 철길을 걸을 수 있는 그린웨이가 있다.

03 최윤덕 장군 묘

창원시 의창구 북면 대산리 산 8

최윤덕은 태종과 세종 때 활약한 장군으로 1418년 이종무와 쓰시마 정벌에 나섰고, 1433년 압록강 지류인 파저강 정벌에서 여진족을 몰아내어 4군을 개척하였다. 세종은 최윤덕의 능력을 인정하여 무인 최초로 우의정에 임명하였다. 그는 '축성 대감'이라고 불릴 정도로 변방에 성 쌓기를 중시하였다. 최윤덕이 세상을 떠나자 세종은 그의 죽음을 슬퍼하여 조회를 3일 동안 열지 않았다고 한다. 그리고 그에게 '정렬(貞烈)'이라는 시호를 내렸다. 최윤덕 장군의 묘는 조선 전기의 방형 무덤을 잘 보여 주며, 무덤 앞에는 2기의 문인상이 세워져 있다.

04 웅천읍성

창원시 진해구 성내동 519-6

웅천읍성은 1437년에 완성된 읍성으로, 지역 주민을 보호하고 군사·행정 기능을 위해 쌓은 것이다. 웅천에는 조선 세종 때 개항된 3포 가운데 하나인 제포가 있었다. 이곳에 일본인들이 들어와 살면서 여러 문제가 발생하자, 이를 해결하기 위해 웅천읍성을 쌓았다. 이 읍성은 일제 강점기에 대부분 허물어졌고, 최근에 복원되고 있다.

주변에는 제포의 흔적이 남아 있는 제포성지, 임진왜란 당시 고니시 유키나가가 쌓은 웅천왜성과 신사참배 거부 운동을 한 주기철 목사의 기념관 등이 있다.

05 8의사창의탑

창원시 마산합포구 진북면 지산리 58-11

8의사창의탑은 1919년 4월 3일 마산의 진동·진북·진전면의 삼진 주민들이 합심하여 일어난 만세 운동 과정에서 희생된 8명을 기리기 위해 세운 탑이다.

진전면 양촌마을에서 시작된 이 운동은 진동 장날에 나온 주민들이 합세하여 사동 다리에서 일본 헌병·경찰과 대치하였다. 태극기를 흔들던 김수동이 총에 맞아 숨졌고, 변갑섭은 일본 경찰이 휘두른 칼에 팔이 잘리기도 하는 등 8명이 희생되었다. 이외에도 수십여 명이 다치거나 체포되었다. 8의사창의탑 옆에는 주민들이 손수 세운 8의사창의비가 있다.

06 이순신 장군 동상

창원시 진해구 여좌동 931-1

1952년 진해 북원 로터리에 우리나라 최초로 세운 이순신 장군 동상이 있다. 이 동상은 6·25 전쟁이 일어나자, 1952년에 해군이 국난 극복의 상징이었던 이순신 장군에 대한 기념사업으로 추진되었다. 동상 제막식에는 이승만 대통령이 참석하였다.

진해 남원 로터리에는 김구 친필 시비가 세워져 있다. 1949년 9월에 진해 해안 방비대(오늘날 해군)를 방문한 김구는 이순신 장군의 '진중음(陣中吟)'을 돌기둥에 새겨 진해역 광장에 세웠다. 김구가 암살된 후 이 비는 한동안 행방을 알 수 없었으나 4·19 혁명 이후에 발견되어 지금의 남원 로터리에 두었다.

28 의열단, 의로운 사람으로 가득차다

[답사 목적] 1919년 조직된 의열단에는 김원봉, 윤세주, 황상규, 최수봉 등 밀양 출신이 많았다.
밀양에서 독립을 위해 의로운 투쟁을 벌인 의열단의 흔적을 확인해 본다.

▲ **의열기념관** 1919년 일제의 고위 관리와 친일파의 처단을 목표로 하여 조직된 의열단의 의열 투쟁을 기리고 기념하는 공간이다. 원래 이곳은 의열단을 조직한 김원봉의 생가터이기도 하다.

◆ 답사 지역 개요 ◆

▲ **의열기념관에서 내려다 본 해천 항일 운동 테마 거리** 의열단의 김원봉과 윤세주를 비롯한 황상규, 전홍표, 김대지, 이장수 등 밀양의 독립운동가들은 이곳 해천 주변에서 살았다.

밀양은 의로운 일을 행하는 이들로 가득한 곳이었다. 밀양 출신으로 독립운동 서훈을 받은 사람은 75명에 이른다. 1919년 밀양에서는 3·1 운동 만세 시위가 무려 8차례나 일어날 정도로 독립운동이 활발한 곳이었다. 그리고 이곳에서 태어나고 함께 자란 김원봉과 윤세주는 뜻을 같이한 이들과 1919년에 의열단을 조직하였다.

1920년 박재혁의 부산경찰서 폭탄 투척을 시작으로 의열단원은 일제 식민 기관을 공격하였다. 그 가운데 밀양 출신 의열단원 최수봉은 밀양경찰서에 폭탄을 던지기도 하였다.

특히 의열단에는 밀양의 동화학교 출신이 많은데, 김원봉과 윤세주가 대표적이다. 동화학교는 황상규가 자금을 마련하고 전홍표가 학교장을 맡아 민족의식을 일깨우는 큰 역할을 하였다.

240

- 01 밀양독립운동기념관
- 02 동화학교 터
- 03 해천 항일 운동 테마 거리
- 04 윤세주 생가
- 05 의열기념관
- 06 황상규 생가터
- 07 옛 밀양경찰서 터
- 08 박차정 묘

영상으로 보는 한국사

약산 김원봉

❶ 의열 투쟁 단체인 의열단의 혼이 살아있는 밀양을 돌아보고 가 본 곳을 체크해 봅시다.

❷ 답사 코스 중 가장 인상 깊었던 장소는 어디였나요?

장소	까닭

❸ 답사·체험 활동 중 새로 알게 된 내용과 궁금한 점은 어떤 것인가요?

새로 알게 된 점	궁금한 점

❹ 답사·체험 활동을 마치고 느낀 점을 간략하게 써 봅시다.

01 밀양독립운동기념관
♀ 경남 밀양시 밀양대공원로 100(교동 480)

밀양 출신 독립운동가의 활동과
밀양 지역 독립운동을 한눈에 볼 수 있는 곳

02 동화학교 터
♀ 경남 밀양시 중앙로 372 (내일동 477-7)

의열단을 조직한 김원봉과 윤세주 등을 비롯한
밀양의 독립운동가를 다수 배출한 동화학교가 있던 곳

시립밀양박물관 내부에 있는 밀양독립운동기념관에는 1919년 당시 밀양의 주요 3·1 만세 운동의 모습을 담은 축소 모형과 자료들이 전시되어 있다. 밀양에서 일어난 만세 운동, 인재를 양성하기 위한 각종 교육 기관 등을 확인할 수 있다. 밀양은 3·13 밀양면 장터 만세 운동을 시작으로 8차례나 만세 운동이 일어난 곳이기도 하다.

또 밀양에는 동화학교, 화산의숙, 계성학교 등 민족 교육 기관이 곳곳에 설립되었다. 또 최수봉의 밀양경찰서 폭탄 투척 의거 모형을 비롯하여 의열단의 활동과 조선 의용대 활약상을 볼 수 있다. 당시 밀양에서 있었던 항일 운동을 전반적으로 알고 이해하는 장소이다. 또 야외에는 독립운동가들의 뜨거운 심장과 염원을 표현한 '선열의 불꽃' 상징탑과 그 주변으로 밀양 출신 독립운동가들의 흉상이 세워져 있다.

동화학교는 1908년 전홍표·황상규 등이 옛 군관청 자리에 설립한 사립학교이다. 이 학교는 새로운 지식의 습득을 통해 청년을 교육하고 자주독립의 애국 사상을 고취하여 항일 사상과 항일 투사를 육성할 것을 목표로 삼았다.

동화학교에서는 김원봉·윤세주·최수봉·김상윤 등 의열 투쟁에 앞장섰던 인물이 다수 배출되었다. 특히 김원봉과 윤세주는 일제의 식민지 교육에 반발하여 이미 다니고 있던 학교를 그만두고 동화학교에 들어왔다. 이들은 학교에서 '연무단'이라고 하는 비밀결사도 조직하는 등 향후 의열단 조직의 기초를 닦았다. 또 3·1 운동 때 밀양 지역의 만세 시위를 지도하다가 체포 투옥된 김소지·박소종·정동찬 등도 동화학교 출신이었다. 이 때문에 동화학교는 1919년 3·1 운동 이후 일제의 탄압으로 폐쇄되었다.

▲ **밀양의 독립운동가들** 밀양 출신으로 독립 운동 서훈을 받은 사람은 75명에 이른다.(해반천 항일 운동 테마거리 게시물)

▲ **밀양독립운동기념관에 위치한 '선열의 불꽃'** 이곳에는 밀양 출신으로 독립운동에 힘쓴 이들의 흉상이 세워져 있다.

03 해천 항일 운동 테마 거리
📍 경남 밀양시 해천길(내일동 516-23)

전홍표, 황상규, 김원봉, 윤세주 등 밀양의
독립운동가들이 이웃하며 살던 장소

04 윤세주 생가
📍 경남 밀양시 해천길 22-1(내이동 880)

윤세주 추모비(앞)와 윤세주 생가(뒤)

윤세주가 태어났던 그곳에 사람들이
그를 기억 하고자 세운 추모비

해천은 내일동과 내이동을 가로지르는 작은 하천으로, 조선 시대에는 밀양읍성의 해자로 이용되었다. 2015년에 복원된 해천에 항일 운동 테마 거리가 조성되었다. 이곳에 항일 운동 테마 거리가 된 이유는 밀양 출신 독립운동가인 김원봉·윤세주·김병환·김대지·정동찬·전홍표·황상규·고인덕·이장수 등의 생가터가 남아 있기 때문이다.

의열 운동을 기념하기 위한 의열기념관이 있는데 원래 김원봉 생가터이기도 하다. 그리고 기념관 옆집이 바로 윤세주의 생가이며, 해천 건너편에 이장수의 생가터가 위치한다. 그리고 5분만 남쪽으로 걸어가면 전홍표와 황상규의 생가터를 만날 수 있다.

해천 주변의 건물 담장에는 밀양의 3·1 만세 운동, 의열단, 조선 의용대 등과 관련된 내용의 벽화가 그려져 있다.

윤세주는 김원봉과 같이 밀양공립보통학교를 다니다가 자퇴하고 동화학교로 옮겨 학생 운동을 하였다. 이 학교에서 연무단이라는 비밀결사를 조직하고, 1919년에는 밀양의 만세 운동을 주도하였다. 이후 만주 서간도에 있던 신흥무관학교에서 훈련받고 의열단에 가입하였다. 1927년 밀양청년회, 신간회 밀양지회 주요 간부 등으로 활동하였다.

1938년에는 김원봉과 함께 조선 의용대를 창설하고 정치위원을 맡았다. 1941년 김원봉과 헤어져 박효삼과 함께 화북 지방으로 북상하여 중국 팔로군과 연합하여 일본군과 벌인 전투에 참가하였다. 1942년 4만 명의 일본군이 총공세를 벌인 태항산 전투에서 조선 의용군을 지휘하며 일본군과 맞서 싸우다가 전사하였다. 정부는 그의 공로를 기려 1982년 건국훈장 독립장을 추서하였다.

243

의열단의 주요 활동 / 의열단은 전후 23차례 의열 거사를 기획하고 실행하면서 일제의 강압 통치에 분연히 맞섰다.

○ 1920. 3~6월　　곽재기, 이성우 등이 국내 활동에 사용할 폭탄을 밀양으로 운반하려던 의거. 폭탄 16개와 권총 등을 동원하여 거사를 추진하던 중 발각됨.(1923년 제2차 의거, 1925년 제3의거를 도모하였으나 실패함.)

○ 1920. 9. 14.　　박재혁이 부산경찰서에 폭탄을 던져 부산경찰서장 하시모토를 폭사시킴.

○ 1920. 12. 27.　최수봉이 밀양경찰서에 2개의 폭탄을 던졌는데, 1개는 불발되고 1개는 건물 일부를 파손시킴.

○ 1920. 9. 12.　　김익상이 조선총독부 비서과(불발)와 회계과(폭발)에 폭탄을 던짐.

○ 1922. 3. 28.　　김익상, 이종암, 오성륜이 상하이 황포탄 부두에서 일본 육군 대장 다나카 기이치를 저격했으나 실패함.

○ 1924. 1. 5.　　　간토 대지진으로 한국인들을 학살한 것을 응징하고자 김지섭은 도쿄 제국 의회(일본 국회)를 공격하려고 하였으나 휴회하자 일본 궁성을 폭파하려고 하였으나 불발로 실패함.

○ 1925. 3. 30.　　이인홍과 이기환이 베이징에서 밀정 김달하를 처단함.

○ 1925. 11.　　　이종암·배중세·고인덕·한봉인 등이 국외에서 무기를 반입하여 거사를 시도함('경북 폭탄 의거').

○ 1926. 12. 28.　나석주가 서울에 한복판에 위치한 조선식산은행과 동양척식주식회사를 기습하여 폭탄 한 발씩 던지고 경찰관 등 7인을 사살한 뒤 자결함.

05 의열기념관(김원봉 생가터)
📍 경남 밀양시 노상하1길 25-12(내이동 901)

의열기념관이자 김원봉 생가터

김원봉이 태어난 장소이자 의열단 활동을
전시하고 있는 기념관

06 황상규 생가터
📍 경남 밀양시 노상하4길 43-1(내이동 957)

동화학교를 설립하고 인재를 양성하면서
의열단 조직의 기반을 닦은 황상규가 태어난 곳

의열기념관은 '자신의 목숨을 돌보지 않고 충의에 앞장선 사람'을 일컫는 의열 지사들의 항일 독립 투쟁사를 소개하고자 2018년 3월에 개관하였다. 이곳은 원래 김원봉의 생가가 있던 곳이었다.

김원봉은 1910년 밀양공립보통학교에 다니던 중 일장기를 모욕한 일로 자퇴하고 윤세주와 함께 동화학교를 다녔다. 그는 1919년 11월에 의열단을 창립하고 단장이 되었다. 이후 김원봉은 의열단 활동의 한계를 깨닫고 황푸군관학교에서 훈련 받은 뒤 조선혁명간부학교를 설립하고, 1938년 우한에서 조선 의용대를 창설하였다. 1942년 그는 조선 의용대 일부를 이끌고 한국광복군에 편입하였고, 1944년에 임시 정부 군무부장으로 선임되었다. 1945년 12월에 귀국하였으나, 1948년 남북 지도자 연석회의에 참석한 뒤 월북한 이유로 아직까지 독립 유공자 서훈을 받지 못하였다.

황상규는 상동 고명학원과 동화학교 설립에 참여하여 수많은 제자를 배출하였다. 그는 비밀결사인 일합사를 조직·운영하였고, 대한 광복단·북로 군정서·대한민국 임시 정부 재정 담당으로 활동하였다. 1918년 '대한 독립 선언(무오 독립 선언)'을 한 39명 가운데 한 명이다.

1919년 처조카인 김원봉과 윤세주, 곽재기 등과 함께 의열단 조직에 참여하였다. 1920년 거사를 도모하던 중 일본 경찰에 체포되었다. 그는 혹독한 고문에도 스스로 혀를 깨물며 자백하지 않아서 일본 경찰은 백지로 기소해야만 하였다. 출소 후 신간회 밀양지회장, 중앙상임위원회 서기장, 조선어학회 사전 편찬 발기인으로 참여하였다.

1941년 그의 장례식은 사회장으로 치러졌으며, 약 10만 명의 문상객이 모여들자 경기도 경찰국의 경찰이 동원될 정도였다.

지역사 탐구 의열단장 김원봉이 결성한 조선 의용대는 어떤 활약을 하였을까?

▲ 1938년 조선 의용대 창립 기념사진

1937년 중·일 전쟁이 일어나자, 조선민족혁명당을 중심으로 한 좌파 계열의 독립운동 단체들은 그해 11월 조선민족전선연맹을 결성하여 연합하였다. 김원봉은 중국 국민당 정부의 지원을 받아 1938년 10월 무장 독립 부대인 조선 의용대를 결성하였다.

조선 의용대는 성립 초기에 병력이 100여 명 정도였으나, 나중에는 340여 명 정도까지 확대되었다. 조선 의용대는 중국 국민당 정부군과 함께 양쯔강 중류 일대에서 일본군과 싸웠으며, 주로 정보 수집과 포로 심문 등의 역할을 담당하였다. 1941년 조선 의용대의 일부가 화북 태항산 지역의 중국 팔로군 지역으로 이동하여 조선 의용대 화북 지대를 결성하였다. 이후 조선 의용대 화북 지대는 조선독립동맹의 군사 조직인 조선 의용군으로 바뀌었다. 한편, 남아 있던 김원봉과 조선 의용대 대원들은 한국광복군에 편입하기로 결정하고, 의용대 총대장이던 김원봉은 광복군 부사령 겸 제1지대장에 취임하였다. 이로써 한국 광복군은 조직과 군사력이 동시에 증대될 수 있었다.

1920년 12월 밀양 출신 의열단원 최수봉이
폭탄을 던진 밀양경찰서 터

부산 출신이지만 밀양 땅에 마련된 박차정 묘

김원봉의 동반자이자 독립운동의 여전사로
널리 알려진 부산 출신 박차정이 잠든 곳

밀양경찰서 폭탄 투척 의거는 의열단원 최수봉이 밀양경찰서에 폭탄을 투척한 의거이다. 1920년 11월 최수봉은 의열단 1차 암살 파괴 의거를 위해 국내에 들어왔다가 검거망을 피해 잠행하고 있던 김상윤과 만나 조선 독립을 결의하며 의열단에 가입하였다. 이후 김상윤의 소개로 만난 대구의 김원석과 밀양경찰서를 파괴하기로 계획하였다.

1920년 12월 27일 오전 9시 30분, 밀양경찰서장 와타나베가 경찰서원 19명을 모아놓고 훈시를 하고 있을 때 최수봉은 폭탄 2개를 투탄하였다. 첫 번째 폭탄은 불발이었고, 두 번째 폭탄은 폭발하였으나 성능이 좋지 못해 큰 피해를 주지 못하였다. 그는 밀양경찰서에 폭탄을 던지고 일제 경찰의 추격을 받다가 자결하고자 하였으나 상처만 입고 체포되었다. 최수봉은 1921년 7월 8일에 사형이 집행되어 순국하였다.

박차정은 1910년에 동래 복천동 417번지에서 태어났다. 그의 아버지는 국권 피탈 이후 민족의 비참함을 보다 못해 1918년에 비장한 유서를 남긴 채 자결하였고, 오빠인 박문희는 훗날 신간회의 중앙집행위원으로 활동하였다.

1929년 3월, 박차정은 동래 일신여학교를 졸업한 후 약 2년 동안 동래 청년연맹의 부녀부장 일을 맡아 보다가 21세 때 서울 근우회 중앙집행위원이 되었다. 이때 항일 운동을 지도한 혐의로 체포·투옥되었다.

출옥 후 그녀는 중국으로 건너가 북경 화북대학을 졸업하고 의열단장인 김원봉과 결혼하여 1938년 조선 의용대 부녀복무단장을 맡는 등 독립 전선에서 눈부신 활약을 하였다. 1939년 그녀는 곤륜산 전투에서 부상하여 그 후유증으로 고생하다가 1944년 5월 27일에 충칭에서 생을 마감하였다. 1995년 정부는 박차정에게 독립장을 추서하였다.

▲ **최수봉의사의거기적비**(경남 밀양시 상남면 소재) 밀양경찰서에 폭탄을 투척한 최수봉을 기리는 비로, 최수봉 생가터로 가는 도로변에 있다.

▲ **고향 부산에 세워진 박차정 동상**(부산 금정구) 금정문화회관 '만남의 광장'에 세워져 있다.

함께 갈 만한 곳

01 표충서원과 표충사

경남 밀양시 단장면 표충로 1338(구천리 23)

표충사는 사명대사를 추모하는 표충사당이 있는 사찰로, 사찰 안에 서원이 있는 특이한 곳이다. 서원은 주로 유학자를 제사 지내는데, 표충서원에서 제사 지내는 인물은 승려인 사명대사 유정이다.

표충사라는 이름도 사명대사를 제향하는 표충사당을 1734년에 표충서원이라 편액을 받으면서 생겼다. 1839년에 현재 위치로 사당을 옮기고 절 이름도 표충사로 바꾸었다. 이곳에 보관 중인 청동함 은향완(국보 제75호)은 1177년에 제작된 것으로, 현존하는 가장 오래된 고려 시대 향로이다. 이외에도 표충사 삼층 석탑(보물 제467호), 중요 민속 자료인 사명대사 금란가사와 장삼 등이 있다.

02 만어사

경남 밀양시 삼랑진읍 만어로 776(용전리 4)

만어사는 수로왕이 46년에 창건하였다는 설과 고려 시대인 1180년(명종 10)에 세워졌다는 설이 있으나 정확히 알 수 없다. 만어사에 전해지는 전설로는 동해 용왕의 아들이 이곳에서 미륵불이 되었다는 미륵바위가 있고, 따라온 물고기들이 돌이 되었다고 전해지는 '어산불영경석(魚山佛影輕石)'이 있는데, 경석을 두들기면 쇳소리가 나는 신기함이 있다. 이 돌은 화감암의 풍화 작용으로 만들어진 암괴류로, 화강암 안의 성분 차이로 생겨난 것이다.

또한 이곳에는 대웅전과 미륵바위를 안치한 미륵전 외에도 보물 제466호인 만어사 삼층 석탑이 있다.

03 영남루

경남 밀양시 경남 밀양시 중앙로 324 (내일동 40)

영남루(보물 제147호)는 원래 영남사라는 절의 부속 건물이었으나, 절이 폐사되자 고려 말 공민왕 때 밀양 군수가 누각을 크게 중창하고 영남루라 불렀다. 지금의 영남루는 1848년(헌종 14)에 세워진 것이다.

영남루에는 '영남제일루(嶺南第一樓)'라는 현판이 걸려 있고, 이황·이색·문익점·신숙주·권근·하륜·김종직 등이 남긴 시와 글을 만날 수 있다. 영남루 맞은편에 있는 천진궁은 밀양도호부의 부속 건물이었으나, 일제 강점기에는 일본 헌병대의 건물로 사용되어 독립운동가들을 탄압하는 장소였다.

04 추원재(김종직 생가)

경남 밀양시 부북면 추원재길 58 (부북면 제대리 701)

추원재는 점필재 김종직이 자란 곳이자 돌아가신 곳이기도 하다. 김종직은 1486년 신종호 등과 함께 『신증동국여지승람』을 편찬하였다. 성종은 그를 중용하여 훈구를 견제하였는데, 이후 많은 사림이 전랑과 삼사로 진출하여 훈구와 균형을 맞추었다.

그의 사후에 단종을 몰아내고 왕위에 오른 세조를 비판하는 '조의제문'이 빌미가 되어 1498년에 무오사화가 일어났다. 이때 무덤에서 김종직의 시신을 꺼내 목을 베서 거리에 내거는 부관참시가 이루어졌다. 하지만 중종반정으로 김종직이 복원되자, 추원재는 많은 유학자가 찾아와 김종직을 추모하고 기리는 곳이 되었다.

05 예림서원

경남 밀양시 부북면 예림서원로 128(후사포리 179)

1567년(명종 22)에 지방 유림이 뜻을 모아 점필재 김종직을 추모하는 공간으로 덕성 서원을 자씨산 아래에 만들었다. 임진왜란으로 불타 버린 서원을 복원하였다가 1634년(인조 12)에 예림리로 옮겨오면서 예림서원으로 바꾸었다.

김종직은 '안향-이제현-정몽주-길재-김숙자-김종직-조광조'로 이어지는 사림의 계보에서 중요한 인물이다. 그의 제자 가운데 소학 동자로 일컬어지는 김굉필은 조광조의 스승이기도 하였다. 사화로 세력이 약해진 사림은 중종반정 이후 학문적·사상적 정통성을 확보하고자 김종직을 중시하였다.

06 작원잔도 작원관

경남 밀양시 삼랑진읍 검세리(작원관)

작원잔도는 양산 원동 용당리에서 밀양의 삼랑진에 이르는 벼랑길을 말한다. 험한 벼랑에 암반을 깎거나 돌을 쌓아 만든 작원잔도는 당시의 원형이 비교적 잘 보존되어 있어서 낙동강을 따라 만든 자전거 종주 길을 가다 보면 볼 수 있다. 작원잔도의 관문인 작원관은 1592년 임진왜란 때 부산을 점령한 일본군이 밀려오자, 밀양부사 박진이 300여 명의 군민을 이끌고 맞서 3일이나 버텨낸 곳이다. 하지만 1904년 경부선 개통으로 작원잔도는 대부분 파괴되었고, 작원관도 낙동강 쪽으로 이동하였다. 1936년 홍수로 무너진 작원관은 1995년에 현재의 자리에 복원되었다.

29 세상을 향해 '형평'을 외치다

영상으로 보는 한국사

인권 운동을 선도한
경남 형평 운동

[답사 목적] 1923년 진주에서 사회적으로 천대를 받던 백정들이 조선 형평사를 창립하였다.
백정들이 저울추처럼 평등한 세상을 꿈꾸며 전개한 형평 운동의 정신을 되새겨 본다.

▲ **형평운동기념탑** 세상을 향해 평등을 외쳤던 형평 운동을 기념하기 위한 탑이다. 원래 진주성 동문에 있었으나 복원 사업으로 현재 경남문화예술회관
건너편 야외공연장에 자리하고 있다.

◆ **답사 지역 개요** ◆

▲ **서울에서 열린 형평사 전국대회 모습**(1928년)

진주는 조선 시대에 경상우도의 중심지이자, 1894년 갑
오개혁 때는 경상남도 도청 소재지였다. 진주성은 임진왜
란 때 곡창 지대인 전라도로 진격하려던 일본군을 막아 낸
곳으로 유명하다. 또한 동학 농민군의 집결지였고, 을미사
변으로 일어난 노응규의 의병이 활동하던 곳이기도 하다.

1919년 전국적으로 3·1 만세 운동이 일어나자 진주에
서는 기생과 걸인들도 만세 운동에 참여하였다. 이처럼
나라가 위기일 때마다 진주에서는 귀천을 가리지 않고
분연히 일어났다. 1920년대에는 진주에서 사회 운동도
활발히 일어났다. 차별받던 백정들이 세상을 향해 평등을
외친 '형평 운동'이 대표적이다. 이 운동은 백정이 아닌 사
람들도 함께 목소리를 냈다. 이곳 진주에서 세상의 평등
이 가장 먼저 실천되고 있었던 것이다.

 답사 · 체험 활동

학교   학년   반   이름:

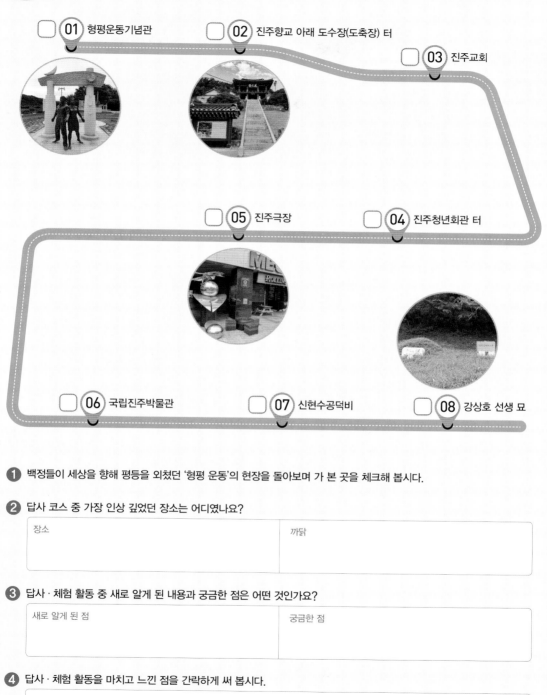

1 백정들이 세상을 향해 평등을 외쳤던 '형평 운동'의 현장을 돌아보며 가 본 곳을 체크해 봅시다.

2 답사 코스 중 가장 인상 깊었던 장소는 어디였나요?

장소	까닭

3 답사 · 체험 활동 중 새로 알게 된 내용과 궁금한 점은 어떤 것인가요?

새로 알게 된 점	궁금한 점

4 답사 · 체험 활동을 마치고 느낀 점을 간략하게 써 봅시다.

"인간 존엄 인간 사랑, 자유 평등 형평 정신"
"형평은 사회의 근본이요, 애정은 인류의 본량이라."

백정이 도축한 고기로
제사를 지내던 진주향교

위 글은 형평운동기념탑에 새겨진 문구이다. 이 탑은 1923년에 진주에서 일어난 형평 운동을 기념하기 위해 1996년 12월 10일 세계 인권 선언일에 맞추어 진주성 동문(본성동) 앞에 세웠다가 진주성 복원 공사로 지금 자리로 옮겼다.

형평운동기념탑은 사회적 멸시와 천대에 시달리던 백정들과 그들의 처지에 공감한 이들이 힘을 모아 수천 년에 걸친 신분 차별을 없애고자 한 뜻을 기리고자 설립하였다고 한다. 이 기념탑은 배 모양의 탑 아래에 평등의 문을 나서는 남녀가 함께 손잡고 있는 모습이 특징이다.

이 기념탑을 만든 작가는 "가진 자도, 못가진 자도, 배운 사람도 못 배운 사람도, 늙은이도, 젊은이도, 그녀도, 그이도 모두 이 평등의 문을 나서라."라고 작품의 의도를 설명하였다. 이는 누구나 평등하다는 것을 의미한다.

진주향교는 고려 시대부터 있었던 것으로 보이며, 조선 태종 때 문묘를 세우면서 향교의 틀을 갖추게 되었다. 향교는 조선 시대에 국가로부터 토지와 노비 등을 받았고, 교관 1명이 정원 30명의 교생을 가르쳤다. 하지만 갑오개혁 이후 교육 기능은 사라지고 제사 기능만 남게 되었다.

한편, 향교에서는 제사를 지낼 때 필요한 고기를 백정에게 바치도록 하였다. 그래서 향교 옆에는 백정들이 사는 마을이 있었고, 가축을 잡는 도수장(도축장)이 들어섰다. 즉 양반들이 모여 제사를 지내던 향교와 고기를 바치는 백정의 마을은 한곳에 있었다. 하지만 천대와 멸시를 당하던 백정들이기에 남성은 상투를, 여성은 비녀를 꽂을 수 없었다. 또 그들은 어린아이들의 돌팔매를 맞기도 하였고, 죽어서는 꽃상여도 탈 수 없었다.

▲ 진주농민항쟁기념탑(왼쪽)과 고성산 동학농민운동기념탑(오른쪽) 진주가 농민을 중심으로 일어난 반봉건·반외세 운동의 중심지였음을 말해 준다.

03 진주교회
📍 경남 진주시 의병로 250번길 16(봉래동 37)

백정과 일반 신자가 함께 예배를 보게 했던
진주 지역 최초의 교회

04 진주청년회관 터
📍 경남 진주시 진주대로 1107번길 8-1(계동 65)

조선형평사 창립식이 열린 진주청년회관이 있었던 곳

백정도, 그리고 백정이 아닌 사람도 저울추처럼
평등한 세상을 꿈꾸며 형평사를 창립하였던 곳

1905년에 진주 지역 최초의 교회인 옥봉리교회(현 진주교회)가 세워졌다. 당시 커렐 목사는 옥봉리교회 이외에도 백정들을 위한 예배당을 따로 두어 운영하였다. 1908년 새로 부임한 라이올 목사가 이듬해에 백정들과 일반 신자들을 함께 예배하도록 하였다. 그런데 예배당에 백정들이 들어오자, 일반 신자들이 집단으로 나가 버렸다. 결국 일반 신자와 백정의 예배 장소를 다시 분리하면서 일단락되었다.

이 사건은 1894년 갑오개혁으로 신분 제도가 폐지되었으나 백정에 대한 차별 의식은 쉽게 사라지지 않았음을 보여 주었다. 갑오개혁 이후에도 백정들은 호적에 여전히 '도한(屠漢)'이라는 빨간색 글씨를 새겨야만 하였다. 또 백정들은 다른 학부모들의 반대로 자녀들을 학교에 보낼 수도 없었다.

1923년 4월 25일 당시 진주청년회관에서 '저울처럼 평등한 세상을 지향한다'는 의미를 담은 형평사가 창립되었다. 양반 출신인 강상호·신현수·천석구 등 지식인들과 백정 출신인 이학찬·장지필 등이 연대한 결과였다. 창립식에 참석한 사람은 80여 명이었지만 세상의 인식을 바꾸려는 그들의 의지는 확고하였고, 그만큼 기대와 호응도 컸다.

특히 백정 출신인 이학찬은 상당한 재산을 가진 부자였으나 아들이 학부모와 학교의 반대로 입학이 거부되었다. 이에 이학찬은 진주의 여러 백정 마을을 돌며 설득하여 형평사를 창립하였다. 장지필은 메이지대학에서 공부하였으나 백정을 뜻하는 '도한'이라는 글자로 인해 취업을 포기한 채 형평 운동에 가담하였다. 그는 형평사 총무를 맡으면서 형평 운동을 전국으로 확산시키는 데 큰 역할을 하였다.

251

지역사 탐구 　진주 지역에서 3·1 운동과 광주 학생 항일 운동은 어떻게 전개되었을까?

▼ 진주 3·1운동기념비(진주성 내 위치)

1919년 3월 18일, 진주 곳곳에서 대규모 만세 운동이 일어났다. 3월 18일 12시에 진주교회 종소리가 울리는 것을 시작으로, 중앙시장을 비롯하여 곳곳에서 대기하고 있던 사람들이 동시에 "대한 독립 만세"를 외치면서 경남도청 앞 영남 포정사까지 진출하였다. 당시 일본 헌병과 경찰은 시위대에 잉크 물을 던져 검거하는 방식을 택했다고 한다.

만세 시위는 21일까지 이어졌고, 시위와 함께 상가 철시도 진행되었다. 진주 지역 만세 운동에는 기생과 걸인까지 단체로 참여할 정도로 독립 운동에는 귀천을 구분하지 않고 누구나 참여할 수 있음을 보여 주었다.

1929년 광주 학생 항일 운동이 일어나자, 진주공립고등보통학교(현 진주고등학교), 일신여자보통고등학교(현 진주여자고등학교), 도립사범학교(현 진주교육대학교), 진주공립농림학교(현 경남과학기술대학교) 등 진주 지역 학생들도 학생 항일 운동에 동참하였다.

05 진주극장(옛 진주좌) 터
📍 경남 진주시 진주대로 1057(대안동 13-13)

진주극장(구 진주좌) 터와 형평 운동 표지석(왼쪽)

인간의 존엄과 평등을 선언한
조선 형평사 창립 축하식이 열린 곳

06 국립진주박물관
📍 경남 진주시 남강로 626-35(남성동 169-17)

외세의 침략에 저항하고 불의에 항거한
진주의 역사를 한눈에 볼 수 있는 곳

1923년 5월 13일 당시 진주에서 제일 큰 건물인 진주좌(진주극장)에서 조선 형평사 창립 축하식이 열렸다. 전국의 백정 지도자 1백여 명과 회원 5백여 명이 참석하였고 형평사를 선전하는 종이도 7천여 장이 배포되었다고 한다.

조선 형평사는 창립 1년 만에 조직이 12개 지사와 67개 분사로 늘어났고, 5년 뒤에 회원 수가 9,600여 명으로 불어날 정도로 세력이 급성장하였다.

하지만 조선 형평사는 본사 이전 문제를 둘러싼 내부 분열과 일제가 날조한 사건으로 위축된 이후에 경제적 이익만 추구하는 단체로 변질하였고, 1935년 '대동사'로 이름이 바뀌면서 형평 운동도 퇴색하였다. 12년간 진행된 형평 운동은 인간의 존엄과 평등을 알리는 사회 운동으로 평가받고 있다.

1984년에 개관한 국립진주박물관은 가야 문화를 소개하는 박물관이었으나 1998년부터 임진왜란 전문 역사박물관으로 자리매김하였다. 국립진주박물관은 진주성 내에 자리하고 있는데, 진주성은 임진왜란 때 제1차 진주성 전투와 제2차 진주성 전투가 있던 곳이어서 임진왜란을 주제로 다루는 박물관이 되었다.

국립진주박물관에는 임진왜란 관련 유물 이외에도 진주에서 일어난 진주 농민 항쟁 관련 유물 및 형평 운동과 관련된 형평 운동 홍보 포스터와 형평사 기관지였던 『정진』 등이 전시되어 있다.

현재 진주에서 형평 운동 관련 기념관이 없는 상황에서 당시 형평 운동 관련 전시물을 볼 수 있는 공간이다.

252

지역사 탐구 「조선 형평사 창립 취지문」에는 어떤 내용이 담겨 있을까?

▲ 형평 운동 홍보 포스터

"공평은 사회의 근본이고 사랑은 인간의 본성이라. 그러므로 우리는 계급을 타파하고 모욕적인 칭호를 폐지하며 교육을 장려하여 우리도 참사람이 되고자 함이 본사의 주지니라. 지금까지 조선의 백정은 어떠한 지위와 압박을 받아 왔는가? 과거를 회상하면 종일 통곡하고도 피눈물을 금할 수 없다. …… 천하고 가난하고 연약해서 비천하게 굴종하였던 자는 누구였는가? 아아, 그것은 우리 백정이 아니었던가? 그러나 이러한 비극에 대한 사회의 태도는 어떠했던가? 소위 지식 계층에 의한 압박과 멸시만이 있지 않았던가? …… 본사는 시대의 요구에 의해 사회의 실정에 대응하여 창립되었으며, 또한 우리도 조선 민족 2천 만의 한 사람으로서 갑오년 6월 이후 칙령에 의해 백정이라는 호칭이 없어지고 평민으로 되었던 바, 사랑으로써 상부상조하고 생명의 안정을 도모하고 공동의 번영을 기하고자 한다. 이에 40여 만이 단결하여 본사의 목적인 이 주지를 표방하는 바이다."

- 『조선일보』

07 신현수공덕비
📍 경남 진주시 망경동(망진산 봉수대 앞 주차장)

망진산 봉수대 가는 길에 세워져 있는 신현수 공덕비

공정하고 평등한 세상을 꿈꾸는 사람들,
"수평보다는 형평이 좋겠다"

08 강상호 선생 묘
📍 경남 진주시 가좌동

사람들에게 '신백정'이라 불리며
백정들을 위해 형평 운동에 앞장선 강상호 선생의 묘

신현수는 『조선일보』 진주지국장으로 근무하였고, 다양한 사회 운동을 한 인물로 알려져 있다. 그는 평소 교육 활동에 관심이 많아서 강상호를 만나 논의하던 중 백정에 대한 차별을 철폐해야 한다는 결론에 이르렀다.

1923년 1월, 그는 진주청년회를 조직하고, 4월에는 조선 형평사 창립에 참여하여 형평 운동을 이끌었다. 신현수는 '형평사'라는 조직 이름을 제안한 인물로 알려져 있다.

한편, 조선 형평사가 창립되기 1년 전에 일본에서는 차별받던 부락민들이 수평사를 창립하였다. 이에 신현수가 "우리는 수평보다 한층 의미 깊은, 저울같이 공정한 평등을 주장한다는 의미로 형평이라 하는 것이 좋겠다."라고 하여 조선 형평사라는 명칭이 나오게 되었다고 한다.

강상호는 부유한 양반 집안에서 태어났으나 백정들을 위한 형평 운동을 주도하였다. 또한 그는 1919년에 진주에서 독립선언서에 서명한 29명 중의 한 사람이었다.

강상호는 봉양보통학교(현 봉래초등학교)를 설립하고 『동아일보』 초대 지국장을 맡기도 하였다. 그는 부모의 영향으로 어려운 이들을 적극적으로 도왔다. 또한 1923년 조선 형평사 창립에 참여하여 백정들을 위해 교육에 힘쓰면서 사회적 차별을 없애고자 노력하였다.

강성호가 세상을 떠나자, 그의 장례는 '형평장'이란 이름으로 치러졌다. 장례식 때 상여 뒤로는 사람들의 만장(輓章) 행렬이 끊이지 않았다고 한다. 백정들을 위한 형평 운동에 앞장섰던 강상호는 2005년에 애국지사로 추서되었다.

지역사 탐구 **평등한 세상을 꿈꾸던 이들은 어떻게 한·일 연대를 이루었을까?**

▲ **조선 형평사와 일본 수평사** 사진은 이동환이 교토 히가시시치조 북부의 수평사를 방문했을 때 찍은 것이다.

일본에는 에도 시대까지 '에타'라고 불리는, 그리고 한국에는 조선 시대에 '백정'이라고 불리는 피차별민이 있었다. 이들에 대한 법적인 차별은 일본에서 메이지 유신 직후(1871)에, 한국에서는 갑오개혁(1894)으로 사라졌다. 하지만 그들에 대한 직업적인 차별과 주거지 제한 등의 차별은 여전히 남아 있었다. 그래서 일본에서는 수평사(1922), 한국에서는 형평사(1923)가 결성되면서 차별을 없애기 위한 운동이 시작되었다.

두 단체는 1924년부터 지역을 초월한 연대를 목표로 인적 교류를 하였으며, 각종 행사에 축사와 축전을 보냈다. 1927년 이동환은 형평사 대표로서 일본 각지의 수평

사를 방문하였다. 1928년 4월 제6차 정기총회에서는 일본 수평사와의 제휴를 정식으로 결정하고, 공동 투쟁을 위한 대표자 회의를 개최하기로 합의하였다. 그러나 이후 두 단체가 침체기에 빠지면서 지속적으로 연대하지는 못하였다.

함께 갈 만한 곳

01 진주청동기박물관

경남 진주시 대평면 호반로 1353(대평리 706-5)

1967년 남강댐을 건설하면서 선사 시대 유적이 알려진 후, 1975년부터 5년간의 발굴 조사에서 청동기 시대 문화 유적이 확인되었다. 또 1995년에 수몰 예정 지역인 대평 지역에서 4백여 동이 넘는 집자리 유적, 국내 최대 규모의 밭, 석기 및 옥 생산 공방지, 그리고 대규모 목책과 환호 시설 등이 조사되었다. 당시로는 국내 최대 규모의 청동기 시대 유적이 확인된 것이다.

이러한 문화 유적을 관리하기 위해 2009년 6월에 진주청동기문화박물관을 개관하였다. 이 박물관은 1층 영상실, 2층 상설 전시관, 움집 등을 체험할 수 있는 야외 전시관을 운영하고 있다.

02 진주성과 촉석루

경남 진주시 남성동 87-1

진주성(사적 제118호)은 내성과 외성으로 구성되었고, 남강과 함께 지금은 메워진 대사지 연못을 앞뒤 해자처럼 두른 천연 요새였다. 진주성은 임진왜란 때 일본군이 곡창 지대인 전라도로 진격할 때 반드시 지나야 하는 관문이었다. 1차 진주성 전투는 진주목사 김시민의 지도하에 진주성민이 일치단결하여 승리를 거두었다. 2차 진주성 전투는 10만의 일본군을 막아 내지 못하였으나 일본군도 피해가 커 전라도 진출을 포기할 정도였다.

한편, 촉석루는 밀양의 영남루, 평양의 부벽루와 함께 조선 3대 누각으로 이름난 곳이다. 평시에는 과거 시험장으로, 전시에는 군 지휘 본부로 활용되는 곳이었다.

03 의암(논개바위)

경남 진주시 남강로 626(본성동 500-10) 촉석루 아래

'의암(義巖)'은 촉석루 남쪽의 작은 문 아래로 내려가면 절벽 끝에 있다. 이곳은 임진왜란 때 논개가 왜장을 안고 남강에 투신한 곳이라 하여 '의로운 바위'라는 뜻에서 '의암'이라 불렸다.

논개는 제2차 진주성 전투 때 전사한 최경회 장군을 따라 진주에 들어왔다가 진주성이 함락되자 일본군의 축하연에 관기인 척 들어가 왜장을 껴안고 남강에 뛰어든 것으로 알려져 있다. 논개 이야기는 훗날 유몽인의 『어유야담』에 소개되었다. 한편, 촉석루 안에는 '의기사'라는 논개 사당이 있는데, 영조 때 지은 이 사당에서 논개 영정을 만날 수 있다.

04 영남포정사

경남 진주시 남성동 진주성 내

포정사는 관찰사가 직무를 보던 관아를 일컫는다. 왼쪽 사진은 영남포정사 문루에 해당하며, '망미루'라 불리기도 하였다. 영남포정사 문루는 1618년(광해군 10)에 병마절도사 남이흥이 경상도 병마절도사의 집무청인 관덕당 안에 동문으로 세운 뒤 경상도 우병영의 관문으로 활용되었다. 1895년(고종 32)에 전국 8도제가 폐지되고, 23부제가 시행됨에 따라 진주관찰부의 선화당 관문이 된 후, 1896년에 경상남도 관찰사의 정문으로 사용되었다. 1925년 도청이 부산으로 옮겨 가자, 나머지 시설은 사라진 채 문만 홀로 남아 진주의 옛 영광을 상징하는 공간이 되었다.

05 삼도수군통제사 재수임 장소(손경례 집)

경남 진주시 수곡면 덕천로 504번길 15(원계리 318)

1597년 1월 이순신은 직책을 박탈당하고 서울로 압송되어 사형을 선고받았으나, 정탁의 청원으로 백의종군하라는 명을 받고 도원수 권율이 있던 합천 초계로 내려왔다. 7월 16일, 이순신은 칠천량에서 조선 수군이 궤멸되었다는 소식을 듣고는 전황을 파악하고자 직접 노량까지 내려오기도 하였다. 이때 손경례의 집에서 머물면서 덕천강 냇가('진배미'라고 불림)에서 군사를 점검하고 조련하였다. 8월 3일, 이순신은 이곳에서 삼도수군통제사로 재임명한다는 교지를 받았다. 그리고 9월 16일 명량에서 큰 승리를 거두었다. 주변 일대에는 이순신의 행적을 만날 수 있는 '백의종군로'가 조성되어 있다.

06 진주농민항쟁기념탑

경남 진주시 수곡면 창촌리 349-4

이곳은 진주 농민 항쟁을 모의한 수곡장터인 무실장이 열렸던 곳으로, 2012년에 진주 농민 항쟁 기념탑이 건립되었다. 관리들의 비리와 혹독한 세금 부과에 참지 못한 농민들은 1862년 2월 14일에 덕산장터에 모여 일어났다. 이들이 진주성으로 쳐들어가자 진주목사 홍병원과 경상우병사 백낙신은 농민들의 위세에 눌려 요구 사항을 받아들였다. 이후 안핵사 박규수가 내려와 사태를 수습하였다. 농민 항쟁의 시작은 덕산장터이지만 사전 모의가 이루어진 곳은 무실장터이었다. 몰락 양반인 류계춘이 중심이 되어 항쟁의 방향을 결정한 중요한 회의가 이곳에서 열렸다.

찾아보기

257

258

260

263

인용 자료 및 인용 사진 출처

인용 자료

- 독립기념관,『국내 항일독립운동사적지 조사보고서』1 서울 독립운동사적지, 2009.
- 독립기념관,『국내 항일독립운동사적지 조사보고서』2 경기남부 독립운동사적지, 2009.
- 독립기념관,『국내 항일독립운동사적지 조사보고서』3 인천·경기북부 독립운동사적지, 2009.
- 독립기념관,『국내 항일독립운동사적지 조사보고서』4 충청북도 독립운동사적지, 2009.
- 독립기념관,『국내 항일독립운동사적지 조사보고서』5 대전충남 독립운동사적지, 2009.
- 독립기념관,『국내 항일독립운동사적지 조사보고서』6 강원도 독립운동사적지, 2009.
- 독립기념관,『국내 항일독립운동사적지 조사보고서』7 전라북도 독립운동사적지, 2009.
- 독립기념관,『국내 항일독립운동사적지 조사보고서』8 광주·전남Ⅰ 독립운동사적지, 2009.
- 독립기념관,『국내 항일독립운동사적지 조사보고서』8 광주·전남Ⅱ 독립운동사적지, 2009.
- 독립기념관,『국내 항일독립운동사적지 조사보고서』9 대구·경북Ⅰ 독립운동사적지, 2009.
- 독립기념관,『국내 항일독립운동사적지 조사보고서』9 대구·경북Ⅱ 독립운동사적지, 2009.
- 독립기념관,『국내 항일독립운동사적지 조사보고서』10 부산·울산·경남Ⅰ 독립운동사적지, 2009.
- 독립기념관,『국내 항일독립운동사적지 조사보고서』10 부산·울산·경남Ⅱ 독립운동사적지, 2009.
- 독립기념관,『국내 항일독립운동사적지 조사보고서』11 제주도 독립운동사적지, 2009.
- 한중일3국공동역사편찬위원회,『한·중·일 함께 쓴 동아시아 근현대사 1·2』, 휴머니스트, 2012.
- 신주백,『한국 역사학의 기원』, 휴머니스트, 2016.
- 신주백,『1930년대 국내 민족운동사』, 선인, 2005.
- 김정남,『36시간의 한국사 여행 1·2』, 노느매기, 2016 .
- 이태영,『20세기 아리랑』, 한울 아카데미, 2015.
- 이태영,『다큐멘터리 일제 강점기』, 휴머니스트, 2019.
- 하상억 외,『경남, 기억을 걷다』, 살림터, 2019.
- 서의식 외,『뿌리 깊은 한국사 샘이 깊은 이야기 5』, 가람기획, 2016.
- 민주화운동기념사업회,『4월 혁명 이후 민주화 운동 사료집』1·2, 2012.
- 전국역사교사모임,『살아있는 한국 근현대사 교과서』, 휴머니스트, 2012.
- 이규헌,『사진으로 보는 독립운동 하』, 서문당, 2000.
- 홍석률 외,『한국 현대사 2』, 푸른역사, 2018.
- 박도,『일제 강점기』, 눈빛출판사, 2011.
- 김인호 외,『미래를 여는 한국의 역사 4』, 웅진지식하우스, 2011.
- 서중석 외,『6월 민주 항쟁 전개와 의의』, 한울아카데미, 2017.
- 서중석 외,『사진과 그림으로 보는 한국 현대사』, 웅진지식하우스, 2005.
- 정성화 외,『박정희 시대와 한국 현대사』, 선인, 2016.
- 정용욱 외,『한국 현대사와 민주주의』, 경인문화사, 2015.
- 강진갑,『경기지역의 역사와 지역문화』, 북코리아, 2007.
- 한국사연구회,『3·1 운동의 역사적 의의와 지역적 전개』, 경인문화사, 2019.
- 정재정,『서울 근현대 역사 기행』, 혜안, 1998.
- 서중석,『사진과 그림으로 보는 한국 현대사』, 웅진지식하우스, 2013.
- 민주화운동기념사업회,『한국 민주화 운동사 1~2』, 돌베게, 2008.
- 춘천시,『윤희순 의사 항일 독립 투쟁사』, 2005.
- 한국독립운동사편찬위원회,『한국 독립운동의 역사』, 독립기념관 한국독립운동사 연구소, 2007.

5·18민주화운동기록물 유네스코 세계기록유산 등재추진위원회 | 176(연합통신 기자의 사진 필름 원본), 176(학생들의 성명서), 6·10만세운동기념사업회 | 32(6·10 만세 운동 기념비), e뮤지엄 | 143(목포 개항장의 일본인 거주지), 144(동아 부인 상회 광고 봉투), 145(현경섭과 공연 중인 이난영), 145(「목포의 눈물」 음반), 강원관광 | 68(의병장 민긍호 묘역), 강원도사편찬위원회 | 69(옛 원주보통학교), 강원영상위원회 | 71(의병 주둔지 봉복사), 강화군문화관광 | 17(초지진), 강화군청 | 15(옛 연무당 터), 16(광성보), 18(강화산성), 18(강화 고려궁지), 18(성공회 강화성당), 19(강화 선원사지), 강화전쟁박물관 | 14(강화전쟁박물관), 경기관광공사 | 50(나혜석 거리), 54(융건릉), 경기도청 | 52(송산 3·1 운동 만세 시위지), 52(옛 송산면사무소 자리), 55(처인성), 경상북도독립운동기념관 | 201(부포마을과 이효정), 202(내앞마을), 204(하계마을독립운동기적비), 208(박열의사기념관), 경상북도문화관광공사 | 198(경상북도독립운동기념관), 계양구청 | 25(황어장터 3·1 만세 운동 기념관 기념탑), 고창군청 | 123(고창고인돌박물관), 광주지방보훈처 | 170(강진 3·1 운동 기념비), 국가보안처 | 53(제암리 교회 터), 12(강화진위대 당시 이동휘), 15(현 강화중앙교회), 16(옛 합일학교 터), 17(전등사 강화의병 전투지), 24(옛 홍예문), 52(옛 수원농림전문학교), 53(오산 시장 3·1 운동 만세 시위지), 86(기미 3.1독립선언 애국선열의거 추모 기념비), 국립 5·18 민주 묘지 | 172(국립 5·18 민주묘지), 172(국립 5·18 민주묘지 항공 사진), 국립민속박물관 | 51(일제가 설치한 옛 권업모범장), 국립식량과학원 | 51(옛 권업모범장 터에 위치한 농촌진흥청 농업기술역사관), 국사편찬위원회 | 12(신미양요 당시 미군에게 빼앗긴 어재연 장군 '수' 자기), 17(전등사 삼랑성), 36(갑신정변의 주역들), 39(우당 기념관), 48(수원 시장 옛 모습), 74(윤봉길 선서문), 74(윤봉길 의사의 한인 애국단 입단 선서식 기념촬영 사진), 87(박영희가 학도단장을 맡았던 대한군정서 사관영성소 졸업식), 116(재판을 받기 위해 압송되는 전봉준), 132(일제 강점기 군산 전경), 132(일본으로 가져가기 위해 군산항에 쌓아놓은 쌀가마니들), 200(일제 주요 감시 대상 인물 카드 – 권오설), 200(일제 주요 감시 대상 인물 카드 – 이효정), 214(아! 나의 조국), 244(938년 조선 의용대 창립 기념사진), 군산관광 | 136(군산내항 부잔교), 137(경암동 철길마을), 군산근대역사박물관 | 134(군산근대역사박물관 3층 기획전 전시실), 135(옛 조선은행 앞 대로변에 있던 미두장), 군산시청 | 134(군산근대역사박물관), 136(진포해양테마공원), 138(옛 군산 임피역), 기독교연합신문 196(동산의료원교육역사박물관), 달서구 문화관광 | 192(대구 두류공원 이상화 시비), 대구관광 | 227(신화마을), 231(울산 장생포고래박물관), 대구관광안내 | 190(3·1 운동길), 대구광역시청 | 193(대구근대역사관), 대구중구청 | 192(대구 계산동 근대 골목), 194(대구중부경찰서), 195(2·28민주운동기념회관), 대구켄벤션뷰로 | 193(대구 경상감영공원), 대전고등학교, 94(옛 대전공립중학교), 대전광역시청 | 92(대전의 심장, 대전역 광장), 93(대전 대흥동 성당), 94(옛 충남도청사), 94(옛 충남도청 앞 광장에 모여든 대전 지역 학생들), 95(대전 3·8 민주 의거 기념탑), 대전도시재생지원센터 93(옛 대전형무소 터), 대한민국 정책 브리핑 229(골리앗크레인 위에서 농성하는 현대중공업 노동자들), 25(황어장터 3·1 만세 운동을 주도한 심혁성), 대한민국신문아카이브 | 143(목포 신개항장 거류 외국 사람, 「독립신문」 기사), 160('남한 대토벌' 작전 포위 계획을 보도한 「대한매일신보」, 209(경주 우편 마차 습격 사건 보도 「매일신문」), 대한민국역사박물관 | 22(옛 일본 제일은행 지점), 43(덕수궁 대한문), 47(경교장), 183(공주에 떠 있는 미군 작전기를 쳐다보는 아이), 195(국채보상운동기념관), 216(부산민주공원), 도시재생문화재단 | 192(국채보상운동기념공원에 있는 서상돈 흉상), 독립기념관 | 25(가토정미소 동맹 파업지), 25(황어장터 3·1 만세 운동 시위지), 61(소설가 김유정의 금병의숙 터), 61(춘천 의병장 이소응), 61(옛 춘천관찰부 터에 자리한 강원도청), 62(춘천고등보통학교 상록회 회원), 62(춘천고등학교), 63(춘천사범학교 '백의동맹' 활동지), 63(교동 춘천농업학교 학생 운동지), 66(을미의병 봉기 기념탑), 69(소초면사무소 3·1 운동 만세 시위지), 69(현재의 원주초등학교), 70(의병장 윤기영 집터), 70(의병장 한상렬 집터), 70(횡성시장), 76(해미 장터, 3·1 운동 만세 시위지), 86(공주향교 강학루 터), 86(옛 임천공립보통학교), 87(박영희 장군), 90(일제 강점기 대전역), 92(대전 한밭교육박물관), 92(한밭역사박물관에 전시된 '황국신민서사지주'), 96(유성장터), 96(인동장터), 98(목계나루), 100(충주성 터), 101(옛 엄정경찰주재소 터), 101(목계나루 원경), 102(의병장 백남규), 102(백남규 의병장 생가 터), 102(독립운동가 유자명), 102(독립운동가 유자명의 생가터), 102(만년의 유자명), 103(용원장터 3·1 운동 만세 시위지), 103(범바위 학생 만세 시위 계획지), 109(옛 청주농업학교 학생 운동지), 111(문동학교 터), 111(신규식 선생), 121(백산봉기), 127(집강소), 138(옥구 농민 항쟁 기념비), 138(옛 시마타니 농장 금고), 139(불이농장), 139(군산 3·1 운동 기념관), 142(옛 동양 척식 주식회사 목포 지점), 146(암태도 소작 쟁의 기념탑), 147(양동 교회), 156(일제의 '남한 대토벌' 작전으로 체포된 호남 의병장들), 158(장성 향교), 158(기삼연·기산도 생가터),

80(서산 해미읍성), 80(서산 해미순교성지), 97(우암 사적공원), 97(동춘당 공원), 106(충청북도 청사), 113(청남대), 123(무장읍성), 135(옛 나가사키 제18은행 군산지점), 135(옛 조선은행 군산지점), 136(군산 동국사), 230(울주 서생포 왜성), **유네스코와 유산** | 54(수원화성), **이육사문학관** | 205(이육사문학관), **인천관광** | 27(부아산 봉수대), **인천관광공사** | 24(옛 일본 조계지 거리), **인천광역시청** | 23(인천 미두취인소 터), 24(인천 만국공원), **인천도호부청사** | 26(인천도호부 관아), **인천시청** | 14(갑곶 돈대), **인천일보** | 22(일본영사관 터), **인천중구청** | 23(김구 투옥지), **인천중구청 문화관광** | 22(인천 일본 영사관 터에 들어선 인천 중구청), **장흥군청** | 166(장흥 동학농민혁명전시관), **장흥문화관광** | 170(장흥 천관산문학공원), **전라북도청** | 128(옛 삼례양수장), 128(완주 대아호), 129(비비정), 131(치명자산 성지), **전주관광** | 131(남고산성), **전주시청** | 124(전주 한옥마을), 126(동학 농민군 전주 입성 기념비), 126(완산칠봉의 동학농민혁명 녹두관), **전주역사박물관** | 124(일제 강점기 전주부 서문 밖 시장), 정신대할머니와 함께하는시민모임 | 194(희움 일본군 '위안부' 역사관), **정읍관광** | 116(만석보유지비), 122(구파백정기의사 기념관), **제암교회** | 53(현재 제암교회와 제암리 3·1 운동 순국 기념관), **제주평화박물관** | 186(제주평화박물관), **제주4.3평화재단** | 180(제주 4.3 평화 기념관), 180(행방불명 희생자 표석), 182(너분숭이 4.3 기념공원과 기념관), 182(「순이삼촌」 문학 기념비), 183(다랑쉬마을), 184(백조일손지묘), 184(섯알오름 학살 터), 184(무명천 할머니, 진아영), 185(큰넓궤), 185(정방폭포), 186(관덕정과 그 주변), **제주관광공사** | 185(성산 일출봉), 186(제주항일기념관), 187(국립제주박물관), 187(추사 적거지), 187(선녀와 나무꾼 – 근대생활사체험관), **천도교** | 118(무명동학농민군위령탑), 118(고부관아 터), 119(동학혁명백산창의비), 119(황토현 전적비 갑오동학혁명기념탑), 119(동학농민혁명기념관), **청주고인쇄박물관** | 112(청주고인쇄박물관), **청주문화재연구원** | 112(청주 용두사지 철당간), **청주시청** | 106(무심천이 흐르는 청주 시가지 전경), 108(청녕각–옛 청주진위대 터), 109(청주우시장 터 3·1 운동 만세 시위지), 110(옛 청남학교 터), 110(한봉수 생가), 110(1999년 청주 중앙공원으로 이전한 망선루), 111(신채호 선생 부부 동상), 113(청주 육거리시장), **춘천문화원** | 60(여성 의병장 윤희순 의적비), 63(춘천 소양고등학교 교정에 건립된 '춘천농업학교 학생 항일 운동 기념탑'), **춘천시청** | 64(청평사), 65(천전리 고인돌군), **충주관광** | 98(충주시 전경), 104(충주 탄금대), 105(충주 임충민공 충렬사), **충주시청** | 104(충주 하늘재), **충청남도청** | 80(태안 애국지사 이종헌추모비), 85(공주 영명학교 기숙사 터), **태안군청** | 76(옥파 이종일 선생 동상), **한국 천주교 평신도사도직단체협의회** | 62(약사원), **한국관광공사** | 34(북촌 5경 가회동 골목길), 73(문익공 조엄 묘역), 121(무장기포지 무장포고기념탑), **한국철도시설공단** | 90(대전역 신청사), **한국학중앙연구원** | 58(일제에 잡혀가는 의병), **향토문화전자대전** | 204(김남수선생기적비), **홍성관광** | 77(백야 김좌진 장군상), 77(민족시비공원), 78(홍주성역사관), 81(홍성 홍주향교), **홍성군청** | 81(홍성 홍주의병기념탑), **횡성문화원** | 71(횡성 장터에서 일어난 4·1 운동 만세 시위를 재연하는 주민들)

함께 걸으며 생각하는
우리 지역사

수도권

승자 없는 전쟁,
신미양요

100년 전 개화의
거리를 걷다

북촌, 학생 항일 운동의
중심 중앙고등학교

갑신정변, 3일 천하로
막을 내리다

신과 함께 걷다,
종묘

근대 문화유산
1번지 정동 재발견

한국의 근현대 건축,
심슨기념관

경교장의
70년 역사

제암리 1919

조선 최후의 신도시,
최첨단 전투 요새,
수원화성

강원·충청권

윤희순, 붓과 총을 든
여성 의병장

치열했던 횡성의
만세 운동

우리는 알 수 없는 세
월, 반계리 은행나무

충남 위인 생가를 찾아
서, 옥파 이종일 선생

충청의 성,
서산 해미읍성

동학 농민군의 2차
봉기와 우금치 전투

유관순 열사 영혼의 고향
공주 영명학교를 가다

백제 최후의 날,
공주 공산성

대전 중앙동을 통해 본
광복 70주년 의미

단재 신채호 선생
생가터

충주 읍성을 지켜낸
을미의병

독립운동가
의암 손병희 선생

청주 고인쇄박물관,
문화공간으로 새롭게 탄생

씨마스

■ 역사 동영상 자료는 QR 코드를 통해 이용할 수 있습니다.

호남·제주권

사람, 다시 하늘이
되다

고창읍성의
성곽을 걷다

동학 농민군의
짧았던 봄날

근대건축의 백미, 전주
전동성당

아픈 역사를 품은 군산
근대문화유산지구

지붕 없는 박물관, 목포
원도심 근대문화기행

항일 농민 운동 불씨,
암태도 소작쟁의

70여 년 전 그날,
여순사건

한말 호남 의병

동학 농민 혁명 최후의
격전지, 장흥 석대들

안중근 의사, 해동사에
깃들다

5·18 광주
민주화 운동

5.18 민주화 운동
기록관 문 열다

광주에서 타오른 항일
운동의 불꽃, 광주 학생
항일 운동

제주 4.3이 뭐우꽝?

영남권

함께 이겨낸 우리 국권,
국채 보상 운동

독립운동 산실, 임청각

22년간 일본 교도소에
투옥되었던 독립운동가,
박열

"부마항쟁을 아시나요"
불씨 되살리는 부산대

울산의 노동 운동의
변화와 현재 모습

박상진 의사 생가 탐방

민주화의 불꽃,
3·15 의거

약산 김원봉

인권 운동을 선도한
경남 형평 운동

씨마스

함께 걸으며 생각하는 우리 지역사

2019 10월 25일 초판 1쇄 인쇄
2019 11월 1일   초판 1쇄 발행

저   자 신주백, 김정남, 박병섭, 박찬식, 이명희, 이태영, 장경아, 조철호, 최장문, 하상억
발 행 인 이미래

발 행 처 씨마스
등록번호 제301-2011-214호
주   소 서울특별시 중구 서애로 23 통일빌딩 4층
전   화 (02)2274-1590
팩   스 (02)2278-6702
홈페이지 www.cmass21.co.kr

편 집 자 성시용, 김종엽, 양성식
디 자 인 이기복, 김영수, 유지호

ISBN | 979-11-5672-348-6